Das Buch

Viele von uns verleugnen ihr inneres Kind – das traurige, lachende, verrückte und oft so weise Kind, das in jedem steckt, ob Mann oder Frau. Aber erst wenn wir es hören und uns mit ihm aussöhnen, können wir uns auch selbst lieben. Wer lernt, die kreative Kraft des inneren Kindes und das rationale Denken des Erwachsenen in Form einer kreativen Partnerschaft zu verknüpfen, der heilt nach und nach seine Angst, seinen Schmerz und sein Alleinsein. So kann jeder Erwachsene wieder mit jenem Teil von sich Verbindung aufnehmen, der Gefühle und Erfahrungen in sein rational ausgerichtetes Leben zu integrieren weiß.

Die Autoren

Dr. Erika Chopich ist als Psychotherapeutin mit eigener Praxis tätig. Sie entwickelte zusammen mit Margaret Paul die als Inner Bonding bezeichnete Therapieform und lebt derzeit in Santa Fé.
Dr. Margaret Paul, Autorin mehrerer Bücher, arbeitet seit mehr als zwanzig Jahren in der Nähe von Los Angeles, ebenfalls als Psychotherapeutin mit eigener Praxis. Zudem gibt sie Seminare in den Vereinigten Staaten.

Erika J. Chopich und Margaret Paul

AUSSÖHNUNG MIT DEM INNEREN KIND

Aus dem Englischen
von Angelika Bardeleben

Ullstein

Besuchen Sie uns im Internet:
www.ullstein-taschenbuch.de

Umwelthinweis:
Dieses Buch wurde auf chlor- und säurefreiem Papier gedruckt.

Ullstein Verlag
Ullstein ist ein Verlag des Verlagshauses
Ullstein Heyne List GmbH & Co. KG.
Sonderausgabe Juli 2003
2. Auflage 2003

Titel der amerikanischen Originalausgabe: *Healing your Aloneness*
(HarperCollins Publishers, New York)
Übersetzung: Angelika Bardeleben
Umschlaggestaltung: Thomas Jarzina, Köln
Titelabbildung: Illustration Thomas Jarzina, Köln
Druck und Bindearbeiten: Ebner & Spiegel, Ulm
Printed in Germany
ISBN 3-548-36435-7

Inhalt

Teil II
Entwicklungsschritte

Vorwort

Jedes Selbsthilfebuch stellt dieselben Fragen: Warum gibt es so viele unglückliche Ehepaare? Warum gibt es so viel Kriminalität, Gewalt und Haß? Warum gibt es so viel Spannung, Angst und Krankheit? Warum ist der Mißbrauch von Kindern so weit verbreitet? Warum gibt es so viele unglückliche Menschen – Menschen, die sich quälen, Menschen mit geringer Selbstachtung, Menschen, die sich allein und leer fühlen?

Unsere Welt ist voll von Süchtigen, die von etwas abhängig sind – von Alkohol, Drogen, Essen, Zigaretten, Arbeit, Fernsehen, Geld, Macht, Beziehungen, Religion, Bestätigung, Fürsorge, Sex, Zuneigung, Romantik – lauter Versuche, Sättigung und Befriedigung von außen zu erlangen.

Warum? Warum sind wir innerlich so leer, daß wir ständig nach neuen Möglichkeiten suchen, um diese Leere zu füllen? Was ist geschehen, daß wir mit dieser Leere konfrontiert sind?

Unsere Gesellschaft befindet sich in einer tiefen spirituellen Krise, denn wir haben vor Tausenden von Jahren, noch bevor Jesus Christus auf die Welt kam, den falschen Weg eingeschlagen: Wir haben den Kontakt zu unseren Herzen verloren.

In seinem Urzustand ist das menschliche Herz so liebevoll und reich, daß es überfließt und mit jedem Atemzug Liebe und Licht an andere verströmt. Aber viele von uns sind von diesem Urzustand so weit entfernt, daß sie nichts als Leere in ihrem Herzen fühlen können. Und wenn unsere Herzen leer sind und wir nicht wissen, wie wir sie füllen können, dann versuchen wir, ihnen von außen Nahrung zuzuführen. Das ist das Problem bei Sucht und Co-Abhängigkeit – wir machen einen verzweifelten Versuch, die Leere von außen zu füllen.

Wir stehen heute an einem Scheideweg. Jeder von uns ist gefordert, zwischen Liebe, Frieden und Leben auf der einen Seite, und Furcht, Krieg und Tod auf der anderen Seite zu wählen. Wir haben auf diesem Planeten viel erreicht, aber um welchen Preis? Trotz allen Fortschritts sehen wir uns heute mit vielfältigen Problemen konfrontiert: Umweltverschmutzung, Kriege, Hunger, Kriminalität, Furcht, Elend und Armut. Was ist falsch gelaufen? Woran fehlt es in unserer Welt, in unseren Beziehungen, unseren Familien und bei uns selbst?

Das Überleben unseres Planeten hängt davon ab, zu begreifen und zu erfahren, daß wir alle eins sind. Wenn wir bei jedem Menschen, den wir wahrnehmen, das Gefühl haben, mit ihm verbunden zu sein, dann können wir uns nicht länger gegenseitig physisch und psychisch Gewalt antun. Dieses Gefühl der Einheit mit allem, was lebt, können wir erst dann spüren, wenn wir uns selbst als eine Einheit erleben. Unser Gefühl der Isolation und Einsamkeit kann nur durch die Erfahrung innerer Ganzheit und Verbundenheit transzendiert werden.

Wir fühlen uns allein, wenn wir keine Verbindung zu uns selbst haben, und sehr bald kommt dann ein Gefühl der Einsamkeit hinzu, da wir keinen Kontakt zu anderen finden können, bevor wir ihn nicht zu uns selbst hergestellt haben. In diesem Buch wollen wir zurückverfolgen, wie es kam, daß wir den Kontakt zu uns selbst verloren haben und wie wir diesen Kontakt wiederherstellen können. Es geht darum, die Leere in uns zu füllen. Es geht darum zu erkennen, wie wir unsere innere Leere und unser Alleinsein selbst verursachen und wie wir auf der anderen Seite unsere innere Fülle erschaffen können. Was hat uns dazu gebracht, uns selbst im Stich zu lassen, und was müssen wir tun, um uns selbst zu lieben? Erst wenn wir uns selbst lieben, werden sich unsere Herzen füllen, und unsere Liebe wird auch zu unseren Mitmenschen hinüberfließen. Wir können andere nicht mehr lieben als uns selbst, und wir können die Liebe anderer nicht annehmen, wenn wir uns nicht selbst lieben können.

Danksagung

Wir möchten Michael Toms, unserem Herausgeber, danken, der den Wert unserer Aussagen erkannte und uns den Kontakt zu Harper & Row verschaffte.

Wir möchten Drs. David und Rebecca Grudmeyer und Jackie Benster dafür danken, daß sie das Manuskript durchgesehen und uns viele hilfreiche Hinweise gegeben haben.

Wir möchten Sheryl Paul und Danielle Ray danken, daß sie das Manuskript gelesen und dessen Inhalt in ihrem eigenen Leben erprobt haben.

Vor allem möchten wir unseren Klienten danken, die ihre Erfahrungen mit uns teilten und uns erlaubten, einige ihrer Sitzungen als Beispiele zu zitieren, und die auch Texte zu diesem Buch beigesteuert haben.

Danksagung

Einleitung

Dieses Buch handelt von dem inneren Kind, das in jedem Menschen lebt, und von der Notwendigkeit, dieses Kind mit dem liebevollen inneren Erwachsenen in Kontakt zu bringen. Erika Chopich beschreibt im folgenden ihre Erfahrung mit ihrem inneren Kind und dem inneren Erwachsenen.

Ich kenne niemanden, der sich noch nie irgendwann einmal einsam und allein gefühlt hätte. Einige Leute scheinen unter einem chronischen nagenden Gefühl inneren Alleinseins zu leiden. Es gibt viele Paare, bei denen sich die Partner fortwährend in den Haaren liegen, entweder, indem sie aneinander herumnörgeln, damit der andere sie von dem Gefühl der Einsamkeit befreien möge, oder indem sie sich gegen das Verlassenwerden abzusichern versuchen. Anscheinend hat jeder von uns sehr häufig mit Gefühlen der Einsamkeit und des Alleinseins zu tun. Möglicherweise haben all die Selbsthilfebücher, Workshops und Psychotherapien nur ein Ziel: uns zu helfen, mit uns selbst in Kontakt zu kommen, damit wir uns nicht allein fühlen.

Ich hatte eine sehr schwierige und einsame Kindheit, aber es gelang mir schon früh, die Gefühle des Alleinseins zu überwinden, indem ich mein inneres Kind adoptierte. Ich habe mich schon immer gefragt, warum sich die Menschen wohl allein fühlen, da es doch gar nicht so schwer ist, mit dem inneren Kind Kontakt aufzunehmen.

In einer meiner Frauengruppen sprachen wir darüber, wie man es lernt, dem inneren Kind zuzuhören. Ich hatte ein paar Andeutungen gemacht, als eine Frau, Charlene, mich drängte, mehr zu erzählen. Sie wollte genau wissen, was ich mit »innerem Kind« und mit »Verbindung zwischen dem inneren Erwachsenen und dem inneren Kind« meinte; es war ihr wichtig, diese Vorgänge gründlich zu verstehen.

Charlenes Beharrlichkeit, ihre Offenheit und ihr Wunsch zu wachsen brachten mich dazu, zum erstenmal ein Phänomen zu beschreiben, von dem ich dachte, daß es allen Menschen bewußt sei.

Mein innerer Erwachsener und mein inneres Kind haben schon immer in einem liebevollen Dialog miteinander gestanden. Schon als ich ein kleines Kind war, fragte mein Erwachsener mein inneres Kind, was es wünschte und brauchte, und mein Kind wollte von meinem Erwachsenen vieles über die Welt wissen, wollte erfahren, was in ihr geschah und wie es darauf reagieren sollte. Dieser innere Prozeß war für mich, obwohl ich nicht die Begriffe »inneres Kind« und »innerer Erwachsener« benutzte, etwas so Selbstverständliches und Vertrautes, daß ich gar nicht auf die Idee gekommen war, daß er anderen nicht bekannt sein könnten.

Ich erzählte Charlene etwas über meine inneren Dialoge und beschrieb ihr auch die lauten Zwiegespräche mit mir selbst, die mir immer weiterhalfen, wenn ich unter Streß stand. Als ich über das Gefühl der Liebe und des Vertrauens zwischen meinem Erwachsenen und meinem inneren Kind sprach, merkte ich, daß dies die Gruppe sehr bewegte.

Charlene stellte Fragen über Fragen, und während ich antwortete, passierte mit der Gruppe etwas Neues.

Margaret Paul beschreibt, wie sie zum erstenmal von Erikas Begegnungen mit ihrem inneren Kind und ihrem inneren Erwachsenen erfuhr und welchen Einfluß diese Entdeckung auf sie hatte:

Mein ganzes Leben lang war ich auf einer spirituellen Suche. Meine Ziele waren, ein liebevoller Mensch zu werden und Freude und Frieden in mir selbst zu finden.

Ich bin Psychotherapeutin, und ich habe eine Therapieform entwickelt, die ich *Intention Therapy* nenne. Sie basiert auf der Theorie, daß es nur zwei grundlegende Bestrebungen im Leben gibt – die Bestrebung, sich zu schützen und die Bestrebung zu lernen. Die meisten von uns haben es gelernt, sich vor bestimmten Gefühlen zu schützen – vor allem, wenn es sich um Unbehagen, Schmerz oder Furcht handelt. Wir weigern uns, diese Gefühle wirklich zuzulassen und die Verantwortung dafür zu übernehmen. Wir schützen uns, indem wir den Kontakt zu diesen Gefühlen auf verschiedene Arten abschneiden. Die Absicht, uns zu schützen, zwingt uns aber, uns gerade so zu verhalten, daß die Gefühle von Furcht und Schmerz, die wir eigentlich vermeiden wollten, uns immer weiter begleiten.

Als ich vor einigen Jahren entdeckte, daß wir auch eine Wahl haben, nämlich aus unserem Schmerz und aus unserer Furcht zu lernen, und daß wir durch das Lernen Wege finden können, um uns von diesen Gefühlen zu befreien, kam in mir ein sehr intensiver seelischer Prozeß in Gang.

Durch diesen Prozeß wurde mein Leben in mancherlei Hinsicht viel reicher. Ich fühlte mich sehr viel stärker, vitaler und liebevoller. Aber es gab immer noch etwas, das fehlte. Ich fühlte mich bisweilen immer noch innerlich allein, und ich fühlte mich auch oftmals sehr einsam, wenn ich mit anderen zusammen war. Ich spürte noch immer nicht den tiefen Frieden und die Freude, von denen ich wußte, daß sie irgendwo in mir lebendig waren, und mit denen ich gelegentlich schon in Kontakt gewesen war. So sehr ich mich auch bemühte – ich konnte nicht herausfinden, was falsch lief.

Dann sprach Erika mich eines Tages am Ende einer ihrer Workshops mit Frauen an. Sie sagte: »Heute ist etwas Wichtiges in der Gruppe passiert; ich bin noch ganz aufgeregt. Charlene hat mir viele Fragen gestellt, um mehr über meinen inneren Prozeß herauszufinden, und so habe ich ihr die Verbindung zwischen meinem Erwachsenen und meinem Kind beschrieben. Die Gruppe war von unserem Gespräch ganz begeistert und beeindruckt.«

Als Erika wiederholte, was sie der Gruppe erzählt hatte, begann ich vor Aufregung zu zittern. Ja! Oh, ja! Da lag etwas sehr Spannendes in der Luft! Alles in mir geriet in Bewegung, und ich wußte, daß sie etwas Wunderbares entdeckt hatte. Allerdings brauchte ich eine weitere Woche, um die Dynamik, die ungeheure Energie dieser Ereignisse ganz zu verstehen. Ich hatte von der »Arbeit mit dem inneren Kind« bereits gehört und war auch schon in dieser Weise therapeutisch vorgegangen: die Gefühle, die ich als Kind gehabt hatte, kennenzulernen und sie mit Hilfe der Liebe anderer

zu heilen. Aber was Erika meinte, war noch etwas anderes. Sie sprach von einer liebevollen inneren Beziehung, von dem Phänomen, das wir inzwischen *Inner Bonding Therapy* nennen.
Ich arbeitete nun schon seit einiger Zeit sehr intensiv mit meinem liebevollen inneren Erwachsenen und meinem inneren Kind – und seither hat sich alles in meinem Leben grundlegend verändert. Da ich meinem inneren Kind nun aufmerksam zuhörte und liebevoll mit ihm umging, fand ich heraus, daß ich in meiner Ehe noch immer die Rolle der umsorgenden Übermutter spielte. Mir wurde bewußt, daß mich das sehr unglücklich machte und mir ständig das Gefühl gab, erschöpft und krank zu sein. Als ich diese Rolle schließlich ablegte, geriet meine Ehe völlig durcheinander, und es kam zur Trennung. Meine Ehe und eine intakte Familie waren mir immer sehr wichtig gewesen. Die Veränderung war deshalb für mich nicht leicht zu verarbeiten, und doch war ich noch nie zuvor in meinem Leben glücklicher gewesen. Menschen, die mich schon seit einiger Zeit nicht mehr gesehen hatten, sagten mir, ich sähe wirklich großartig und strahlend aus, und ich fühle mich meistens auch so, als würde ein inneres Strahlen von mir ausgehen. Ich habe den lang ersehnten Frieden gefunden, und das ist für mich ein wahrhaft aufregendes Ereignis.
Die Erkenntnis, daß die Absicht zu lernen eine Voraussetzung für jedes Wachstum ist, war sehr wichtig für mich, aber sie reichte nicht aus. Das Entscheidende war, daß ich etwas Wichtiges verstanden hatte: Es geht darum, *von und mit dem inneren Kind zu lernen und Verantwortung für alle Gefühle des inneren Kindes zu übernehmen.*
Wahrscheinlich streben wir danach, etwas über die Welt zu lernen. Wahrscheinlich streben wir auch danach, etwas über eine andere Person zu erfahren. Aber erst wenn wir uns darum bemühen, mit und von unserem inneren Kind zu lernen, werden wir unsere innere Isolation heilen und ganz werden.

Teil I

Verständnis für das innere Kind und den inneren Erwachsenen

Kapitel 1

In dir lebt ein inneres Kind

> Alle Menschen, die wir als »Genies« bezeichnen, sind Männer und Frauen, denen es auf irgendeine Weise gelungen ist, der Gefahr zu entgehen, jenes neugierige, staunende Kind in sich zu betäuben und einzulullen.
>
> *Wishcraft*
> Barbara Sher

Jeder von uns hat zwei verschiedene Persönlichkeitsaspekte: den Erwachsenen und das Kind. Wenn diese beiden Teile in Kontakt miteinander sind und zusammenarbeiten, entsteht ein Gefühl der Ganzheit. Wenn die beiden Teile jedoch nicht in Kontakt miteinander sind, sei es, daß wir verletzt sind, nicht richtig funktionieren können oder unreif geblieben sind, entsteht in uns ein Gefühl von Konflikt, Leere und Alleinsein.

Es ist sehr wichtig, das innere Kind klar und positiv wahrzunehmen. In unserem Kulturkreis sind Kinder traditionell weniger wert als Erwachsene – sie werden als weniger wichtig und als weniger klug angesehen. Als Kinder haben wir uns meistens als machtlos erlebt. Deswegen bedeutet Kindsein für uns fast immer Machtlosigkeit und Bedeutungslosigkeit. Darüber hinaus halten wir unser inneres Kind häufig für einen Störenfried, weil uns in der Kindheit so oft gesagt wurde, daß wir schlecht wären und Unruhe und Sorgen verursachen würden. Da man uns als Kind nicht wirklich wertgeschätzt hat, mag es für uns selbst jetzt ebenfalls schwer sein, das Kind in uns zu schätzen. Wir halten es für unwichtig, brechen den Kontakt zu ihm ab und setzen so unsere Kindheitserfahrungen endlos weiter fort. Das ist der Grund für unser Gefühl von Elend und Unglück. Unser inneres Kind wahrzunehmen und wertzuschätzen ist die wesentliche Voraussetzung, um eine heile, ganze Persönlichkeit zu werden.

Das innere Kind – was ist das?

Das innere Kind erlebt das ganze Spektrum intensiver Gefühle – Freude und Schmerz, Glück und Traurigkeit. Das innere Kind funktioniert in der Sphäre von *Sein, Fühlen und Erleben*, die der rechten Gehirnhälfte zugeordnet ist. Im Gegensatz dazu steht der Erwachsene, der über das *Machen, Denken und Handeln* der linken Gehirnhälfte gebietet, zugleich aber ebenfalls über eine ganze Skala von Gefühlen verfügt. »Tun« bezieht sich auf die äußere Welt und auf Aktivität, während »Sein« sich auf die Existenz auf einer inneren, emotionalen und spirituellen Ebene bezieht. »Tun« ist eine äußere Erfahrung, während »Sein« eine innere Erfahrung ist.

Im folgenden erzählt Erika, wie sie ihr inneres Kind während eines plötzlichen und intensiven Moments der Trauer tröstete.

> Wie wir tatsächlich funktionieren, wurde mir auf einer Reise nach San Diego klar, die ich zusammen mit einer Freundin unternahm. Wir besuchten »Sea World«, um einen neugeborenen kleinen Wal zu besichtigen. Während wir das Tier beobachteten, hielt ich zugleich Ausschau nach meinem Freund Orky, einem großen Mörderwal. Ich liebte Orky und wußte ihn von den anderen Walen zu unterscheiden, aber ich konnte ihn diesmal einfach nicht entdecken.
>
> Plötzlich schauderte es mich, da ich sah, wie Taucher ein Transportbecken im hinteren Teil des Geländes abstellten. Auf einmal wußte ich, daß Orky tot war. Wir rannten wie von Sinnen auf die andere Seite des Beckens und fragten die Wärter, was denn passiert sei. Sie behaupteten, alles wäre in Ordnung – sie zeigten auf einen kleinen weiblichen Wal und sagten mir, das sei Orky. Ich aber wußte es besser. Meine Ängste wurden bestätigt, als ich mit einem der Taucher sprach.
>
> Vor Kummer und Trauer fühlte ich mich wie gelähmt. Meine beiden Persönlichkeitsanteile, das Kind und der Erwachsene, waren traurig und weinten, aber jeder der beiden Teile erlebte den Kummer auf einer anderen Ebene. Mein Erwachsener war nicht nur traurig, sondern wütend und empört. Ich war wütend darüber, daß man mich angelogen hatte und vermutete, daß Orky wahrscheinlich vernachlässigt worden

war. Der erste Impuls meines inneren Erwachsenen war, etwas zu *tun* – mit einem der Verantwortlichen zu sprechen und eine Erklärung zu verlangen. Dann hörte ich die Stimme meines inneren Kindes. Ihm war es ganz egal, wer in die Sache verwickelt war und wie das passieren konnte – der Schmerz war so groß, daß es im Augenblick keine Wut spüren konnte. Es wußte nur, daß es seinen Freund verloren hatte und ihn niemals wiedersehen würde. Es fühlte sich traurig und bedrückt, weil es sich noch nicht einmal von ihm hatte verabschieden können.

Ich entschied, daß ich zuerst Verantwortung für mein inneres Kind übernehmen müsse: bevor ich irgend etwas anderes unternehmen würde, würde ich ihm einfach erlauben, Kind zu *sein* und den Kummer zu durchleben. Ich setzte mich auf eine Bank und weinte und schluchzte einige Minuten lang bitterlich. Ich war froh, daß ich entschieden hatte, mit meinen Nachforschungen zu warten, bis das Kind in mir sich ausgeweint hatte. Hätte ich dem Kind diesen Raum und die Erfahrung der Trauer nicht gewährt, wäre es mir viel schwerer gefallen, mit meinem Schmerz fertig zu werden. Mein inneres Kind hätte dann nicht nur unter dem Verlust Orkys gelitten, sondern auch unter dem Mangel an Fürsorge.

Das Kind ist unsere instinktive Seite; es steht für die Gefühle, die »aus dem Bauch« kommen. In anderen Zusammenhängen wurde das Kind auch schon mit dem Unbewußten gleichgesetzt, aber wir sind uns seiner nur deshalb nicht bewußt, weil wir ihm so wenig Aufmerksamkeit geschenkt haben. Wenn wir wirklich etwas über das Unbewußte erfahren wollen, dann wird es dem Bewußtsein leicht zugänglich. In unserem inneren Kind sind die Gefühle, Erinnerungen und Erfahrungen aus der Kindheit gespeichert, an die wir uns zurückerinnern können, wenn wir versuchen, von ihm zu lernen.

Wir können das Kind auf unterschiedliche Weise betrachten: als Kind, das vom inneren Erwachsenen geliebt wird, und als Kind, das nicht geliebt, das kritisiert, vernachlässigt und vom inneren Erwachsenen verlassen wird. Es gibt aber nur ein einziges inneres Kind. Zu jedem Zeitpunkt wird dieses Kind vom inneren Erwachsenen entweder geliebt oder nicht geliebt, und seine Gefühle und sein Verhalten resultieren direkt daraus, ob der innere Erwachsene die Wünsche, Bedürfnisse und Gefühle des Kindes kennenlernen und die Verantwortung für sie übernehmen möchte oder ob er sich vor diesem Wissen und dieser Verantwortung schützen will.

Das ungeliebte Kind

Wenn der innere Erwachsene sich davor schützen möchte, die Gefühle und Bedürfnisse des Kindes wahrzunehmen und es ablehnt, die Verantwortung für sie zu übernehmen, dann trennt er sich durch die verschiedenen Formen von Selbstanklage, Vernachlässigung und Bequemlichkeit von seinem inneren Kind. Das Kind fühlt sich dann ungeliebt, verlassen und sehr allein. Es schließt daraus, daß es schlecht, falsch, nicht liebenswert, unwichtig und unzulänglich sei, sonst würde es nicht entweder ganz konkret von den Erwachsenen (Eltern und Großeltern) oder sogar von seinem inneren Erwachsenen im Stich gelassen werden. Die äußeren und inneren Trennungen rufen im Kind intensive Gefühle der Furcht, Schuld und Scham hervor; es fühlt sich in der Welt und in sich selbst allein und verlassen. Das Kind lernt auf diese Weise, sich vor Zurückweisung, Verlassenwerden und Kontrolle zu fürchten, zuerst von Seiten der Bezugspersonen seiner Umwelt und dann von Seiten des inneren Erwachsenen, und schließlich projiziert es diese Ängste auf andere und glaubt ganz allgemein, daß die anderen es ablehnen, es verlassen oder versuchen, es zu kontrollieren.

Das Gefühl des Alleinseins ist das schmerzhafteste Gefühl, das wir erleben können. Es verursacht so tiefe Qual, daß wir alle danach streben, uns vor diesem Gefühl zu schützen. Wenn unsere Eltern uns als Kinder ablehnen, tadeln, verlassen, mißhandeln oder gar mißbrauchen, dann ist der Schmerz darüber so unerträglich, daß der innere Erwachsene den Kontakt zum inneren Kind abschneidet, um diese Gefühle nicht zu spüren. Dann fühlt sich das innere Kind nicht nur einsam und allein auf der Welt, sondern es fühlt sich auch in sich selbst allein und leer; es gibt niemanden, keinen Anteil seiner Persönlichkeit, der es vor den Verletzungen der anderen beschützt.

In der Kindheit und Jugend lernt das verlassene innere Kind, die innere Erfahrung des Verlassenwerdens auf andere zu projizieren. Wenn das innere Kind sich vom inneren Erwachsenen kontrolliert, kritisiert oder vernachlässigt fühlt, projiziert es diese Gefühle auf andere und erlebt die anderen als kontrollierend, kritisierend oder treulos, gleichgültig, ob das nun wirklich der Fall ist oder nicht. Die Wut, die das innere Kind auf den inneren Erwachsenen spürt, weil er es verlassen hat, wird ganz allgemein auf andere übertragen. Das Kind glaubt allmählich, daß das Verlassenwerden nur durch äußere Umstände und andere Menschen geschieht, da es selbst keine Möglichkeit hat, seine Wut dem inneren Erwachsenen gegenüber auszudrükken. Der lieblose innere Erwachsene nimmt die Gefühle des inneren Kindes nicht wahr. Die Wut und die Vorwürfe, mit denen wir als Erwachsene andere konfrontieren, sind nicht nur eine Projektion der elterlichen Ablehnung auf andere, sondern auch eine Projektion des inneren Verlassenseins.

Das verlassene innere Kind hat ständig Angst davor, unrecht zu haben, weil es glaubt, daß die Reaktion darauf Ablehnung sei. Deshalb kämpft es darum, immer »das Richtige« zu tun. Es wird süchtig nach Vorschriften und Regeln, um sich vor Ablehnung weitgehend zu schützen. Es strebt danach, perfekt zu sein und glaubt, daß das möglich sei. Perfektionismus und die Angst vor dem Irrtum sind Symptome der inneren Trennung zwischen Erwachsenem und Kind.

Da das innere Kind sich so schmerzhaft leer, einsam und allein fühlt, wenn der innere Erwachsene ihm nicht hilft, mit der Einsamkeit des äußeren Verlassenwerdens umzugehen, entwickelt es ein Suchtverhalten, um diese Leere wieder zu füllen. Dieses verletzte, verlassene innere Kind überlebt die Demütigungen und Schmerzen, die ihm von seinen ersten Bezugspersonen zugefügt wurden, indem es von verschiedenen Dingen und Verhaltensweisen abhängig wird. Anne Wilson Schaef schreibt in ihrem Buch »Im Zeitalter der Sucht«, daß 96 Prozent unserer Zivilisation von bestimmten Substanzen und Prozessen abhängig sind. Die Abhängigkeit von Alkohol, Drogen, Essen, Zucker, Koffein und Nikotin ist an eine Substanz gebunden. Die Prozeßabhängigkeiten fallen in zwei verschiedene Kategorien: Die Abhängigkeit von Personen (Co-Abhängigkeit) und die Abhängigkeit von Dingen und Aktivitäten. Das innere Kind kann abhängig werden von Fernsehen, Arbeit, Sport, Schlaf, Macht, Geld, Geldausgeben, Glücksspiel, Ladendiebstahl, Studium, Klatsch, Telephonanrufen, Meditation, Religion, aufregenden Ereignissen, Gefahr, sozialem Ansehen, Sorgen, Grübelei und sogar von Unglück und Depression als Mittel, die innere Leere zu füllen. Das innere Kind versucht mit Hilfe der Sucht, sich eine Fluchtmöglichkeit aus dem Schmerz des äußeren und inneren Alleinseins und der Einsamkeit im Zusammensein mit anderen zu verschaffen.

Darüber hinaus kann das Kind abhängig werden von Beziehungen, Sex, romantischen Affären, Liebe und Bestätigung. Jedes Kind braucht Bestätigung. Wenn es die Bestätigung nicht vom inneren Erwachsenen bekommen kann, bleibt ihm nur die Möglichkeit, Liebe und Bestätigung bei anderen zu suchen. Das Gefühl, in Ordnung und liebenswert zu sein, wird, wenn der Erwachsene das innere Kind nicht liebt, von der Bestätigung durch andere abhängig gemacht. Diese Bedürftigkeit meint: Wir brauchen andere, um uns wohl und sicher fühlen zu können. Dieses Bedürfnis nach Bestätigung von außen verursacht große Angst vor Ablehnung und Kontrolle durch jene, deren Bestätigung das Kind sich wünscht. Bestätigung, Sex und Liebe werden so zu den Mitteln, mit denen das innere Kind versucht, seinem unerträglichen Alleinsein zu entfliehen. *Es erkennt dabei nicht, daß der äußere Kontakt zu anderen nicht möglich ist ohne eine innere Verbindung zu sich selbst.*

Wenn wir Liebe, Sex oder Bestätigung brauchen, um uns wohl zu fühlen, uns aber im Grunde geringschätzen, dann glauben wir auch, daß wir dafür sorgen müßten, diese ersehnte Liebe und Bestätigung zu bekommen und die Ablehnung zu vermeiden. Das bedürftige innere Kind versucht zu kontrollieren, wie die anderen es behandeln und was sie von ihm halten, indem es ihnen Schuldgefühle und Angst einflößt. Die Mittel, die es benutzt, sind Gereiztheit, Ärgerlichkeit, Tadel, schweigender Liebesentzug, Rechthaberei, Wutanfälle, Gewalt, Schmollen, Weinen, Lügen, Besserwisserei, Moralpredigten, Rechtfertigungsversuche, Verhöre und/oder Zerreden von Gefühlen. Das innere Kind, das sich so verzweifelt allein und einsam fühlt, agiert auf der Basis falscher Annahmen. Es sagt sich: »Ich kann bewirken, daß die anderen mich lieben, sehen, hören und bestätigen, Verbindung zu mir aufnehmen und mir mehr von dem geben, was ich mir wünsche. Wenn sie das tun, dann fühle ich mich wohl.« Ein so verzweifelt einsames und verängstigtes inneres Kind ist oft impulsiv und egozentrisch und hat nur wenig Kontrolle über sein Verhalten. Je tiefer die innere Verlassenheit, desto verzweifelter ist das Kind darum bemüht, den Schmerz zu lindern und um so stärker neigt es zu destruktiven und selbstzerstörerischen Handlungen. Es ist sehr wichtig zu erkennen, daß *Ihr inneres Kind nicht wirklich so ist, sondern daß es sich so entwickelt hat, weil es äußerlich und innerlich verlassen wurde.*

Zwei weitere Mittel des inneren Kindes, Kontrolle auszuüben, sind Anpassungsbereitschaft und Fürsorglichkeit. Das Kind wird zum »braven« Jungen oder Mädchen, indem es die eigenen Bedürfnisse zugunsten der Bedürfnisse anderer beiseite schiebt. Dieses Kind handelt wie ein Erwachsener, indem es die Aufgabe übernimmt, für jedermann alles in die Hand zu nehmen und in Ordnung zu bringen, oder indem es sich übermäßig lieb und verführerisch verhält. Wenn wir uns grundsätzlich anpassungsbereit, fürsorglich und aufbauend verhalten oder wenn wir uns vor Nettigkeit geradezu überschlagen, handeln wir aus einer falschen Überzeugung heraus. Wir sagen: »Ich zähle nicht. Was ich wünsche und fühle ist nicht wichtig. Die Wünsche und Gefühle der anderen sind wichtiger als meine eigenen. Ich kann die Menschen dazu bringen, mich zu lieben und mich anzuerkennen, indem ich lieb oder verführerisch bin.« Dies sind einige Beispiele, wie das verlassene innere Kind andere zu manipulieren versucht, um Liebe zu bekommen und sich selbst vor Ablehnung und Verlassenwerden zu schützen.

Die Angst davor, beherrscht und vereinnahmt, ja geradezu verschlungen zu werden, ist genauso mächtig wie die Angst davor, abgelehnt und verlassen zu werden. Wenn diese Angst aktiviert wird – und das kann vor allem dann geschehen, wenn jemand Sie kontrollieren möchte oder etwas von Ihnen will –, dann schützt sich Ihr verlassenes inneres Kind durch störrischen Widerstand. Wenn Sie aus dem Persönlichkeitsanteil des inneren Kindes heraus auf eine Situation antworten, werden Sie vielleicht auf die Wünsche oder Gefühle eines anderen defensiv reagieren oder Sie werden Ihre Gefühle oder Ihre Handlungen verleugnen. Vielleicht nehmen Sie auch Zuflucht zu innerem Rückzug und Gleichgültigkeit, stürzen sich in Aktivitäten oder versuchen, Ihr Inneres mit einem Suchtmittel abzutöten. Sie vertreten plötzlich einen harten, unnachgiebigen Standpunkt oder Sie rebellieren und tun das Gegenteil dessen, was der andere von Ihnen will. Möglicherweise tun Sie auch, als seien Sie mit allem einverstanden, leisten aber in Wirklichkeit Widerstand, indem Sie herumtrödeln, wichtige Dinge vergessen oder eine demonstrative Inkompetenz an den Tag legen. Dies Verhalten resultiert aus dem falschen Glauben, daß es vor allem wichtig sei, sich nicht kontrollieren zu lassen. Ein Mensch mit diesem Verhaltensmuster sagt: »Wenn ich tue, was jemand anders wünscht (selbst wenn es etwas ist, was ich auch möchte), verliere ich mich und meine Integrität.« Menschen, die immer nur Widerstand leisten, entscheiden im Grunde nicht selbst, was sie wollen. Sie sträuben sich nur gegen das, was andere für sie oder von ihnen wollen. Die eigentliche Kontrolle, der sie sich unterwerfen, ist ihr eigener Widerstand, obwohl dieser eigentlich dazu gedacht war, sie davor zu schützen, in irgendeiner Weise kontrolliert zu werden.

Das verlassene innere Kind (siehe das Diagramm auf den Seiten 28 und 29) tut alles Erdenkliche, um sich selbst zu schützen, aber alle diese Schutzmaßnahmen bewirken schließlich nur noch mehr äußeres und inneres Alleinsein.

Das geliebte Kind

Das innere Kind, das sich geliebt fühlt, ist das ursprüngliche innere Kind. Es ist die Quelle unserer Lebendigkeit, unserer Begeisterungsfähigkeit und unseres Potentials, uns zu wundern und in Erstaunen zu geraten. Das geliebte Kind in uns ist etwas so Kostbares und Schönes, daß ein auch nur sehr flüchtiger Kontakt mit ihm uns die Tür zu reiner Lebensfreude öffnet. Das geliebte Kind ist stark, dynamisch und voller Leidenschaft; es ist verspielt und neugierig und immer für neue Ideen und Erfahrungen offen. Aus dem natürlichen inneren Kind fließen unsere Kreativität, unsere Intuition und unsere Fähigkeit, anderen Menschen zu vertrauen. Wenn das innere Kind eines Heranwachsenden von seinen Bezugspersonen geliebt wurde oder wenn der innere Erwachsene es geschafft hat, es längere Zeit liebevoll zu betreuen, ist es weich, sensibel, flexibel und sehr liebevoll. Im geliebten inneren Kind liegt unser Wissen von der grundsätzlichen Gleichheit aller Menschen und der inneren Verbindung aller Lebewesen. Das geliebte innere Kind ist im ganzheitlichen, nichtlinearen Sinne weise und wissend, das heißt, es vermag aus einer Gesamtheit vieler und gleichzeitiger Erfahrungen und Eindrücke Schlüsse zu ziehen und hält sich nicht an das schrittweise, logische und lineare Denken, das der innere Erwachsene praktiziert.

Das Kind, das die Welt holistisch und nicht logisch-linear betrachtet, ist Träger unserer Fähigkeit zur tiefen emotionalen und spirituellen Verbindung zu uns selbst und zu anderen. Das geliebte innere Kind kann uns sagen, was wir spüren und wünschen, weil es ein deutliches *Gefühl* dafür hat, was ihm guttut und was ihm schadet. Es ist das geliebte innere Kind in uns, das weiß, was das Beste für uns ist, was angenehme und was unangenehme Gefühle in uns hervorruft. Diese Gefühle informieren uns sehr präzise darüber, was uns glücklich oder unglücklich macht. Menschen, die mit ihrem inneren Kind nicht in Kontakt sind, haben zu vielen ihrer Gefühle und damit zur Quelle dieses Wissens keinen Zugang.

Unsere Gesellschaft schätzt die Logik außerordentlich hoch ein, während sie die Weisheit, die aus den Gefühlen kommt, abwertet; sie mißt der linken Gehirnhälfte große Bedeutung bei, während sie die rechte ignoriert. Dadurch wurde ein erschreckendes Ungleichgewicht geschaffen: die Macht der Logik ohne die Macht der Weisheit. Weisheit ist die Summe aller unserer Erfahrungen, die als Gefühle gespeichert sind. Wenn Sie nicht *fühlen* können, was wahr ist, dann heißt das, daß Sie Ihre Weisheit nicht nutzen können.

Viele Menschen, die ihre Gefühle und die Weisheit des Kindes verleugnen, haben versucht, sich eher durch das Handeln als durch das Handeln *und* Sein eine Identität zu schaffen. Hängt die Identität eines Menschen nur damit zusammen, was er tut? Und was ist mit unserer Existenz, unserem bloßen Da-Sein? Was ist mit unserer Weichheit, Zärtlichkeit, Intuition, unserem Einfühlungsvermögen, unserer Wahrnehmungsfähigkeit und unseren Gefühlen? Was ist mit unserer Neugier, Spontaneität und Verspieltheit? Wir werden unsere Kraft und Weisheit solange nicht voll ausschöpfen können, bis wir erkennen, daß jene Eigenschaften genauso wichtig sind wie unsere äußeren Leistungen.

Der innere Erwachsene ist abgetrennt von dem inneren Kind

ABSICHT (Wahlmöglichkeit des Erwachsenen)

Sich vor der Verantwortung für den eigenen Schmerz und die eigene Freude schützen.

Der Erwachsene trennt sich von dem inneren Kind und verläßt es, um seine Gefühle, besonders seinen Schmerz, nicht spüren und die Verantwortung dafür nicht übernehmen zu müssen.

Das Kind folgert daraus:
Ich bin schlecht, nicht in Ordnung, nicht liebenswert, unzulänglich, unwichtig, voller Fehler. Das Kind wird machtlos und innerlich allein zurückgelassen.

UNGELIEBTES VERLASSENES KIND

Abgetrenntheit schafft:

- Angst davor, zurückgewiesen, verlassen oder kontrolliert zu werden; die innere Verlassenheit wird auf andere projiziert; die anderen werden als ablehnend und kontrollierend erlebt.
- Angst davor, im Unrecht zu sein oder Bedürfnis, immer recht zu haben, das Richtige zu tun (Perfektionismus).
- Schuld- und Schamgefühl aufgrund des Glaubens an die eigene innere Schlechtigkeit.
- Co-Abhängigkeit und Süchte, um die Leere des Alleinseins zu füllen und Schmerz und Angst zu betäuben.

CO-ABHÄNGIGKEIT/PROZESSABHÄNGIGKEITEN

Menschen

Beziehungen, Sex, romantische Affären, Liebe, Bestätigung.

Dinge und Aktivitäten.

Fernsehen, Arbeit, Studium, Sport, Macht, Spiel, Geld, Geldausgeben, Schlaf, Ladendiebstahl, Grübelei, Sorgen, Trübsal, Klatsch, Meditation, Telefonieren, dramatische Ereignisse, Gefahr, äußerer Glanz, Religion.

STOFFABHÄNGIGKEITEN

Drogen, Alkohol

Lebensmittel, Zucker, Zigaretten, Koffein.

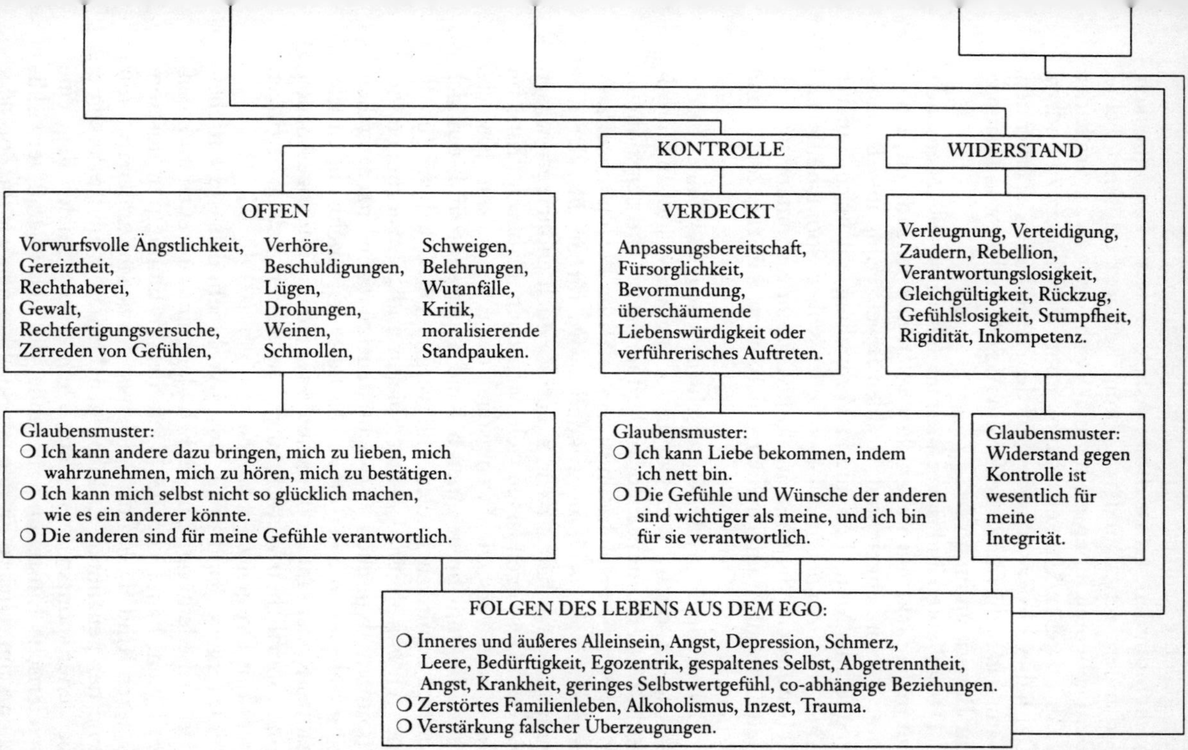
KONTROLLE
WIDERSTAND
OFFEN
Vorwurfsvolle Ängstlichkeit, Gereiztheit, Rechthaberei, Gewalt, Rechtfertigungsversuche, Zerreden von Gefühlen,
Verhöre, Beschuldigungen, Lügen, Drohungen, Weinen, Schmollen,
Schweigen, Belehrungen, Wutanfälle, Kritik, moralisierende Standpauken.
VERDECKT
Anpassungsbereitschaft, Fürsorglichkeit, Bevormundung, überschäumende Liebenswürdigkeit oder verführerisches Auftreten.
Verleugnung, Verteidigung, Zaudern, Rebellion, Verantwortungslosigkeit, Gleichgültigkeit, Rückzug, Gefühlslosigkeit, Stumpfheit, Rigidität, Inkompetenz.
Glaubensmuster:
❍ Ich kann andere dazu bringen, mich zu lieben, mich wahrzunehmen, mich zu hören, mich zu bestätigen.
❍ Ich kann mich selbst nicht so glücklich machen, wie es ein anderer könnte.
❍ Die anderen sind für meine Gefühle verantwortlich.
Glaubensmuster:
❍ Ich kann Liebe bekommen, indem ich nett bin.
❍ Die Gefühle und Wünsche der anderen sind wichtiger als meine, und ich bin für sie verantwortlich.
Glaubensmuster:
Widerstand gegen Kontrolle ist wesentlich für meine Integrität.
FOLGEN DES LEBENS AUS DEM EGO:
❍ Inneres und äußeres Alleinsein, Angst, Depression, Schmerz, Leere, Bedürftigkeit, Egozentrik, gespaltenes Selbst, Abgetrenntheit, Angst, Krankheit, geringes Selbstwertgefühl, co-abhängige Beziehungen.
❍ Zerstörtes Familienleben, Alkoholismus, Inzest, Trauma.
❍ Verstärkung falscher Überzeugungen.

Das geliebte Kind hat Mitgefühl – es kann die Gefühle anderer nachempfinden. Es ist dieser Aspekt unserer Persönlichkeit, der andere retten und von ihrem Schmerz erlösen möchte. Dem geliebten inneren Kind tut es weh, wenn es andere leiden sieht, und es möchte etwas tun, um ihren Schmerz zu lindern. Der liebevolle Erwachsene muß dem Kind helfen zu erkennen, wann das Bedürfnis zu helfen ein Akt der Liebe ist und wann es zur Bevormundung wird.

Das geliebte Kind ist verspielt und phantasievoll. Menschen, die in Kontakt mit diesem lustvollen und lebendigen Aspekt ihrer Persönlichkeit sind, strahlen Begeisterung und Lebensfreude aus. Menschen, die in Verbindung mit ihrem inneren Kind sind, reagieren auf das Leben voller Spontaneität und Lebendigkeit. Sie sind im positiven Sinne spontan; sie sind weder impulsiv und unkontrolliert noch zurückgezogen und gehemmt.

Es besteht ein großer Unterschied zwischen »kindlich« (lebhaft und spontan) und »kindisch« (impulsiv und unkontrolliert). Dieser Unterschied wird oft ignoriert, und der spontane Mensch, die verspielte und phantasievolle Persönlichkeit, die noch fähig ist, sich zu wundern, wird für unreif oder naiv gehalten; man hält ihr vor, sie müsse doch endlich erwachsen werden. Deswegen lassen viele Menschen ihr inneres Kind im Stich oder versuchen wenigstens, es zu verstecken. Erwachsene, die von ihrem inneren Kind abgetrennt sind, tun sich schwer damit, zu spielen und Vergnügen zu haben. Für die meisten von ihnen bedeutet Spielen und Sichvergnügen, bestimmten typischen Erwachsenenaktivitäten nachzugehen, zum Beispiel an einer offiziellen Party teilzunehmen, ein elegantes Restaurant zu besuchen oder einen Film anzuschauen, einen sportlichen Wettkampf zu beobachten, sich zu betrinken oder mit Drogen zu betäuben.

Das innere Kind ist für unser Wohlbefinden von entscheidender Bedeutung. Unsere Fähigkeit, uns zu freuen und Spaß zu haben, hängt von der Tiefe der Verbindung zu unserem inneren Kind ab. Echtes Spielen ist etwas ganz anderes als nur eine der genannten Erwachsenenaktivitäten, und es ereignet sich eher spontan als geplant. Dem echten Spielen liegt eine spielerische Einstellung zugrunde, die sich überall verwirklichen kann. Unsere Freude am Spiel können wir im Zoo oder auf einer Schaukel ausleben oder auch beim Schlangestehen auf dem Markt oder beim Kochen – wir spüren sie, wenn wir in Kontakt mit unserer Lebensfreude sind. Diese Freude ist ein fließendes, berauschendes Gefühl, das unsere Fähigkeit zu lachen aktiviert. Wann haben Sie sich das letzte Mal wirklich gehenlassen und Ihre Lebensfreude gespürt? Oft erlauben wir uns das nur, wenn wir frisch verliebt sind. Irgendwie können wir es Verliebten zugestehen zu springen, zu tanzen, zu singen, sich zu kitzeln und wie Kinder zu spielen, während wir dasselbe Verhalten bei denen, die nicht verliebt sind, als unangemessen ansehen. Vielleicht ist es gerade dieser Aspekt des Verliebtseins, den wir alle als so anziehend und belebend empfinden. Viel zu schnell jedoch beschließen frisch Verliebte, daß es nun an der Zeit sei, sich verantwortungsbewußt zu verhalten (in der Überzeugung, dies heiße, das innere Kind zu ignorieren). Sie spalten dann das innere Kind ab und schlagen sich ganz auf die Seite des Erwachsenen oder auf die Seite des verlassenen Kindes. Oder ihre Angst vor Zurückweisung und Kontrolle gewinnt die Oberhand, und ihre Schutzmechanismen treten in Kraft. Nach und nach distanzieren sie sich von den Gefühlen des Kindes. Am Ende finden sie dann oftmals den Weg in unsere Praxis und beklagen sich, daß ihre Beziehung nichts mehr hergebe und daß sie einfach nicht wüßten, wie sie mit sich selbst und mit ihrer Umwelt wieder in Kontakt kommen könnten! Manchmal entscheiden sie sich, sich von dem betreffenden Partner zu trennen und suchen sich einen neuen Spielkameraden, und der Kreislauf beginnt aufs neue. Eine solche Entwicklung ist im allgemeinen nicht nötig, wenn Sie für Ihre eigenen Gefühle die Verantwortung übernehmen und sich darauf einlassen, mit Ihrem inneren Kind zu lernen.

Unsere Sinnlichkeit – das tiefe Erleben von Berührung, Geschmack, Geruch und Gehör – gehört zum inneren Kind. Kinder sind sinnliche Wesen. Sie nehmen das Leben mit ihrem Körper, mit ihren Sinnen wahr. Sie lassen sich auf jede Erfahrung ganz vorurteilsfrei und unschuldig ein, da sie ganz und gar im Augenblick leben. Sie gehen frei und mit schwingenden Armen, und sie singen, wenn ihnen danach ist. Sie berühren fast alles, was sie sehen. Das Wichtigste jedoch ist, daß sie es lieben, zu umarmen und umarmt zu werden! Genau so werden *wir selbst*, wenn wir die Verbindung zu unserem inneren Kind aufnehmen. Die meisten von uns sagen zu sich selbst: »Es gibt eine Zeit zum Spielen und eine Zeit zum Arbeiten, und wenn es Zeit zum Spielen ist, *dann* werde ich mit meinem inneren Kind Kontakt aufnehmen.« Aber stellen Sie sich vor, wie heiter Ihr Leben dahinfließen würde, wenn Sie die meiste Zeit, und sogar die Arbeitszeit, an einem verspielten, kreativen, lustvollen Ort verbringen würden.

Kate, eine Frau aus einer unserer Gruppen, ist eine der liebenswertesten Persönlichkeiten, die wir kennen. Da sie immer so viel Lebensfreude ausstrahlt, baten wir sie, für uns etwas über das innere Kind aufzuschreiben:

> Als Margie und Erika mir vorschlugen, etwas über Verspieltheit zu schreiben, da machte mein Herz vor Freude einen Satz – endlich ein Thema, zu dem ich etwas sagen konnte! Aber fast hätte ich es mir dann gleich wieder ausgeredet, da ich dachte, das Thema würde mehr bringen für jemanden, der darum kämpft, das lange verlorene Kind wiederzufinden. Mein eigenes Leben war nämlich schon immer von meinem inneren Kind bestimmt worden.
>
> Wenn ich andere darüber sprechen höre, dem inneren Kind doch die Erlaubnis zu geben, herauszukommen und zu spielen, wenn ich den Schmerz in den Gesichtern jener sehe, denen es so schwerfällt, das innere Kind durch Verspieltheit, Freude, Glück und Spaß einfach auszuleben, dann macht mich das zutiefst traurig. Ich kann kaum nachempfinden, wie sich ein solcher Mensch fühlt, weil mein inneres Kind so ein starker Teil meiner selbst ist. Dem Kind eine Stimme geben? Ich glaube, meines spricht laut und klar. Ihm *Erlaubnis* zu geben, herauszukommen? Meines bestimmt, was gemacht wird! Ich bin nun siebenunddreißig und fühle mich noch immer wie ein Kind im Körper eines Erwachsenen.
>
> Ich bekam dieselben Botschaften mit auf den Weg wie beinahe alle anderen Menschen – erwachsen zu werden, sich gerade hinzusetzen, ernst zu sein, Verantwortung zu übernehmen –, im Grunde also: keinen Spaß mehr zu haben. Wenn ich von meinen Eltern, Lehrern oder anderen Erwachsenen getadelt oder gescholten wurde oder wenn sie mir eine Moralpredigt hielten, dann ging mir das nie besonders tief unter die Haut. Mag sein, daß ich einen Moment lang

mein Verhalten änderte, aber ich habe niemals mein Sein verändert. Ich denke, ich habe schon als kleines Kind gewußt, daß der Hauptgrund, warum ich auf diesem Planeten bin, darin liegt, mir die Freude, das Glück und die Liebe zum Leben, mit denen ich hierher gekommen bin, zu eigen zu machen und alle diese Gefühle voll auszuleben, solange ich auf dieser Erde bin. Ich wußte, daß ich einen Schatz besaß, daß dieser Schatz ein wesentlicher Teil meiner selbst war und daß es wichtig war, ihn nicht zu verlieren. Die negativen Botschaften müssen an mir abgeprallt sein. Ich konnte deutlich wahrnehmen, wie gut es sich anfühlte, so froh und glücklich zu sein, und ich konnte sehen, wieviel Licht mein kleines Wesen in das Leben anderer Menschen brachte. Wenn *sie* auch nicht wußten, daß es gut für sie war – ich zumindest wußte es!

Damit Sie jetzt nicht denken, ich hätte ein besonders behütetes Leben geführt, das mir geholfen hätte, in Kontakt mit meinem verspielten Kind zu bleiben, werde ich Ihnen ein bißchen über mich erzählen. Ich wuchs in einer kleinen Stadt im Süden auf, wo gute Manieren und »damenhaftes« Auftreten außerordentlich wichtig waren, und mir wurde tausendmal gesagt, wie ich mich zu benehmen hatte. Dahinter stand die ewige, ängstliche Frage: »Was sollen bloß die Nachbarn denken?« Meine Familie war sehr religiös, so daß ich nicht nur von meiner Mutter, sondern auch von Gott zu hören bekam, daß ich immer den geraden und schmalen Weg gehen müsse. Auch mein Erwachsenenleben war nicht besonders leicht. Ich heiratete mit vierundzwanzig, und ein Jahr später kam mein Mann, als ich im neunten Monat schwanger war, bei einem Flugzeugabsturz ums Leben. In meiner zweiten Ehe, sieben Jahre später, war ich mit der Drogenabhängigkeit meines Partners konfrontiert. Der Weg aus der Drogenabhängigkeit, die ewigen Lügen und dann die allmähliche Heilung von der Sucht – das war ein langer und harter Prozeß. Aber nicht ein einziges Mal sank mir der Mut. Es war meine freudige und liebevolle Einstellung zum Leben, die mir durch die sorgenvollen Zeiten hindurchhalf. Die Fähigkeit, die schönere Seite der Dinge zu sehen und, während meine Wunden heilten, die guten Momente zu genießen, das waren Charakterzüge oder eigentlich Entscheidungen, die es mir ermöglichten, dem liebevollen Kind in meinem Herzen treu zu bleiben.

Was heißt nun »verspielt« sein? Verspieltheit erfordert kein besonderes Szenario und auch keine Trickkiste. Es bedeutet, spontan zu sein, jede Gelegenheit zum Spielen *im Augenblick* zu ergreifen. Die erste Frage, die ein Kind sich stellt, ist wahrscheinlich: »Macht es auch Spaß?« Ich denke, für uns als Erwachsene ist es wichtig, diese Frage ebenfalls zu stellen. Ich weiß für mich, daß etwas, was keinen Spaß macht, in meinem Leben gewöhnlich nicht auf die Liste der Dinge gesetzt wird, die getan werden müssen. Und wenn Sie ein wenig kreativ sind, dann können Sie selbst bei den banalsten Alltagsarbeiten Spaß haben. Haben Sie schon mal Ihrem Einkaufswagen einen ordentlichen Schubs verpaßt und sind auf ihm zu Ihrem Auto gerollt?

Das Nachdenken und das Schreiben über Verspieltheit haben mich erkennen lassen, welch großen Einfluß diese Eigenschaft auf meine Persönlichkeit hat und in welchem Maße ich dadurch stärker, vitaler geworden bin. Meine Kindlichkeit machte mich sicherer, weniger defensiv, offener, neugieriger. Sie gab mir die Lust und den Mut zu wachsen – genau wie ein Kind. Ich suche jederzeit Freude und Wunder in der Welt, die mich umgibt, und es gibt so viel davon, wenn man nur hinschaut. Ich sehe, daß meine Verspieltheit andere einlädt, selbst verspielt zu sein, daß sich Menschen aus diesem Grund zu mir hingezogen fühlen und daß meine Fröhlichkeit viele Herzen geheilt hat. Ich glaube, daß das liebevolle kleine Kind in jedem von uns ist.

Und zu allem Überfluß macht mir sogar meine *Arbeit* Spaß. Ich war schon immer im künstlerischen Bereich tätig, aber erst in den letzten vier oder fünf Jahren habe ich mich wirklich individuell verwirklichen können, und ich bin darin sehr erfolgreich. Ich entwerfe Modellkleider und kann meine Kreativität dabei voll und ganz ausleben. Das einzige, was meine Kunden mir manchmal sagen, ist, daß ich meiner Phantasie bei meiner nächsten Kreation noch freieren Lauf lassen könnte. Meine Arbeit wird nicht nur besser dadurch, sondern sie *hängt davon ab*, daß ich in Kontakt mit meiner Lebensfreude bleibe, mit meinem sinnenfrohen Kind, das uneingeschränkt und frei aus der Mitte seines Herzens kreieren kann.

Ich muß zugeben, daß es eine Zeit gab, in der meine Kindlichkeit von Nachteil zu sein schien: Ich hatte Angst vor meiner Stärke als Frau, weil ich dachte, Starksein bedeute, meine Verspieltheit aufgeben zu müssen. In meiner Jugend waren die Erwachsenen in meinem Leben, abgesehen von ein paar wenigen bemerkenswerten Ausnahmen, ernst, rechtschaffen und engstirnig gewesen. Ich beschloß, nie so zu werden wie sie. Für mich gab es nur ein Entweder-Oder, und ich wählte das verspielte Kind. So verhielt ich mich als Erwachsene manchmal wie ein kleines schüchternes Mädchen, das sich davor fürchtete, sich durchzusetzen, und sogar meine Stimme klang wie die eines kleinen Mädchens. Erst als Margie mich eines Tages darauf hinwies, wurde ich mir dessen bewußt, und ich bemerkte, daß ich von Menschen umgeben war, die Vorbilder für *neue* Rollen abgaben, Menschen wie Margie und Erika, die in Kontakt mit ihrer Verspieltheit waren, aber auch ihre Stärke als Frau voll auslebten. Was war das doch für eine Offenbarung für mich – ich konnte mich weiterhin anziehen wie ich wollte, verrückte Sachen machen oder albern sein, wenn ich das wollte, und zugleich meine Stärke als Frau leben. Dieses Bewußtsein brachte eine echte Veränderung in mein Leben. Ich fühle mich nun als ganze Persönlichkeit, immer noch wie ein Kind im Körper eines Erwachsenen, aber mit der Stärke, alles in meinem Leben zu erschaffen, was ich will, und ich fühle in mir die Kraft, alles zu sein, was in mir steckt.

Wenn wir wirklich in Verbindung mit unserem inneren Kind sind, spüren und erleben wir echte innere Stärke und Selbstbestimmung und werden nicht so leicht von anderen kontrolliert. Da Eltern und die Gesellschaft immer durch den Verlust der Kontrolle bedroht waren, erhielten wir alle viele irreführende Botschaften darüber, wer und was das innere Kind wirklich ist. Als Erwachsene hegen wir im allgemeinen viele falsche Vorstellungen über das innere Kind. Dies sind einige von ihnen:

- In mir gibt es kein inneres Kind; andere mögen vielleicht eines haben, aber ich nicht.
- Alle werden glauben, ich sei zu optimistisch und werden mich nicht ernst nehmen.

- Niemand wird meine Tiefe erkennen, wenn ich *so* glücklich bin.
- Alle wollen mich nur wieder niedermachen.
- Mit dem inneren Kind in Verbindung zu sein – das ist eine Entscheidung, die ich nicht selbst treffen kann. Es passiert einfach, wenn alles richtig läuft.
- Niemand in meinem Arbeitsbereich – mein Chef, meine Kollegen, Studenten, Klienten – würde mich noch respektieren, wenn ich kindlich wäre.
- Die Leute werden nur sagen, ich sei unverantwortlich.
- Meine Kinder werden denken, ich versuche nur, »auf jung zu machen«; sie werden den Respekt vor mir verlieren und mir auf der Nase herumtanzen.
- Andere Menschen werden sich durch meine Spontaneität peinlich berührt fühlen, und es wird meine Schuld sein, wenn sie sich nicht wohl fühlen.
- Spielen ist für Kinder.
- Andere werden denken, ich sei ein Trottel, und ich kann mit einer solchen Geringschätzung nicht umgehen.
- Ich werde nie etwas zustande bringen, wenn ich das Kind in mir herauslasse.
- Ich kann dem Kind nicht vertrauen. Es wird mir nur Ärger einbringen.
- Wenn ich mich meinem Kind öffne, werde ich die Kontrolle über mein Leben verlieren. Mein Kind möchte mich und alles andere nur kontrollieren.

Dies sind nur ein paar der falschen Glaubensmuster. Es gibt noch viele andere mehr, auch die, daß das innere Kind inkompetent sei. Aber das ist völlig unzutreffend! Das innere Kind ist weiser, als es uns oftmals bewußt ist. Diese Tatsache hat Hal, einer unserer Klienten, uns deutlich vor Augen geführt.

Hal hatte als Kind Klavier gespielt; als Erwachsener hat er sich lange gewünscht, sich eines kaufen zu können. Am Tag, als es dann endlich geliefert wurde, schickte er die Umzugsmannschaft eilig weg, damit er sofort zu spielen anfangen konnte. Mit seinem einzigen Notenbuch, einer Mozartsonate, setzte er sich ans Klavier. Das Stück war für ihn ziemlich schwierig zu spielen, und seine Hände waren ungelenk. Aber Hal war wild entschlossen, seinen »Spaß« zu haben, egal wieviel Anstrengung es ihn kosten würde. Innerhalb kürzester Zeit fühlte er sich steif und verschwitzt, und seine Miene war ganz verkrampft. Aber schließlich konnte er doch triumphieren – er hatte das Stück zu Ende gespielt! Eine leise Stimme in ihm fragte: »Ja, aber hat es auch Spaß gemacht?« Plötzlich erinnerte er sich wieder daran, warum er einst das Klavierspielen aufgegeben hatte. Er fühlte sich nun total verwirrt und beschloß, die Noten wegzuwerfen und nur zu spielen, was er fühlte. In diesem Moment befreite er sein inneres Kind, und die Pianoklänge waren jetzt Ausdruck reiner Freude und Kreativität, Gefühle, die er so lange verleugnet hatte. Er hatte gelernt, daß der Versuch, es »richtig« zu machen, wenig befriedigend war. Sein inneres Kind wußte genau, wie er spielen mußte, und plötzlich hörte sich die Melodie wunderbar an.

Jetzt werden Sie vielleicht sagen: »Natürlich konnte ihm das gelingen. Er hatte ja schon als Kind Klavierspielen gelernt, deshalb hat er sich daran erinnert. Aber Sie können sich nicht einfach darauf verlassen, daß das Kind jede Aktivität übernimmt, vor allem nicht eine, die gefährlich sein könnte. Man kann nicht darauf vertrauen, daß das Kind wichtige Dinge lernt – es fehlt ihm einfach an Verständnis.« Erika jedoch machte die Erfahrung, daß sie sich wirklich in jedem Fall auf das innere Kind verlassen kann:

> Ich bin Segelfliegerin, und ich habe es schon immer sein wollen – seit ich ein kleines Mädchen war und einen Walt-Disney-Film über das Segelfliegen gesehen hatte. Aus verschiedenen Gründen habe ich erst spät damit begonnen, erst vor ein paar Jahren, aber gleich zu Anfang lernte ich eine Lektion über mein inneres Kind, die ich nie vergessen werde. Es war an einem warmen Tag im Oktober, als wir für meine lang ersehnte Flugstunde in die Wüste hinausfuhren. Ich hatte eine Freundin gebeten, mit mir nach Crystal Soaring in der Mojave-Wüste zu fahren, weil ich so aufgeregt war, daß ich kaum das Lenkrad halten konnte.
>
> Als ich in dem wunderschönen Segelflugzeug saß, verliebte ich mich auf der Stelle in seine langen Flügel. Ich war genauso begeistert wie John Stevenson, mein Fluglehrer. Endlich war der Traum, für den ich so lange gelebt hatte, wahr geworden. Dann sagte John: »Erika, übernimm das Steuer,

und dreh um 180 Grad!« Es war ein wunderbares Gefühl von Kraft und Stärke, zu spüren, wie das Flugzeug mir gehorchte. Ich hatte das Gefühl, Teil des gewaltigen Luftraums zu sein, der sonst nur dem Adler vorbehalten ist. Wenn ich all das hier in der Luft tun konnte, so schien es mir, dann gab es wohl auf der Erde überhaupt nichts mehr, was ich nicht schaffen könnte. Als wir landeten, war ich angesichts der überwältigenden Schönheit und der Freude, die ich gespürt hatte, den Tränen nahe.

In meiner zweiten Flugstunde machte ich jedoch eine ganz andere Erfahrung. Als ich meinen Sicherheitsgurt festschnallte, merkte ich, daß ich mich angespannt und unsicher fühlte. Eine kritische Stimme in mir sagte: »Erika, du kannst nicht fliegen, und du wirst einen so schweren Fehler machen, daß sogar John nicht mehr rechtzeitig eingreifen kann. Dies ist wahrhaftig kein Spaß, du gehst ein ernsthaftes Risiko ein, und du wirst wahrscheinlich auch John mit in den Tod reißen.« Beim Start spürte ich eine leichte Übelkeit, und als ich diesmal das Steuer übernahm, konnte ich es nicht richtig festhalten. Mein Arm war steif vor Angst. Ich riß das Steuer hastig zur Seite, anstatt das Manöver weich einzuleiten, so, wie ich es eine Woche zuvor ganz selbstverständlich getan hatte. Ich hatte furchtbare Angst, und als wir landeten, war ich mir nicht sicher, ob ich jemals wieder in die Luft steigen wollte. Ich sagte John nichts aus Angst, daß er meine Befürchtungen vielleicht gar nicht ernst nehmen würde. Er könnte immerhin denken, ich wäre nur hysterisch, dabei würde es doch auf Leben und Tod gehen!

Als ich von dieser Flugstunde heimfuhr, war ich nicht nur enttäuscht: Ich war am Boden zerstört. Später wurde mir klar, daß ich in der zweiten Stunde aus lauter Angst den Kontakt zu meinem inneren Kind abgeschnitten hatte und daß in der ersten Stunde mein inneres Kind, verbunden mit meinem Erwachsenen, mich sicher geführt hatte. Ich entschied, daß ich in Zukunft immer mein Kind mitfliegen lassen würde. Genau das war es! Das *Wissen* meines inneren Kindes – das war das Entscheidende! Ich hatte geglaubt, daß ich dem Wissen meines inneren Kindes nicht vertrauen könnte und daß ich sogar sterben müßte, wenn ich einfach nur meinen Spaß hätte.

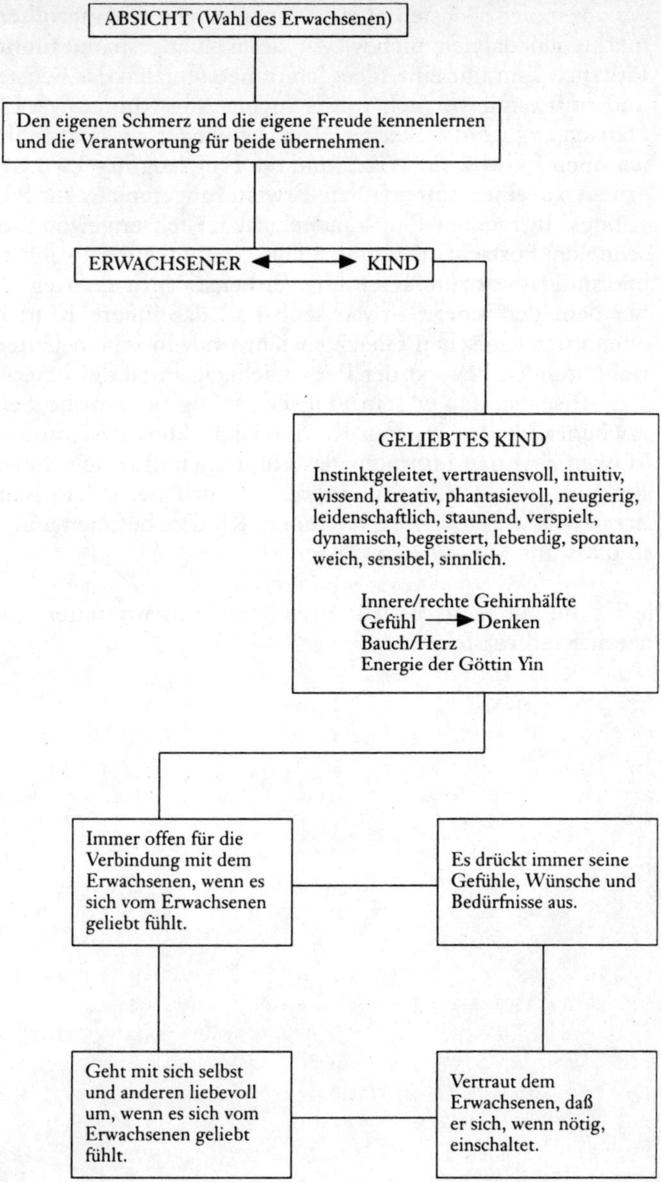
ABSICHT (Wahl des Erwachsenen)
Den eigenen Schmerz und die eigene Freude kennenlernen und die Verantwortung für beide übernehmen.
ERWACHSENER
KIND
GELIEBTES KIND
Instinktgeleitet, vertrauensvoll, intuitiv, wissend, kreativ, phantasievoll, neugierig, leidenschaftlich, staunend, verspielt, dynamisch, begeistert, lebendig, spontan, weich, sensibel, sinnlich.
Innere/rechte Gehirnhälfte
Gefühl
Denken
Bauch/Herz
Energie der Göttin Yin
Immer offen für die Verbindung mit dem Erwachsenen, wenn es sich vom Erwachsenen geliebt fühlt.
Es drückt immer seine Gefühle, Wünsche und Bedürfnisse aus.
Geht mit sich selbst und anderen liebevoll um, wenn es sich vom Erwachsenen geliebt fühlt.
Vertraut dem Erwachsenen, daß er sich, wenn nötig, einschaltet.

Als wir in der nächsten Stunde die Startbahn entlangrollten, merkte ich, daß ich mich wieder ziemlich angespannt fühlte. Plötzlich kam mir eine Idee: Ich öffnete einfach das Fenster und stellte mir vor, ich würde meine Angst hinauswerfen. Danach zog ich das Fenster ganz fest wieder zu. Jetzt fühlte ich mich frei wie ein Vogel, und die Flugzeugflügel wurden erneut zu einer aufregenden Erweiterung meines inneren Kindes. In meinen Flugstunden machte ich ungewöhnlich schnelle Fortschritte, und meine Fähigkeiten wuchsen enorm. Das war zum Teil Johns Verdienst. Er ist ein Mensch, bei dem der innere Erwachsene und das innere Kind in einem harmonischen Gleichgewicht sind. In seinen Unterrichtsstunden bewirkt der Persönlichkeitsanteil des inneren Erwachsenen, daß er sein Flugzeug völlig beherrscht. Sein hochentwickeltes inneres Kind verfügt über das intuitive Wissen über den Luftraum, das Flugzeug und seine Schüler. Bis zum heutigen Tag erinnere ich mich bei jedem Start daran, wie wertvoll es ist, das innere Kind zu befreien und es in die Lüfte aufsteigen zu lassen.

Die Grafik auf Seite 39 faßt zusammen, was wir unter dem inneren Kind verstehen.

Kapitel 2

Sie sind ein Erwachsener, ein Elternteil

So, wie wir als Kinder behandelt werden, behandeln wir uns während unseres ganzen restlichen Lebens.

Am Anfang war Erziehung
Alice Miller

Der erwachsene Teil in uns kommt nicht plötzlich zur Welt, sobald wir achtzehn werden. Von unserer Geburt an entwickeln wir sowohl den Persönlichkeitsanteil des Kindes als auch den des Erwachsenen in uns.

Was ist ein Erwachsener?

Der Erwachsene ist der logische, der denkende Teil in uns. Die Gefühle des Erwachsenen sind das Ergebnis seines Denkens. Beim Kind dagegen entspringen die Gedanken seinen Gefühlen. Der Erwachsene ist eher am Tun als am Sein interessiert, eher am Handeln als am Erleben. Wir können uns den Erwachsenen als das Yang, das Männliche oder den Aspekt der linken Gehirnhälfte vorstellen und das Kind als das Yin, das Weibliche oder den Aspekt der rechten Gehirnhälfte. Wir können den Erwachsenen mit dem bewußten Verstand, dem linear denkenden Intellekt gleichsetzen.

Der Erwachsene ist *die Entscheidungsinstanz* im Hinblick auf unsere Absichten und Handlungen. *Es ist immer der Erwachsene, der darüber entscheidet, ob wir uns schützen wollen oder ob wir lernen wollen, und der die entsprechenden Aktionen auswählt, die der Realisierung unserer Absicht dienen.* Der Erwachsene muß die Aufgabe des liebevollen Bemutterns übernehmen – die alten Wunden heilen und die falschen Überzeugungen durch die Wahrheit ersetzen –, und er muß sich weigern, die negativen und selbstzerstörerischen Verhaltensmuster des verlassenen Kindes zu tolerieren. Das innere Kind wird erst dann neugierig werden und sich für das Lernen öffnen, wenn der Erwachsene beschlossen hat, zu lernen und das Kind geduldig und unbeirrbar zu lieben.

Unser innerer Erwachsener kann ein liebevoller oder ein liebloser Erwachsener sein – mit anderen Worten, ein Erwachsener, der beschlossen hat zu lernen, oder ein Erwachsener, der sich entschieden hat, sich zu schützen. Bevor wir darauf jedoch näher eingehen, ist es wichtig zu definieren, was liebevolles Verhalten ist: *Wir sind liebevoll, wenn wir unser eigenes emotionales und spirituelles Wachstum und das anderer Menschen fördern und unterstützen wollen und wenn wir persönliche Verantwortung für unsere Gefühle übernehmen* – das heißt, wenn wir nicht als Opfer handeln und nicht andere für unsere Handlungen und Reaktionen und das sich daraus ergebende Glück oder Unglück verantwortlich machen. Darüber hinaus bedeutet liebevolles Verhalten, sich selbst gegenüber ehrlich zu sein, und es bedeutet, sich selbst und andere nicht zu beschuldigen oder herunterzumachen. Liebevolles Verhalten ist Ausdruck der inneren Harmonie Ihrer Persönlichkeit und stärkt so Ihre Selbstachtung und das Gefühl der Integrität. Liebevolles Verhalten Ihrem inneren Kind gegenüber heißt, daß Sie die Verantwortung für Ihre Gefühle übernehmen, indem Sie zusammen mit Ihrem Kind die falschen Glaubensmuster kennenlernen, die Ihren Schmerz verursachen. Es bedeutet, daß Sie sich einen liebevollen und unterstützenden Bereich schaffen, in dem Sie alte Wut und alten Schmerz durchleben können, und daß Sie entdecken, was Ihnen Freude macht, und Ihre Handlungen auf diese Freude hin ausrichten.

Der lieblose Erwachsene

Lieblos ist der Erwachsene, der die Wahl getroffen hat, sich gegen die Wahrnehmung und das Durchleben von Schmerz, Angst, Traurigkeit, Unbehagen und des intensiven Gefühls des Alleinseins und der Einsamkeit seines inneren Kindes zu schützen, und der sich weigert, dafür die Verantwortung zu übernehmen. Der lieblose Erwachsene hat sich zudem entschieden, keine Verantwortung für die Freude des Kindes zu übernehmen. Er mißt Aufgaben, Regeln, Verpflichtungen und Scham- und Schuldgefühlen einen größeren Wert bei als dem Gefühl, in Kontakt mit sich selbst zu sein. Der lieblose Erwachsene spaltet so das innere Kind ab und läßt es durch seine Entscheidung, ein autoritärer oder gleichgültiger Elternteil zu sein, im Stich. Wenn der lieblose Erwachsene autoritär ist, dann ist er kritisch, verurteilend, herabsetzend und/oder kontrollierend. Der lieblose Erwachsene ist die innere Stimme, die das Kind belügt, ihm sagt, daß es schlecht, falsch, unzulänglich, dumm, selbstsüchtig oder unwichtig sei, und der die Gefühle des Kindes für unwichtig erklärt. Er versucht, das Kind zu kontrollieren, indem er ihm sagt, was es tun sollte oder nicht tun sollte, und ihm all die schlimmen Dinge vorhält, die passieren können, wenn es etwas »nicht richtig« macht. Der lieblose Erwachsene sagt dem Kind, daß es nur dann liebevoll sei, wenn es sich selbst aufopfere, und daß es selbstsüchtig sei, sich selbst glücklich zu machen. In Wirklichkeit jedoch ist es selbstsüchtig, zu erwarten, daß andere die Verantwortung für unsere Gefühle übernehmen. Der lieblose Erwachsene trifft einseitige Entscheidungen und mißachtet die Wünsche und Bedürfnisse des Kindes. Der lieblose Erwachsene ignoriert und verleugnet die Stimme des inneren Kindes und schafft so genau dieselben Schwierigkeiten, die Eltern haben, wenn sie nicht auf ihre Kinder hören. Die Hauptabsicht des lieblosen, autoritären Erwachsenen besteht darin, das innere Kind zu kontrollieren.

Der lieblose Erwachsene, der verschiedene Gebote der Eltern und der Gesellschaft verinnerlicht hat, zwingt dem inneren Kind diese Regeln auf. Melody Beattie nennt in ihrem Buch *Unabhängig sein* eine Reihe von Glaubensmustern, die die meisten von uns verinnerlicht haben:

- Spüre deine Gefühle nicht, und sprich nicht über sie.
- Denke nicht, suche nicht nach Lösungen und triff keine Entscheidungen – du weißt möglicherweise nicht, was du willst oder was das Beste für dich ist.
- Nimm Probleme nicht wahr, erwähne sie nicht und löse sie nicht – es ist nicht gut, welche zu haben.
- Sei gut, anständig, perfekt und stark.
- Sei nicht, wer du bist, denn das ist nicht gut genug.

- Sei nicht egoistisch, stelle dich nicht an die erste Stelle, sage nicht, was du willst oder brauchst, sage nicht nein, setze keine Grenzen, und sorge nicht für dich – sorge immer für andere. Verletze ihre Gefühle nicht, und mache sie nicht wütend.
- Sei nicht lustig oder albern, und genieße dein Leben nicht – es kostet Geld, macht Lärm und ist nicht nötig.
- Vertraue nicht dir selbst, deinem höheren Selbst, dem Prozeß des Lebens oder bestimmten Menschen – setze statt dessen Vertrauen in betrügerische Menschen; reagiere dann überrascht, wenn sie dich hereinlegen.
- Sei nicht offen, ehrlich oder direkt – sprich in Andeutungen, manipuliere, bringe andere dazu, für dich zu sprechen. Errate, was sie wollen und brauchen, und erwarte von ihnen, daß sie dasselbe für dich tun.
- Komme niemandem nahe – du machst dich dadurch verletzbar.
- Störe das bestehende System nicht, indem du wächst oder dich veränderst.
- Mache immer ein fröhliches Gesicht, egal wie du dich fühlst oder was du zu tun hast

Unser liebloser Erwachsener zwingt diese Regeln und falschen Überzeugungen unserem inneren Kind fortwährend auf und setzt somit die Lieblosigkeit, die wir in der Kindheit erfahren haben, permanent fort.

Wenn der lieblose Erwachsene gleichgültig ist, dann ist er vielleicht völlig abwesend und läßt das Kind mit allem allein fertig werden. Oder er erlaubt dem Kind, selbstzerstörerisch zu sein, sich selbst physisch und/oder emotional durch Sucht und Abhängigkeit zu mißbrauchen und zu verletzen. Der gleichgültige innere Erwachsene wird es dem inneren Kind möglicherweise erlauben, andere durch physische und/oder emotionale Gewalt – Schlagen, Verprügeln, Stehlen, Lügen, Beschuldigen oder sogar Vergewaltigen und Töten – zu zerstören. Der gleichgültige lieblose Erwachsene geht auf die Wünsche und Bedürfnisse des inneren Kindes nicht ein. Der lieblose Erwachsene hat entschieden, die Verantwortung für die Bedürfnisse des inneren Kindes abzulehnen, so daß das Kind gezwungen ist, seine Bedürfnisse von anderen befriedigen zu lasssen.

Sowohl der autoritäre als auch der gleichgültige innere Erwachsene geben dem inneren Kind das Gefühl, ungeliebt und im Stich gelassen zu sein. Das Kind folgert daraus, daß es schlecht, falsch, nicht liebenswert, fehlerhaft, unwichtig, unbedeutend und unzulänglich sei, und diese falschen Überzeugungen erzeugen Gefühle von Angst, Scham und Schuld.

Der lieblose Erwachsene ist im allgemeinen ein Abbild der Lieblosigkeit unserer Eltern, Großeltern, Geschwister, Lehrer, geistlichen Führer oder anderer Rollenvorbilder und Autoritätspersonen. Wir alle neigen dazu, auf dieselbe Art auf unser inneres Kind zu reagieren wie unsere Eltern oder Bezugspersonen, und somit erzeugen wir immerfort aufs neue unseren Schmerz und das Gefühl des Getrenntseins. Wir können unser inneres Kind auf dieselbe Art kritisieren, anlügen, beschuldigen oder abwerten, wie wir selbst als Kind kritisiert, angelogen, beschuldigt und abgewertet worden sind, und wir benutzen dazu oft dieselben Worte, Sätze und Handlungen. Ihr liebloser Erwachsener verhält sich autoritär oder gleichgültig, je nachdem wie Ihre Eltern oder andere nahe Bezugspersonen Sie und sich selbst behandelt haben.

Ihr innerer Dialog, der fortwährend im Unterbewußtsein abläuft, ähnelt wahrscheinlich den Worten, die Sie in Ihrer Kindheit von Ihren Vorbildern hörten. Unsere Eltern haben uns wahrscheinlich aus der Rolle ihres eigenen verlassenen Kindes und des eigenen lieblosen Erwachsenen heraus betreut, und dieses Verhalten prägte das Rollenvorbild für unseren eigenen lieblosen Erwachsenen.

Wenn Ihre Eltern in Ihrer Kindheit nicht liebevoll mit Ihnen umgegangen sind – was bei fast allen von uns in unterschiedlichem Ausmaß der Fall war -, dann haben Sie vielleicht dieselben falschen Überzeugungen verinnerlicht, die das Wesen des verlassenen inneren Kindes Ihrer Eltern bestimmt haben. Im folgenden finden Sie einige der falschen Glaubensmuster, die Sie vielleicht verinnerlicht haben, als Sie dem Einfluß Ihrer Eltern ausgesetzt waren:

- Ich kann mich selbst nicht glücklich machen. Ich kann mich selbst nicht so glücklich machen, wie jemand anders oder etwas anderes es könnten. Ich kann nicht selbst für mich sorgen.

- Ich kann mit Schmerz nicht umgehen, besonders mit dem Schmerz der Ablehnung und des Verlassenseins, dem Schmerz meines Alleinseins.
- Andere sind für meine Gefühle verantwortlich, und ich bin für ihre Gefühle verantwortlich.
- Ich kann kontrollieren, wie sich die anderen mir gegenüber fühlen und wie sie mich behandeln.
- Es ist unbedingt wichtig für meine Integrität, jeder Kontrolle zu widerstehen.
- Mich selbst glücklich zu machen ist egoistisch und deshalb falsch.
- Der Kern meines Wesens ist schlecht, falsch, nicht liebenswert oder sonstwie fehlerhaft.

Solange Sie aus diesen falschen Überzeugungen heraus handeln, werden Sie es möglicherweise nicht schaffen, sich Ihrem inneren Kind gegenüber liebevoll zu verhalten. Sie werden keine Verantwortung für Ihre eigenen Gefühle übernehmen und sich nicht für das Lernen entscheiden, wenn Sie glauben, daß Sie schlecht seien und unfähig, sich selbst glücklich zu machen. Sie werden glauben, daß Sie mit dem Schmerz Ihres inneren Kindes nicht fertig werden könnten. Statt dessen werden Sie weiterhin versuchen, Ihr inneres Kind zu kontrollieren, und das Kind wird wiederum versuchen, andere zu kontrollieren. Sie werden Ihr inneres Kind im Stich lassen und andere für Ihre Gefühle verantwortlich machen. Wenn Ihr Erwachsener einmal entschieden hat, Ihr inneres Kind zu verlassen, dann bleibt dieses machtlos und allein zurück. Es ist der innere Erwachsene, der dann eine neue Entscheidung im Sinne des Kindes treffen muß.

Der liebevolle Erwachsene

Der liebevolle Erwachsene – der Erwachsene also, der von und mit dem inneren Kind lernen möchte – ist der dynamische, engagierte, mutige Persönlichkeitsanteil in uns, der Teil, der durch ethische Grundsätze und durch Integrität bestimmt ist. Der liebevolle Erwachsene *setzt sich dafür ein* zu lernen, das innere Kind zu umsorgen. Er bemüht sich darum, das innere

Kind kennenzulernen, zu lieben, zu unterstützen und in Kontakt mit ihm zu sein. Der liebevolle Erwachsene in uns bringt den *Mut* auf, in unser Inneres zu schauen, uns mit uns selbst zu konfrontieren und uns kennenzulernen. Dies ist der positive innere Elternteil, der Teil in uns, der unsere alten Kindheitswunden heilen und falsche Überzeugungen durch die Wahrheit ersetzen kann. Dieser Teil kann konstruktiv und im Interesse der Gefühle und Bedürfnisse des inneren Kindes handeln. Er kann aktiv die Wünsche, Bedürfnisse, Sehnsüchte und kreativen Ideen des Kindes realisieren. Das Kind ist hungrig – der Erwachsene bereitet ihm eine Mahlzeit zu. Das Kind ist müde – der Erwachsene geht zu Bett und macht das Licht aus. Das Kind möchte Kontakt zu anderen haben – der Erwachsene nimmt das Telefon und ruft jemanden an. Das Kind visualisiert das Bild, und der Erwachsene malt es auf die Leinwand.

Der Erwachsene drückt durch sein Handeln die Bedürfnisse und Gefühle des Kindes und auch des Erwachsenen aus. Wenn wir nur fühlen, ohne daß wir unseren Erwachsenen diese Gefühle in Handlung umsetzen lassen, dann bleiben wir stecken. Gleichermaßen sind Taten, die nicht vom Gefühl getragen werden, nichtssagend und leer. Wenn Sie zum Beispiel einem anderen Menschen gegenüber warme Gefühle hegen, diese aber nicht durch irgendeine Geste ausdrücken, dann wird dieser andere nie einen tiefen Eindruck von Ihnen bekommen. Wenn Sie jedoch Zärtlichkeit demonstrieren, ohne ein Gefühl der Liebe zu empfinden, dann ist diese Aktion bedeutungslos und kann sogar manipulativ sein. Aus diesem Grund ist der Kontakt und das Gleichgewicht zwischen diesen beiden Seiten in uns so wichtig. Wenn der liebevolle Erwachsene und das geliebte Kind zusammenarbeiten, sind wir mit uns selbst in Einklang.

Der liebevolle Erwachsene ist dem inneren Kind gegenüber weder autoritär noch gleichgültig. Er zwingt dem Kind seinen Willen und seine eigene Art zu handeln nicht auf, aber er versteht es, dem Kind Grenzen zu setzen. Das innere Kind möchte vielleicht den ganzen Tag Süßigkeiten naschen, aber der liebevolle Erwachsene weigert sich, diesem Bedürfnis entsprechend zu handeln. Statt dessen fragt der liebevolle Erwachsene das Kind, warum es diesen Wunsch hat, warum es sich so leer fühlt, daß es sich mit Süßigkeiten füllen muß. Der liebevolle Erwachsene macht dem Kind keine Vorwürfe, weil es

ABSICHT (Entscheidung des Erwachsenen)

Sich gegen die Verantwortung für den eigenen Schmerz und die eigene Freude schützen

Der Erwachsene trennt sich von dem inneren Kind und läßt es im Stich, um zu vermeiden, die Gefühle, besonders den Schmerz des Kindes, zu spüren und die Verantwortung dafür zu übernehmen.

DER LIEBLOSE ERWACHSENE
(Entscheidungsinstanz, die vor allem die Absicht hat zu schützen)

AUTORITÄR	GLEICHGÜLTIG
Kritisch, verurteilend, beschuldigend, kontrollierend, abwertend.	Abwesend, lahm, nachlässig, Widerstand leistend.

Glaubensmuster: Die folgenden falschen Überzeugungen und die daraus resultierenden Verhaltensweisen wurden nach dem Muster des lieblosen Erwachsenen und des verlassenen inneren Kindes unserer Eltern und anderer Bezugspersonen aus unserer Kindheit geprägt:

- Ich kann mich selbst nicht glücklich machen; oder ich kann mich selbst nicht so glücklich machen, wie jemand anders oder etwas anderes es könnte.
- Ich kann mit Schmerz nicht umgehen, besonders nicht mit dem Schmerz des Alleinseins.
- Andere sind für meine Gefühle verantwortlich, und/oder ich bin für ihre verantwortlich.
- Ich kann kontrollieren, was andere für mich empfinden und wie sie mich behandeln.
- Es ist absolut notwendig für meine Integrität, jeder Kontrolle zu widerstehen.
- Ich bin im Kern meines Wesens schlecht.
- Es ist egoistisch und deshalb falsch, mich selbst glücklich zu machen.

bestimmte Wünsche und Gefühle hegt, er sagt dem Kind nicht, daß es unrecht habe oder schlecht sei. Der Erwachsene weiß, daß das Kind für seine Gefühle wichtige Gründe hat, und er handelt in der Absicht, diese Gefühle kennenzulernen.

Der liebevolle Erwachsene ist dem Kind gegenüber nicht derart nachgiebig, daß er ihm erlaubt, sich anderen gegenüber lieblos zu verhalten. Nehmen wir einmal an, das innere Kind ist auf jemanden wütend. Der liebevolle Erwachsene ist sensibel genug, diese Wut wahrzunehmen und zu verstehen und hilft dem Kind, sie in angemessener Weise auszudrücken. Er erlaubt aber dem Kind nicht, seine Wut an anderen auf eine Art auszulassen, die manipulativ oder verletzend ist, indem es andere schikaniert, bedroht oder körperlich angreift. Der liebevolle Erwachsene verläßt das Kind nicht, wenn es wütend, verletzt oder traurig ist, noch sagt er dem Kind, daß andere für diese Gefühle verantwortlich seien. Der Erwachsene weiß, daß diese Gefühle von innen kommen, aus tiefsitzenden Ängsten und Überzeugungen, daß sie nicht von jemand anderem *verursacht* wurden, und er ist da, um die Gefühle des Kindes wahrzunehmen und zu verstehen und seine Selbstheilungskräfte zu unterstützen. Darüber hinaus schützt der Erwachsene das Kind davor, Dinge persönlich zu nehmen, indem er dem Kind immer die Wahrheit sagt.

Nehmen wir beispielsweise einmal an, Ihr Ehepartner würde Sie anschreien und Ihnen sagen, Sie seien dumm. In Ihrer Kindheit ist Ihnen das vielleicht häufig von Ihren Eltern gesagt worden und deswegen fühlen Sie sich immer wieder getroffen, wenn man Sie als dumm bezeichnet. Ein liebevoller Erwachsener würde eingreifen und zu dem Kind sagen: »Dieses wütende und verurteilende Verhalten hat nichts mit dir zu tun. Du bist eine intelligente Person. Diese abwertende Charakterisierung rührt von etwas, was in ihm/ihr vorgeht und für das du nicht verantwortlich bist. Also mach dir keine Sorgen, ich werde dieses Problem für uns regeln.« Der Erwachsene handelt dann im Interesse des Kindes und sagt zu dem Ehepartner: »Ich weiß, daß du sauer bist, aber ich möchte nicht auf diese Weise heruntergeputzt werden. Das tut mir weh. Wenn du offen für ein Gespräch bist, dann laß uns über die Sache sprechen.« Wenn sie/er dann nicht für einen Lernprozeß offen ist, würde ein Erwachsener die Szene verlassen. Wenn das Kind sich noch immer verletzt fühlt, würde der Erwachsene die Gefühle des Kindes anhören und herauszufinden versuchen, woher diese Gefühle kommen, vielleicht indem er sich wieder an lange vergessene Erfahrungen ähnlicher Situationen aus der Kindheit erinnert. Der Erwachsene vertraut darauf, daß die Gefühle des Kindes sich mit einer gewissen Logik entwickeln, daß sie von vergangenen Erfahrungen und den daraus entstandenen Überzeugungen herrühren. Der liebevolle Erwachsene ist ein Lehrer und heilt das kindliche System der falschen Überzeugungen, indem er dem Kind die Wahrheit sagt.

Der liebevolle Erwachsene ist eine mächtige, kompetente Persönlichkeit in dem Sinne, daß er Macht hat: Macht über das Selbst, über seine Entscheidungen und die Fähigkeit, die Träume des Kindes zu verwirklichen. Das Diagramm auf Seite 51 zeigt die Eigenschaften des liebevollen Erwachsenen und des geliebten Kindes und die Verbindung zwischen den beiden.

Das Wichtigste, was wir für uns selbst tun können, ist, uns bewußtzumachen, wie lieblos wir mit uns umgehen und was es bedeutet, ein liebevoller Erwachsener für unser inneres Kind zu werden.

Die Art, wie wir unser inneres Kind behandeln, ist ausschlaggebend für alles andere in unserem Leben. Wenn wir unser inneres Kind lieblos behandeln, werden wir abhängig von Dingen, Menschen oder Handlungen. Wir werden ängstlich, besorgt, depressiv, leiden unter Schmerzen, Leere, Bedürftigkeit, geringer Selbstachtung, einem unerträglichen Gefühl des Alleinseins und physischer wie psychischer Krankheit. Die Schwere einer Geisteskrankheit entspricht dem Grad der Spaltung zwischen dem inneren Erwachsenen und dem inneren Kind. Wir werden verrückt, wenn wir das Alleinsein und den tiefen Schmerz des inneren Kindes nicht sehen und fühlen wollen.

Wenn wir unser inneres Kind liebevoll behandeln, schaffen wir die innere Verbindung, die die Leere in uns füllt, und wir müssen diese Leere nicht von außen, durch Sucht oder Abhängigkeit, zustopfen. Je mehr wir lernen, unser inneres Kind liebevoll zu behandeln, desto tragfähiger und sicherer wird die innere Verbindung. Das bringt uns Frieden, Freude, Kraft und Ganzheit und schützt uns davor, uns aufzugeben, um von anderen geliebt zu werden.

Der innere Erwachsene in Kontakt mit dem inneren Kind

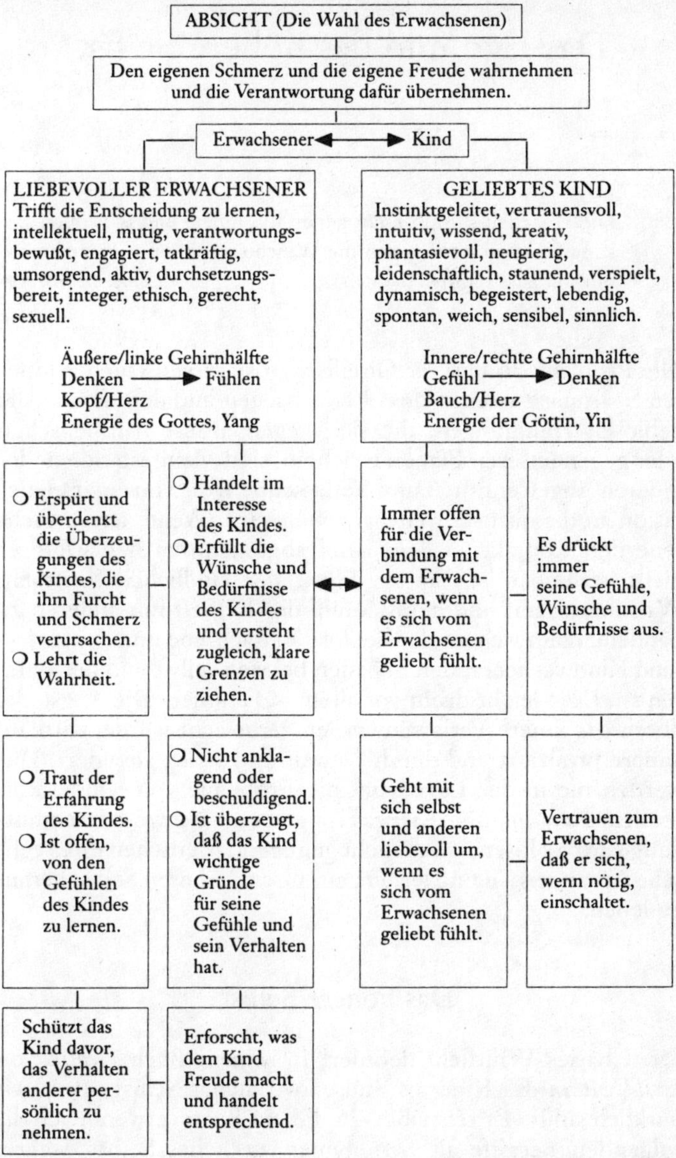

Kapitel 3

Das Ego und das höhere Selbst

> Die Wahrheit kämpft nicht gegen Illusionen, und Illusionen kämpfen auch nicht gegen die Wahrheit. Illusionen kämpfen nur mit sich selbst.
> *A Course in Miracles*

Alle Probleme in unserer Gesellschaft stammen von der inneren Spaltung zwischen dem Erwachsenen und dem Kind. Alle lieblosen Handlungen, die sich gegen unsere Mitmenschen oder gegen unseren Planeten richten, sind Manifestationen der inneren Abgetrenntheit und Verlassenheit, die von einer Generation an die nächste weitergegeben wird. Wenn der Erwachsene den Kontakt zu dem Kind abgeschnitten hat, wenn er nicht verfügbar ist, um im Sinne der kindlichen Sanftheit, Warmherzigkeit und dem Gefühl der Einheit mit anderen zu handeln, dann richten der lieblose Erwachsene und das verlassene Kind verheerenden Schaden bei sich selbst und bei anderen an. Die Gefahr droht vor allem in Familien. Die Angst, die durch das innere Verlassenwerden verursacht wurde, wird auf andere projiziert und durch Gewalt und Krieg ausagiert. Wir werden nie in der Lage sein, die Probleme von Kindesmißbrauch, Kriminalität, Krieg, Hunger und Umweltverschmutzung ganz zu lösen, wenn nicht genügend Menschen ihre seelische Arbeit leisten und lernen, aus ihrem höheren Selbst heraus zu leben.

Das höhere Selbst

Dr. Charles Whitfield definiert in seinem Buch *Healing the Child within* das Kind als »unser wirkliches Selbst – wer wir wirklich sind«. Er schreibt: »In diesem Buch verwende ich die folgenden Begriffe als Synonyme: wirkliches Selbst, wahres

Selbst, Kind in dir, inneres Kind, göttliches Kind und höheres Selbst«. Philip Oliver-Diaz und Patricia A. O. Gorman schreiben in ihrem Buch *12 Steps to Self-Parenting*, daß der höhere Elternteil (den wir den liebenden Erwachsenen nennen) »dein transzendenter Teil ist, eine direkte Verbindung zu deiner höheren Macht«. Sie ergänzen: » . . . Die Präsenz des Göttlichen, des höheren Elternteils in jedem von uns, hat uns genährt.«

So behauptet also der eine Autor, das Kind sei das höhere Selbst, während der andere meint, der liebevolle Erwachsene sei das höhere Selbst. Unsere These dagegen lautet: *Das höhere Selbst ist die Verbindung zwischen dem liebevollen Erwachsenen und dem geliebten inneren Kind.* Die Verbindung und das Gleichgewicht zwischen den beiden - zwischen dem Erwachsenen und dem Kind, dem Gott und der Göttin, dem Männlichen und dem Weiblichen, Yin und Yang - das ist das höhere Selbst.

Wir definieren das höhere Selbst als unsere Ganzheit, unsere Fähigkeit zu lieben und unser Gefühl persönlicher Stärke - als unsere wahre Identität. Es ist das, was wir sind, wenn wir mit dem Universum verbunden sind. Wir glauben, daß diese Verbindung mit dem Universum dann eintritt, wenn wir die innere Verbindung zwischen dem Erwachsenen und dem Kind herstellen. Im höheren Selbst sind wir, wenn wir wirklich authentisch, verbunden und mitfühlend sind. In der inneren Verbundenheit des höheren Selbst sind wir voller Liebe, Empathie und Vergebung. Wir sind dann in dem wunderbaren Zustand, der uns befähigt, aus unserer Weisheit schöpfen zu können, aus der Weisheit, die direkt aus dem Universum fließt.

Das höhere Selbst ist die Essenz der Kraft, das erzeugende, nährende, lebenspendende und lebenserhaltende kreative Element in uns und im Universum. Aus dem Gleichgewicht zwischen Gott und Göttin, zwischen Männlichem und Weiblichem kommt alles Leben. Das höhere Selbst ist gewaltlos, es tötet nie und zerstört nie. Es spendet nur Leben und Liebe und ist deswegen der Inbegriff des Friedens.

Der Zustand des höheren Selbst ist der machtvolle Heilerzustand der Schamanen. Die Schamanen schöpfen aus ihrer sogenannten »weiblichen« Seite, die wir inneres Kind nennen, um zu heilen. In ihrem Buch *Healing States* zitieren die Autoren Alberto Villoldo und Stanley Krippner ein Gespräch mit einem bekannten südamerikanischen Schamanen über dieses Thema:

Der innere Erwachsene in Kontakt mit dem inneren Kind

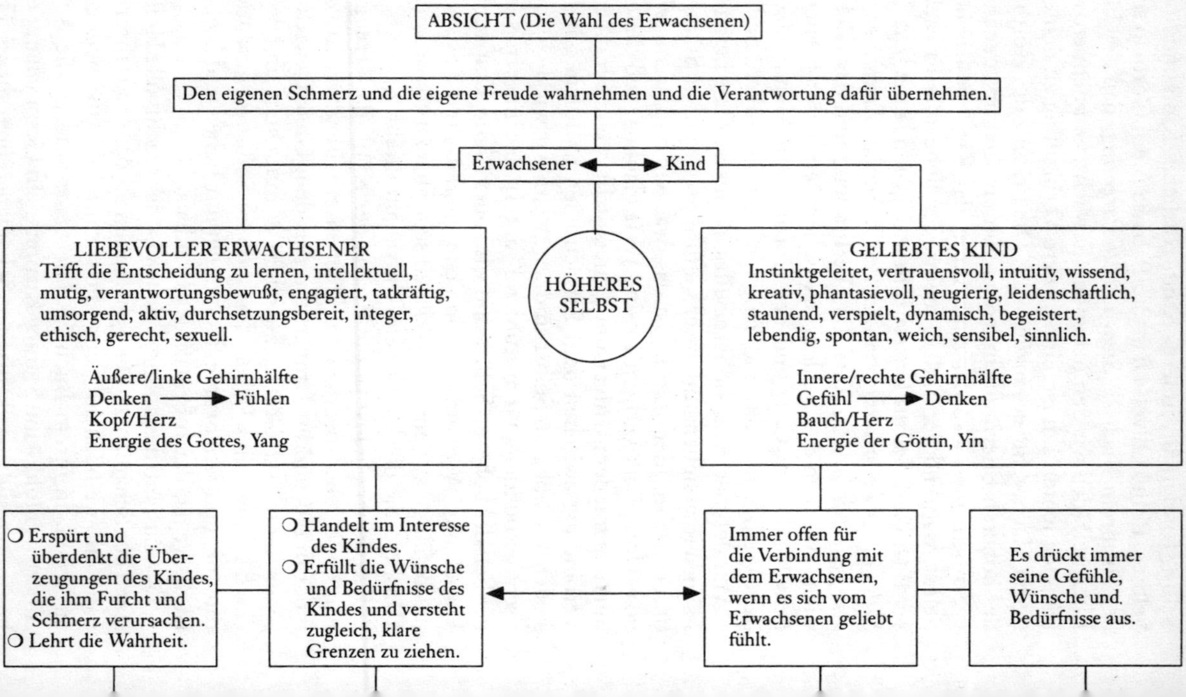

- Traut der Erfahrung des Kindes.
- Ist offen, von den Gefühlen des Kindes zu lernen.

- Nicht anklagend oder beschuldigend.
- Ist überzeugt, daß das Kind wichtige Gründe für seine Gefühle und sein Verhalten hat.

Geht mit sich selbst und anderen liebevoll um, wenn es sich vom Erwachsenen geliebt fühlt.

Vertrauen zum Erwachsenen, daß er sich, wenn nötig, einschaltet.

Schützt das Kind davor, das Verhalten anderer persönlich zu nehmen.

Erforscht, was dem Kind Freude macht und handelt entsprechend.

INNERER DIALOG
Ständige innere Verbindung und ein gegenseitiges Verstehen und Voneinanderlernen zwischen Erwachsenem und Kind.

DAS LEBEN AUS DEM HÖHEREN SELBST:
- Zentriert/verbunden.
- Bedingungslose Liebe zu sich selbst und anderen.
- Sich selbst und andere nicht anklagend oder beschuldigend
- Hohe Selbstachtung/Selbstwert.
- Froh, friedvoll, sanft und kraftvoll, mitfühlend.
- Authentisch, echt, in der Wahrheit lebend.
- Gefühle der Ganzheit und des Einsseins.
- Fähig, die eigene Kreativität auszuleben.
- Körperliche Gesundheit.
- Gesunde Entscheidungskraft.
- Fähigkeit, mit den Folgen der Entscheidungen zu leben und von ihnen zu lernen.

»Als wir Don Eduardo fragten, was er damit meinte, sehen zu lernen, antwortete er, daß ein Schamane oder eine Schamanin erst mit seiner oder ihrer inneren Vision sehen könne, wenn seine oder ihre weibliche Seite erweckt werde. Unsere männliche, rationale Seite, so behauptete er, erlaube uns nur, die Oberfläche der Dinge zu sehen«. Erst durch die Erwachsener/Kind- oder Männlich/Weiblich-Verbindung lernt der Schamane, mit dem inneren Auge zu sehen und zu verstehen und dadurch zu heilen. Wenn ein Mensch offen ist, zu lernen und zu heilen, dann kann die Kraft, Weisheit und Zärtlichkeit des höheren Selbst jede Verletzung heilen, alle Schmerzen lindern und jeden Ärger besänftigen. Das höhere Selbst in uns aktiviert das Immunsystem und schafft dadurch eine ausgezeichnete körperliche Gesundheit.

Wenn wir ein besonders starkes und strömendes Gefühl der Liebe und Verbundenheit mit der ganzen Menschheit spüren, dann liegt der Grund darin, daß wir in uns selbst verbunden sind; wir sind unser höheres Selbst. Das Diagramm auf den Seiten 54 und 55 zeigt, wie sich das höhere Selbst durch die Verbindung zwischen Erwachsenem und Kind entwickelt.

Das Ziel des höheren Selbst ist zu lernen, zu lieben und in ein Gefühl der grenzenlosen Freude hineinzuwachsen. Erinnern Sie sich einmal an eine Zeit, als Sie sich völlig zufrieden oder heftig verliebt fühlten, als Sie tiefe Freude oder ein überschäumendes Gefühl innerer Stärke und persönlicher Kraft spürten. Das Gefühl, das aus dieser Erfahrung gespeist wird, ist Ihr höheres Selbst. Es ist ein Gefühl inneren Friedens, bedingungsloser Liebe und Bewußtheit. Das höhere Selbst urteilt nicht, es hat weder Angst noch Sorgen, und es verleugnet nicht; es lebt völlig »in der Gegenwart«. Obwohl die meisten von uns immer wieder einmal ein solches Gefühl verspüren, können wir uns kaum vorstellen, Tag für Tag in diesem wundervollen Zustand zu leben. Wir alle können entscheiden, unser höheres Selbst zu sein, wenn wir beschließen, eine liebevolle Verbindung mit unserem inneren Kind herzustellen. Die meisten von uns leben jedoch schon so lange in der Abgetrenntheit, daß sie nicht mehr wissen, wie sie mit sich selbst in Kontakt kommen sollen. Manche von uns haben das vielleicht noch nie in ihrem Leben gelernt. Es ist die innere Abgetrenntheit zwischen dem Erwachsenen und dem Kind, aus der das Ego entsteht.

Das Ego

Wir müssen zunächst unsere Definition des Begriffs *Ego* klären. Wir verwenden das Wort nicht im Sinne Freuds oder der Ego-Psychologie. Unsere Definition des Ego stammt eher aus der östlichen Philosophie. Wir verwenden den Begriff Ego, um das falsche Selbst zu bezeichnen, das auftaucht, wann immer wir entscheiden, uns abzublocken anstatt zu lernen. Als wir in unserer Kindheit auf äußere Ablehnung reagierten, indem wir uns selbst ablehnten, schnitten wir den inneren Kontakt ab, und das Ego entwickelte sich. Die meisten von uns haben sich selbst bis zu einem gewissen Grad abgetrennt und verlassen, aber es gibt einige wenige Kinder, die sich selbst niemals verlassen haben. Ein gutes Beispiel dafür ist die kleine Anna in dem wunderbaren kleinen Buch von Fynn *Hallo, Mr. Gott, hier spricht Anna*. Der Autor beschreibt die wahre Geschichte eines kleinen Mädchens, das von seinen Eltern, die es mißhandelten, weglief und liebevolle Menschen fand, die für es sorgten. Anna, ein wunderschönes Beispiel für eine innerlich verbundene Persönlichkeit, wurde im Alter von fünf Jahren Fynns Lehrerin.

Sehr früh in Ihrem Leben, als Sie noch sehr klein waren, haben Sie die erste Trennung erlebt, Ihre erste Abgetrenntheit von einer Bezugsperson in Ihrem Leben. In unserer Gesellschaft geschieht dies im allgemeinen bei der Geburt, wenn das Kind der Mutter fortgenommen und in einen Säuglingssaal gebracht wird, wo es ganz allein mit der Welt konfrontiert ist. Als Sie dann nach Haus kamen, wurden Sie oft in Ihrem Kinderbett oder im Laufstall allein gelassen, anstatt daß man Sie in den Armen hielt und Ihnen ein Gefühl der Liebe und Sicherheit vermittelte. (Wir empfehlen Ihnen, das Buch *Auf der Suche nach dem verlorenen Glück* von Jean Liedloff zu lesen; er beschreibt eine Gesellschaft, die ganz anders als unsere funktioniert.) In den ersten Monaten und Jahren folgten weitere Zurückweisungen und Trennungen. Vielleicht ging es (scheinbar) nur um eine Kleinigkeit wie ein verspätetes Füttern, oder es handelte sich um ein traumatisches Erlebnis wie den Tod eines Elternteils. Vielleicht bekamen Sie nicht die Liebe, Bestätigung und Akzeptanz, die Sie von Ihrer Mutter oder Ihrem Vater gebraucht hätten. Wenn Sie Sie selbst waren, dann hat man Ihnen vielleicht offene oder verdeckte Ablehnung entgegengebracht. Wir alle haben viele kleine Trennungen von unseren Eltern erlebt, und wir alle haben daraus geschlossen, daß wir abgelehnt oder verlassen wurden, weil etwas mit uns nicht stimmen würde, weil wir unzulänglich, schlecht oder nicht liebenswert wären. Zu diesem Zeitpunkt wurde unser Ego geboren. Damals, als wir so klein und verwundbar waren, konnten wir mit dem, was wir als Ablehnung erlebten und der daraus resultierenden Erfahrung des Alleinseins, nicht umgehen, und so versuchten wir, uns zu schützen, indem wir uns von dem Kind, das sich so allein fühlte, trennten und ein falsches Selbst – das Ego – aufbauten. Wir hofften, daß es uns vor dem Schmerz der Einsamkeit schützen und uns die Liebe bringen würde, die wir so verzweifelt brauchten. Mit zunehmendem Alter wurde das äußere Verlassensein immer mehr verinnerlicht. Das Ego wurde stärker und die Trennung zwischen unserem inneren Erwachsenen und unserem inneren Kind immer tiefer.

Das Ziel des Ego ist es, uns gegen das Alleinsein zu schützen und, anstatt Liebe zu geben, Liebe zu bekommen. Das Ego weiß nicht, wie man liebevoll ist. Es ist der Teil von uns, der kritisch, vorwurfsvoll, anklagend, verängstigt, ärgerlich und defensiv ist. Das Ego manifestiert sich als der lieblose Erwachsene und das ungeliebte, verlassene Kind. Stellen Sie sich das Ego als einen bekümmerten Zwerg vor, der auf Ihrer Schulter sitzt und Ihnen ständig ins Ohr flüstert: »Das schaffst du nicht«, »Du solltest . . .«, »Niemand mag dich wirklich«, »Du bist ihnen nicht wichtig«, »Du wirst es nie richtig machen«. Das sind die verzerrenden Interpretationen des lieblosen, kritischen Erwachsenen, der Sie ändern möchte, damit Sie Liebe bekommen und sich nicht so allein fühlen. Oder Sie denken vielleicht: »Ich werde mich schon an ihm rächen« Oder: »Ich werde ihr zeigen, daß sie das nicht mir mir machen kann«, »Niemand darf mir sagen, was ich tun soll«. Das sind die Antworten des verlassenen Kindes, das versucht, mit dem Alleinsein fertig zu werden.

Das Ego zieht die Wahrnehmungen des höheren Selbst häufig in Zweifel. Eine unserer Klientinnen erlebte eines Abends etwas Außergewöhnliches. Sie hatte Besuch zum Abendessen. Alle saßen vor dem Essen im Wohnzimmer beisammen, als sie plötzlich das Gefühl hatte, jemand klopfe ihr auf die Schulter, um ihr zu sagen, sie solle auf den Tisch schauen. Sie schaute hin und sah, daß die Tischdecke gerade durch die Flamme einer umgefallenen Kerze Feuer gefangen hatte. Niemand anders hatte das Feuer gerochen oder gesehen. Am nächsten Tag wertete ihr Ego den Vorfall ab, indem es ihr sagte, das Ganze sei nur ein Zufall gewesen.

Die Aufgabe des Egos ist es, Sie oder andere in der Hoffnung zu wiegen, es sei möglich, Verlassenheit und Ablehnung zu vermeiden. Paradoxerweise ist es jedoch die innere Abgetrenntheit, durch die das Ego überhaupt entsteht und durch die die innere Erfahrung der Isolation, des Verlassenseins, der Zurückweisung und des Alleinseins verursacht wird. Es ist diese Abgetrenntheit, die den Streß erzeugt, in dem so viele von uns täglich leben. Dieser Streß schwächt das Immunsystem und macht dadurch den Körper für Krankheit empfänglich.

Der Körper und das Ego gehen Hand in Hand. Sie sind miteinander verbunden, weil sie beide vergänglich sind. Das Ego meint, der Körper sei die einzige Realität. Das Ego glaubt nicht, daß wir die spirituelle Liebesenergie unseres höheren Selbst sind. Da das Ego uns nur als äußere, physische Form sieht, sind wir für das Ego nicht »richtig«, wenn die Form nicht »richtig« ist. Wenn diese Form nicht mehr existiert, dann existieren wir nach Meinung des Ego auch nicht mehr. Die enge Verknüpfung von Körper und Ego ist die Basis für Krankheiten, denn eine Krankheit spiegelt die Überzeugungen des Ego im Körper. Sehr oft versucht das Ego, die Kontrolle über uns zu behalten, indem es uns falsche Überzeugungen über unseren Körper einflüstert. Unsere geringe Selbstachtung resultiert sehr stark aus den selbst-begrenzenden Ego-Überzeugungen, die wir über unseren Körper haben.

Das Diagramm auf den Seiten 60 und 61 faßt alles zusammen, was wir über den lieblosen Erwachsenen und das ungeliebte Kind gesagt haben und zeigt, wie das Ego durch die Abgetrenntheit verursacht wird. Diese entsteht aus der Absicht, sich gegen die Verantwortung für unsere Gefühle des Schmerzes, der Angst, des Unbehagens, des Friedens und der Freude zu schützen.

Der innere Erwachsene ist abgetrennt von dem inneren Kind

ABSICHT (Wahlmöglichkeit des Erwachsenen)

Sich vor der Verantwortung für den eigenen Schmerz und die eigene Freude schützen.

Der Erwachsene trennt sich von dem inneren Kind und verläßt es, um seine Gefühle, besonders seinen Schmerz, nicht spüren und die Verantwortung dafür nicht übernehmen zu müssen.

Das Kind folgert daraus:
Ich bin schlecht, nicht in Ordnung, nicht liebenswert, unzulänglich, unwichtig, voller Fehler. Das Kind wird machtlos und innerlich allein zurückgelassen.

EGO
(Falsches Selbst)

DER LIEBLOSE ERWACHSENE
(Entscheidungsinstanz, die vor allem die Absicht hat zu schützen)

UNGELIEBTES VERLASSENES KIND

AUTORITÄR

Kritisch, verurteilend, beschuldigend, kontrollierend, abwertend.

GLEICHGÜLTIG

Abwesend, lahm, nachlässig, Widerstand leistend.

Abgetrenntheit schafft:
- Angst davor, zurückgewiesen, verlassen oder kontrolliert zu werden; die innere Verlassenheit wird auf andere projiziert; die anderen werden als ablehnend und kontrollierend erlebt.
- Angst davor, im Unrecht zu sein oder Bedürfnis, immer recht zu haben, das Richtige zu tun (Perfektionismus).
- Schuld- und Schamgefühl aufgrund des Glaubens an die eigene innere Schlechtigkeit.
- Co-Abhängigkeit und Süchte, um die Leere des Alleinseins zu füllen und Schmerz und Angst zu betäuben.

Glaubensmuster: Die folgenden falschen Überzeugungen und die daraus resultierenden Verhaltensweisen wurden nach dem Muster des lieblosen Erwachsenen und des verlassenen inneren Kindes unserer Eltern und anderer Bezugspersonen aus unserer Kindheit geprägt:
- Ich kann mich selbst nicht glücklich machen; oder ich kann mich selbst nicht so glücklich machen wie jemand anders oder etwas anderes es könnte.
- Ich kann mit Schmerz nicht umgehen, besonders nicht mit dem Schmerz des Alleinseins.
- Andere sind für meine Gefühle verantwortlich und/oder

CO-ABHÄNGIGKEIT/
PROZESSABHÄNGIGKEITEN

STOFFABHÄNGIG-
KEITEN

Menschen

Dinge und Aktivitäten.

Fernsehen, Arbeit, Studium,

und wie sie mich behandeln.
- Es ist absolut notwendig für meine Integrität, jeder Kontrolle zu widerstehen.
- Ich bin im Kern meines Wesens schlecht.
- Es ist egoistisch und deshalb falsch, mich selbst glücklich zu machen.

Beziehungen, Sex, romantische Affären, Liebe, Bestätigung.

Ladendiebstahl, Grübelei, Sorgen, Trübsal, Klatsch, Meditation, Telefonieren, dramatische Ereignisse, Gefahr, äußerer Glanz, Religion.

Drogen, Alkohol

Lebensmittel, Zucker, Zigaretten, Koffein.

KONTROLLE

OFFEN

Vorwurfsvolle Ängstlichkeit, Gereiztheit, Rechthaberei, Gewalt, Rechtfertigungsversuche, Zerreden von Gefühlen, Verhöre, Beschuldigungen, Lügen, Drohungen, Weinen, Schmollen, Schweigen, Belehrungen, Wutanfälle, Kritik, moralisierende Standpauken.

Glaubensmuster:
- Ich kann andere dazu bringen, mich zu lieben, mich wahrzunehmen, mich zu hören, mich zu bestätigen.
- Ich kann mich selbst nicht so glücklich machen, wie es ein anderer könnte.
- Die anderen sind für meine Gefühle verantwortlich.

VERDECKT

Anpassungsbereitschaft, Fürsorglichkeit, Bevormundung, überschäumende Liebenswürdigkeit oder verführerisches Auftreten.

Glaubensmuster:
- Ich kann Liebe bekommen, indem ich nett bin.
- Die Gefühle und Wünsche der anderen sind wichtiger als meine, und ich bin für sie verantwortlich.

WIDERSTAND

Verleugnung, Verteidigung, Zaudern, Rebellion, Verantwortungslosigkeit, Gleichgültigkeit, Rückzug, Gefühlslosigkeit, Stumpfheit, Rigidität, Inkompetenz.

Glaubensmuster:
Widerstand gegen Kontrolle ist wesentlich für meine Integrität.

FOLGEN DES LEBENS AUS DEM EGO:
- Inneres und äußeres Alleinsein, Angst, Depression, Schmerz, Leere, Bedürftigkeit, Egozentrik, gespaltenes Selbst, Abgetrenntheit, Krankheit, geringes Selbstwertgefühl, co-abhängige Beziehungen.
- Zerstörtes Familienleben, Alkoholismus, Inzest, Trauma.
- Verstärkung falscher Überzeugungen.

Falsche Glaubensmuster kontra innere Wahrheit

Jede Überzeugung, die Angst, Gekränktheit oder Furcht verursacht, ist falsch, und jedesmal, wenn wir ängstlich oder verletzt sind, steht ein falsches Glaubensmuster dahinter. Unsere Traurigkeit und unser Kummer werden dadurch verursacht, daß wir in einer Situation die Wahrheit sehen und erfahren. Unsere Verletzung, unsere Angst und unsere Furcht jedoch werden durch unsere falschen Überzeugungen hervorgerufen. Die meisten von uns haben in ihrer Kindheit Glaubensmuster entwickelt, die unzutreffend sind und die uns deshalb Schmerzen verursachen. So denken wir beispielsweise: »Ich bin nicht hübsch«, »Ich bin dumm« oder »Niemand kann mich so, wie ich bin, lieben«, und diese Gedanken verletzen uns. *Wenn eine Überzeugung uns Schmerzen verursacht, dann ist es eine falsche Überzeugung.* Wenn das, was Sie für wahr halten, Sie verletzt, dann ist diese Überzeugung nicht gut für Sie, und es ist wichtig zu erkennen, daß es sich um eine Ego-Überzeugung handelt und daß sie deswegen falsch ist, weil alle Ego-Überzeugungen falsch sind. Das höhere Selbst hat keine Überzeugungen. Es ist sich nur der Wahrheit bewußt, und deswegen können wir niemals durch das, was wir aus unserem höheren Selbst heraus wissen, verletzt werden. Unser Wachstumsprozeß macht es unter anderem nötig, daß wir unsere Ego-Überzeugungen identifizieren und diejenigen, die schmerzlich und unangenehm sind, korrigieren.

Die Überzeugungen, die unser Ego ausmachen, haben wir schon sehr früh angenommen: als wir noch sehr klein waren, manchmal schon bei der Geburt. Pat, eine Frau aus einem unserer Seminare, erinnert sich an eine Ego-Überzeugung, die sie bei der Geburt entwickelte und die ihr ganzes Leben beeinflußt hat.

> Ich hatte immer große Angst vor Mißbilligung. Tatsächlich war ich der Überzeugung, ich müßte perfekt sein, sonst würde ich *umgebracht*. Ich habe das nie verstanden, bis heute. Mir ist jetzt eben eingefallen, daß ich als Zwilling geboren wurde. Meine Zwillingsschwester kam mit Mißbildungen auf die Welt und starb. Aber ich wußte nicht, daß sie von allein

gestorben war. Ich dachte, meine Eltern hätten sie getötet, weil sie nicht perfekt war. So habe ich also seither mit der Überzeugung gelebt, meine Eltern oder andere Leute würden mich töten, wenn ich nicht perfekt wäre.

Wir legen uns die falschen, selbstbegrenzenden Überzeugungen zu, um uns gegen Ablehnung, Verlassenwerden oder sogar vor dem Tod zu schützen. Margie erinnert sich daran, wie dies bei ihr geschah.

In einer Rebirthing-Sitzung (eine Form der Körpertherapie, die uns hilft, uns an unsere Geburt zu erinnern), gelang es mir, meine Geburt noch einmal zu durchleben. Ich sah meine Mutter dort liegen, so stark mit Medikamenten betäubt, daß sie tatsächlich nicht mehr in ihrem Körper war. Die einzige andere Person in dem Raum war der Arzt (es war in einem Krankenhaus in einer kleinen Stadt). Er schien ein liebloser, distanzierter Mann zu sein, dem vor allem daran gelegen war, daß die Geburt bald vorüber sein möge. Ich habe mir das später von meiner Mutter bestätigen lassen. Ich konnte sogar ganz genau beschreiben, wie der Arzt und wie der Geburtstisch aussahen und ich kannte die Farbe der Wände des Entbindungssaals. Ich erinnerte mich daran, auf die Welt gekommen zu sein und mich unendlich allein gefühlt zu haben, getrennt von allen anderen Menschen. Es war mir, als würde mir das Herz brechen, weil ich mich so allein fühlte, und in diesem Moment legte ich mir eine meiner zentralen Ego-Überzeugungen zu: *Ich bin nicht wichtig*. Niemand war da, um mich zu begrüßen und der Arzt war ärgerlich über mich – also war ich gewiß nicht wichtig.
Sodann erinnerte ich mich an den Säuglingssaal. Ich war dort das einzige Baby, und einige Schwestern beugten sich über mich und kümmerten sich um mich. Ich hörte eine von ihnen sagen: »Sie ist ein so liebes Baby, sie schreit überhaupt nicht.« Daraus folgerte ich, Liebe und Aufmerksamkeit bekomme man, wenn man lieb ist. Lieb zu sein bedeutete, mich nie zu beklagen und alles zu tun, was man von mir wollte. Diese Überzeugung begleitete mich viele Jahre lang, und sie hat mich oft sehr unglücklich gemacht. Sie führte dazu, daß ich immer anpassungsbereit war, keine Verantwortung für

meine eigenen Wünsche und Sehnsüchte übernahm und zugleich dauernd für andere sorgte. Es dauerte viele Jahre, bis ich diese falschen, begrenzenden Ego-Überzeugungen aufgeben konnte.

Als Säuglinge und Kleinkinder brauchen wir vor allem Liebe, weil wir ohne Liebe sterben könnten. Wirklich erwachsen zu werden heißt, aus dem ständigen Bedürfnis nach Liebe von außen herauszuwachsen und uns selbst und andere lieben zu lernen. Das geschieht erst, wenn wir endlich aufhören, vor unserem Schmerz und unseren Schamgefühlen davonzulaufen, und wenn wir den Kummer aus vergangenen Erfahrungen von Verlust, Trauma und Mißhandlung verarbeiten. Erst dann können wir die einschränkenden Überzeugungen des Ego erforschen und verwerfen und uns der Wahrheit des höheren Selbst öffnen. Im folgenden erzählen wir eine Episode aus Erikas Kindheit, die beschreibt, wie sie als Kind eine selbstbegrenzende Überzeugung angenommen hat.

Es heißt, daß wir als Kinder eine Lieblingsgeschichte auswählen und sie irgendwie in unser Lebensskript integrieren. Meine Lieblingsgeschichte war »Der Zauberer von Oz« nach dem gleichnamigen Film. Ein bestimmter Satz aus dem Film blieb mir immer im Gedächtnis, die Stelle, als der Zauberer dem Eisenmann sein Herz gab und sagte: »Und merke dir, mein Freund, daß das Herz nicht danach beurteilt wird, wie sehr du liebst, sondern wie sehr du von anderen geliebt wirst.« Diese Worte aus dem Mund des Zauberers höchstpersönlich mußten wahr sein, davon war ich zutiefst überzeugt. Das einzige Problem ist: Der Satz stimmt nicht; es ist genau anders herum. Das Herz kann nur als liebevoll angesehen werden, wenn es liebt! Es sollte also heißen: »Das Herz wird nicht danach beurteilt, wie sehr du von anderen geliebt wirst, sondern wie sehr du liebst.« Als Folge dieser Überzeugung wurde ich in meiner Kindheit von der Frage gequält, wieviele Menschen mich denn liebten, anstatt mich darum zu bemühen, ein liebevoller Mensch zu werden. Wenn jemand mich zurückwies, so bedeutete das, daß ich schlecht und nicht liebenswert war. Ich hatte die Verantwortung für mein Wohlbefinden, meine Selbstachtung und meine Fähigkeit, mich selbst zu kennen, in die Hände anderer Menschen gegeben. Als Folge davon hatte ich immer Angst und fühlte mich unsicher. Ich übernahm die Überzeugungen der Menschen in meiner Umgebung und wußte dann nicht wirklich, wer ich war, aber die meiste Zeit fühlte ich mich bedrückt oder verletzt. Die Suche nach der Wahrheit über mich und über die Liebe hat mich von den Fesseln der Überzeugung des Zauberers befreit.

Die falschen Glaubensmuster des Ego bewirken, daß wir uns die meiste Zeit unseres Lebens eingeengt und bedrückt fühlen. In der nun folgenden Liste haben wir die schmerzlichen Gefühle, die aus den falschen Überzeugungen des Egos herrühren, aufgezählt. Diese Gefühle werden sowohl von dem ungeliebten inneren Kind als auch von dem lieblosen inneren Erwachsenen erfahren.

Gefühle des Ego: allein, ambivalent, ängstlich, anklagend, ärgerlich, beschämt, defensiv, depressiv, dumm, eifersüchtig, einsam, frustriert, furchtsam, gelangweilt, gierig, gleichgültig, grollend, haßerfüllt, hilflos, hoffnungslos, im Unrecht, inkompetent, kränklich, machtlos, neidisch, nicht liebenswert, rachsüchtig, reumütig, schlecht, schuldig, selbstgerecht, selbstzweifelnd, sündig, tot, verleugnend, verletzt/leidend, verurteilend, verwirrt, verzweifelt, wütend, wertlos, zerbrechlich.

Diese Gefühle verursachen viele unserer Süchte, die wiederum noch schmerzhaftere Gefühle verursachen und uns in einen Teufelskreis des Schmerzes einschließen, was uns dann wieder nach weiteren Suchtmitteln greifen läßt, um den Schmerz zu lindern. Das Ego überzeugt uns, daß Drogen, Essen, Alkohol, Bestätigung, Beziehungen, Fernsehen, Arbeit, Schlaf, Sex und sogar Wut oder Depression den Schmerz lindern könnten, und so werden wir davon abhängig, ohne zu merken, daß diese Süchte in Wirklichkeit den Schmerz immer mehr vertiefen.

Das Ego lebt in der falschen Überzeugung, daß das innere Kind schlecht, falsch, nicht liebenswert, im Grunde fehlerhaft, unbedeutend, unwichtig und/oder unzulänglich sei. Aus dieser, auf Schuldgefühlen basierenden falschen Überzeugung resultieren alle anderen falschen Glaubensmuster des Ego. Wir definieren im folgenden einige der häufigsten falschen Überzeugungen des Ego, wie sie sich durch den lieblosen Erwachsenen und das ungeliebte Kind ausdrücken:

1. Ich kann mich nicht aus mir selbst heraus glücklich machen. Andere Menschen, Aktivitäten und Substanzen sind dafür verantwortlich, ob ich glücklich oder unglücklich bin. Ich habe keine Macht darüber, wie ich mich fühle und was mir passiert. Ich bin ein Opfer.
2. Die Gefühle anderer sind wichtiger als meine eigenen, und ich bin verantwortlich für die Gefühle anderer. Wenn andere sich wegen irgend etwas, was ich gemacht habe, verletzt, enttäuscht oder wütend fühlen, habe ich (auch ohne die Absicht zu verletzen) etwas falsch gemacht, und es ist meine Schuld. Ich verdiene meine Schuldgefühle. Ich bin egoistisch, wenn ich mich nicht selbst aufopfere.
3. Ich kann mit Leid nicht umgehen. Es wird kein Ende nehmen. Ich werde sterben oder verrückt werden, wenn ich leide. Zu leiden heißt, schwach zu sein.
4. Ich habe unter Kontrolle, was andere von mir denken, welche Gefühle sie mir gegenüber entwickeln und wie sie mich behandeln. Ich kann bewirken, daß sie mich mögen oder lieben oder akzeptieren, indem ich gut oder lieb bin, und ich kann bewirken, daß sie mich so behandeln, wie ich behandelt werden möchte, indem ich wütend, rechthaberisch und kritisch werde, wenn sie es nicht tun.
5. Der Kontrolle anderer zu widerstehen ist wichtiger als alles andere. Ich kann meine Freiheit, Integrität und Selbstachtung erhalten, indem ich der Kontrolle anderer widerstehe.
6. Für mich selbst zu sorgen und mich glücklich zu machen ist egoistisch und egozentrisch und deswegen falsch. Ein liebender Mensch sorgt für die Bedürfnisse anderer und stellt seine eigenen hintan.
7. Bestätigung = Liebe

Das höhere Selbst, wie es sich in der Verbindung zwischen dem liebevollen Erwachsenen und dem geliebten Kind zeigt, kennt und sagt die Wahrheit. So sagt der liebevolle Erwachsene dem inneren Kind, daß es gut, liebevoll, wertvoll, wichtig und vertrauenswürdig sei. Der liebevolle Erwachsene sagt dem Kind die Wahrheit über die falschen Überzeugungen:

1. Ich kann über meine Reaktion auf irgendeine Situation selbst entscheiden, und meine eigenen Entscheidungen und Reaktionen bewirken mein Glück oder Unglück, nicht andere Leute, Aktivitäten oder Suchtstoffe.
2. Die Gefühle der anderen entstehen infolge ihrer eigenen Entscheidungen über ihre Absichten, ihre Überzeugungen und ihr Verhalten. Deswegen bin ich nicht für ihre Gefühle verantwortlich, es sei denn, ich hätte die Absicht, sie zu verletzen. Es ist egoistisch, von den anderen zu erwarten, die Verantwortung für meine Gefühle zu übernehmen. Es ist jedoch nicht egoistisch, sondern liebevoll, die Verantwortung für meine eigenen Gefühle zu übernehmen.
3. Leid ist ein Lehrer, von dem ich lernen kann. Leid zerstört nicht, es tut nur weh, und ich kann damit umgehen. Wenn ich mit Leid so umgehen kann, daß ich daraus lerne, werde ich stärker.
4. Ich kann nur meine eigenen Überzeugungen, Gefühle und Handlungen kontrollieren, nicht die eines anderen. Ich kann nur meine eigene Absicht kontrollieren, nicht die eines anderen.
5. Wenn ich der Kontrolle anderer widerstehe, werde ich durch meinen eigenen Widerstand kontrolliert. Nur wenn ich meine eigenen Entscheidungen treffe und nicht nur den Entscheidungen anderer Widerstand entgegensetze, werde ich frei.
6. Wenn ich für meine eigenen Bedürfnisse sorge und mich glücklich mache, handle ich selbstverantwortlich. Ich bin nur egoistisch, egozentrisch und bedürftig, wenn ich von anderen erwarte, daß sie ihre Bedürfnisse ignorieren, um meine zu erfüllen.
7. Wahrheit = Liebe. Wenn wir anderen nur Bestätigung geben, fördern wir ihre Abhängigkeit von unserer Bestätigung. Wenn wir uns und anderen die Wahrheit sagen, voller Mitgefühl und ohne uns oder den anderen zu verurteilen, bieten wir ihnen und uns selbst eine Wachstumschance.

Es ist die Aufgabe des liebevollen Erwachsenen, Ihrem Ego die Wahrheit zu sagen und die Gründe für Ihre Überzeugungen und Gefühle kennenzulernen. So werden wir von unseren falschen Überzeugungen und dem in der Vergangenheit erfahrenen Leid geheilt. Wenn der liebevolle Erwachsene seine Liebe zeigt, indem er die Wahrheit sagt, dann wird das Ego, wie es sich im lieblosen Erwachsenen und im ungeliebten Kind manifestiert, allmählich in das höhere Selbst transformiert.

Die vollkommene innere Verbindung ist Erleuchtung. Wir persönlich kennen jedoch niemanden, der erleuchtet ist, und nehmen deshalb an, daß die Stimme des Ego uns möglicherweise ein Leben lang begleiten wird. Aber wir haben die Wahl, von ihr kontrolliert zu werden oder uns für das Lernen zu entscheiden. Diese Entscheidung wird leichter, wenn wir erkennen, daß das Ego immer lügt. Es denkt und fühlt falsch und verzerrt, und in Wahrheit brauchen wir uns nicht länger von seinen Überzeugungen beherrschen zu lassen. Da wir Menschen sind, ist es jedoch unsere Aufgabe, uns damit auseinanderzusetzen. Wachstum und inneres Verbundensein sind jedoch das letzte, was das Ego sich für uns wünscht, denn es fürchtet, es würde die Kontrolle verlieren oder sogar sterben. Wenn wir also zu wachsen beginnen und liebevoll Kontakt mit unserem inneren Kind aufnehmen, dann versucht das Ego sogar, noch mehr Macht auszuüben. Es überschüttet uns mit noch mehr Lügen und erzählt uns, daß wir sicher in noch größere Schwierigkeiten kommen oder sterben oder am Ende allein sein würden, wenn wir weiterhin nach Freiheit und Verbindung mit unserem inneren Kind strebten. In dem Maße jedoch, wie wir uns der liebenden und umsorgenden Kraft des liebevollen Erwachsenen bewußt werden, können wir diese Kraft in uns dafür verwenden, die Ängste des Ego in die Wahrheit, in die Liebe, die wir in uns haben, umzuwandeln. Wir können lernen, uns darauf zu verlassen, daß der liebevolle Erwachsene in uns das ungeliebte Kind umsorgt und dadurch das Leid und die Angst des Ego heilt.

Kapitel 4

Co-Abhängigkeit – eine der größten Fesseln des Ego

> [Co-Abhängigkeit] entwickelt sich dadurch, daß wir die Verantwortung für unser Leben und unser Glück unserem Ego und anderen Menschen überlassen.
>
> *Healing the Child Within*
> *Charles L. Whitfield, M.D.*

Es ist paradox, aber gerade dann, wenn unser innerer Erwachsener es ablehnt, die Verantwortung für unser Leid und unsere Freude zu übernehmen, verursachen all die Versuche, die das innere Kind unternimmt, sich gegen die Machtlosigkeit und das Gefühl des Alleinseins zu schützen, den größten Teil des Leides, der Angst und des Unbehagens in unserem Leben. Unsere Versuche, das Kontrolliertwerden um jeden Preis auszuschließen beziehungsweise andere zu kontrollieren, und ebenso unsere Versuche, die Leere in uns durch Suchtmittel zu füllen, resultieren in einer geringen Selbstachtung, in Sorge und Streß. Das wiederum verursacht Krankheit und vergrößert noch mehr das Gefühl des Alleinseins, der Isolation und der Leere. Wir sind ständig in einem inneren Konflikt, da unser Erwachsener und unser Kind nicht gemeinsam daran arbeiten, Harmonie zu schaffen. Wir gehen mit einer Bürde von Schuld- und Schamgefühlen durchs Leben – Schuld, weil wir glauben, daß wir etwas Falsches *tun*, und Scham, weil wir glauben, daß mit uns etwas nicht stimmt.

Was ist ein Co-Abhängiger

Eine der wesentlichen Folgen des Lebens aus dem Ego ist ein Zustand, den man als *Co-Abhängigkeit* bezeichnet hat. Der Begriff Co-Abhängigkeit wurde von den Menschen, die bei den

Anonymen Alkoholikern arbeiten, geprägt. Ursprünglich bezog er sich auf die Beziehung zwischen einem Alkoholiker und den Menschen, die ihm nahestehen. Der Begriff wird inzwischen in einem weiteren Sinne verwendet, um eine enge persönliche Beziehung zu einem Süchtigen zu beschreiben.

Ein Co-Abhängiger ist ein Mensch, der durch andere Menschen, bestimmte Situationen und durch Ego-Manifestationen wie falsche Glaubensmuster und das ewige »Du solltest« definiert und kontrolliert wird. Co-Abhängige werden durch alles mögliche definiert, ganz gewiß jedoch nicht durch ihr höheres Selbst. Sie erfahren sich und ihren Wert *durch* andere. Sie lassen es zu, daß sie durch andere Menschen definiert werden und machen andere für ihre Gefühle verantwortlich. Wenn der innere Erwachsene einmal die Verantwortung dafür abgegeben hat, das innere Kind zu definieren und ihm seinen Wert zu geben, dann ist das Kind – weil es von anderen abhängig ist – gezwungen, bei anderen nach einer Definition seiner selbst und seines Wertes zu suchen. Wann immer wir uns dafür entscheiden, aus unserem Ego zu handeln, entscheiden wir uns damit zugleich dafür, die Macht, uns selbst zu definieren, abzugeben und diese Macht anderen zu überlassen. Das ist die Definition eines Co-Abhängigen – eine Person, die anderen die Macht gibt, ihn oder sie zu definieren.

Wenn wir anderen einmal erlaubt haben, unseren Wert zu definieren, müssen wir versuchen zu kontrollieren, was sie von uns denken. Unser ganzes Kontrollverhalten – unsere Wut, unsere Vorwürfe und Anklagen, unser Schmollen, unsere Moralpredigten, unsere Rechtfertigungsversuche, unser Umsorgen, unsere Anpassungsbereitschaft und unsere Verleugnung – entspringt der Überzeugung, daß wir kontrollieren können, was andere von uns denken und wie sie uns behandeln, und daß wir dadurch definiert werden, wie sie von uns denken und uns behandeln. Die Wahrheit des höheren Selbst lautet, *daß unser Selbstwertgefühl und unsere Selbstachtung daraus gespeist werden, daß der innere Erwachsene das innere Kind liebt*. Die Lüge des Ego lautet, daß unser Wert und unsere Selbstachtung uns von anderen Menschen verliehen werden.

In der Kindheit wird uns systematisch beigebracht zu glauben, daß wir für die Gefühle der anderen und daß die anderen für unsere Gefühle verantwortlich seien. Wie oft haben Ihre

Eltern Dinge gesagt wie: »Hör auf damit, sonst werde ich wütend«, »Du machst mich verrückt«, »Du machst mich ganz unglücklich«, »Du machst mich so glücklich« - als wären wir Marionettenspieler, die an Fäden ziehen und dadurch bewirken, daß die Puppen sich in einer bestimmten Weise fühlen und verhalten. Als Folge dieser Botschaften haben wir uns die falsche Überzeugung zu eigen gemacht, daß andere Menschen uns glücklich oder unglücklich machen und daß auf der anderen Seite wir für die Gefühle anderer verantwortlich seien.

Das verlassene innere Kind hat nicht die Macht, dieses Glaubensmuster zu ändern und sich selbst zu definieren. Nur der innere Erwachsene hat die Macht, es zu ändern und die Entscheidung zu treffen, das Selbst zu definieren. Das verlassene Kind wird leidend und machtlos zurückgelassen und projiziert diese Gefühle auf andere, weil es glaubt, der Schmerz würde weggehen, wenn nur die anderen sich änderten und es von ihnen anders behandelt werden würde. Aber der Schmerz wird erst weggehen, wenn der innere Erwachsene wieder die Führung übernimmt und eine neue Entscheidung trifft, mit und von dem inneren Kind zu lernen.

Es gibt viele Menschen, die Kontakt mit ihrem Inneren aufnehmen, wenn sie allein sind, aber diese Verbindung abbrechen, sobald sie mit anderen Menschen zusammentreffen. Menschen mit diesem Verhaltensmuster lassen sich im allgemeinen in zwei verschiedene Kategorien einordnen: »Nehmende« und »Umsorgende«. Die »Nehmenden« sind nur bereit, für sich selbst zu sorgen, wenn keine andere Person in der Nähe ist, die das für sie tun könnte. Aber ihre Hauptabsicht ist es, Liebe, Bestätigung und Fürsorge von anderen zu bekommen in der Überzeugung, daß sie sich erst dann wirklich wohl fühlen werden. Die »Umsorgenden« verlieren den Kontakt und die Liebe zu sich selbst, wenn andere da sind, weil sie glauben, sie seien verpflichtet, anderen zu geben, was diese sich wünschen, auch wenn es nicht das ist, was sie selbst sich wünschen. »Umsorgende« brechen den Kontakt mit sich ab, wenn andere in der Nähe sind, nicht nur weil sie Bestätigung von den anderen wollen, sondern weil sie glauben, für die Gefühle der anderen verantwortlich zu sein. Sie fürchten vielleicht, daß niemand sie lieben würde und daß sie allein wären, wenn sie sich selbst nicht aufgäben.

Wenn zwei Co-Abhängige zusammentreffen – und das ist recht häufig der Fall, weil die meisten Menschen abgetrennt und somit co-abhängig leben –, dann schaffen sie eine co-abhängige Beziehung. Beide Partner in einer co-abhängigen Beziehung sind süchtig nach Bestätigung, und einige sind auch süchtig nach Sex, Arbeit oder Geld, oder sogar von einer Droge abhängig. Sie brauchen beide die Liebe des anderen und seine Anerkennung, um sich gut zu fühlen, und beide geben dem anderen die Schuld für die eigenen schlechten Gefühle. Beide versuchen, den anderen offen und verdeckt zu kontrollieren, um die Liebe und die Bestätigung zu bekommen, die sie sich wünschen. Vielleicht sucht jeder von beiden sich diese in einer anderen Form. Der eine vielleicht durch Sex, der andere vielleicht durch gemeinsam verbrachte Zeit. Der eine vielleicht dadurch, daß er finanziell, der andere dadurch, daß er emotional versorgt wird. Beide versuchen den anderen durch Gereiztheit oder Nettigkeit und andere offene oder verdeckte Strategien zu kontrollieren, um ihre Wünsche erfüllt zu bekommen. Die Beziehung wird möglicherweise von Machtspielen beherrscht, vor allem, wenn beide sich dagegen sträuben, kontrolliert zu werden. Solche Machtspiele können nur durch Anpassungsbereitschaft – einer verdeckten Form der Kontrolle – vermieden werden.

Joel und Gretchen sind ein typisches Paar Co-Abhängiger. Joel ist ein erfolgreicher Geschäftsmann, und Gretchen arbeitet in Teilzeitarbeit als Garten- und Landschaftsarchitektin. Joel hat ein unglaubliches Talent, Geld zu machen – alles, was er anpaßt, wird zu Gold. Seine Selbstachtung ist sehr an das Geld gebunden. Zu Hause jedoch ist Joel ein bedürftiger und fordernder kleiner Junge. Er hat keine Ahnung, wie er sich selbst glücklich machen könnte, sondern erwartet von Gretchen, daß sie, wann immer er zu Hause ist, zur Verfügung steht. Er hat keine Freunde und verläßt sich darauf, daß Gretchen ihm alle seine emotionalen Bedürfnisse erfüllt. Darüber hinaus ist er sexuell sehr fordernd und meint, daß er jederzeit ein Recht auf Sex habe, da er die Familie unterhält. Schließlich basiere die Ehe auf einem System des Gebens und Nehmens. Er gebe das Geld und habe somit das Recht auf Sex, und es sei

Gretchens Aufgabe, mitzumachen, weil sie das Geld nehme. Wenn Gretchen ihm Zeit, Bestätigung oder Sex verweigert, wird Joel oft wütend und gelegentlich auch gewalttätig. Manchmal zeigt er seine Wut durch Gebrüll und Drohungen, und manchmal zieht er sich tagelang emotional zurück.

Während Joel für die Finanzen zuständig ist, hat Gretchen die Zuständigkeit für den emotionalen Bereich und den Sex übernommen. Gretchen glaubt, daß sie unwichtig sei und keine Rechte habe und daß ihr Wert dadurch bestimmt werde, daß sie anderen gefällt. Sie hat gelernt, Sex einzusetzen, um von Joel die Bestätigung und Anerkennung zu bekommen, von der sie abhängig ist. Sie haßt und fürchtet seine Wut und seinen Rückzug und möchte alles tun, um diese Reaktionen zu vermeiden, sogar wenn sie sich dafür selbst aufgeben muß, indem sie auch dann Zeit mit ihm verbringt, wenn sie lieber etwas anderes tun würde. Während Joel auf offene Art versucht, Kontrolle auszuüben, versucht Gretchen, verdeckt zu kontrollieren, durch Sex, Schmeichelei, Geschenke und indem sie ihre ganze freie Zeit mit Joel verbringt und dafür ihre anderen Interessen und Freunde aufgibt. Gretchen ist die Reagierende. Sie glaubt, sie würde sich nicht so manipulierend verhalten und nicht so viel von sich selbst aufgeben müssen, wenn Joel nur anders wäre.

Das stimmt jedoch nicht, da in einer Paarbeziehung die Partner immer perfekt zusammenpassen, und zwar auf der Ebene ihrer gemeinsamen Verletztheit. Joel und Gretchen handeln in ihrer Beziehung beide als verlassene Kinder. Sie haben beide die Verantwortung für eigenes Glück abgegeben und sie dem anderen übertragen, und sie geben jeweils dem anderen die Schuld für ihr eigenes Unglück.

Die meisten von uns beginnen ihre Beziehungen mit geringer Selbstachtung in der Hoffnung, der Partner werde dafür sorgen, daß wir uns »heil« und gut fühlen. Genau das ist das Problem: Wir erwarten, daß unser Partner die Verantwortung für unsere guten Gefühle übernimmt. Erst wenn wir uns durch die liebevolle Verbindung mit unserem inneren Kind bereits selbst lieben, können wir einen anderen wirklich lieben, indem wir ihn wirklich wahrnehmen und kennenlernen und ihn in seinem Wachstum und Glück unterstützen. Wenn wir uns selbst nicht lieben, fühlen wir uns durch das Wachstum des anderen bedroht. Anstatt ihn also zu unterstützen, versuchen wir, ihn klein zu machen und zu kontrollieren. Wenn wir uns selbst nicht kennen und lieben, haben wir Angst vor Ablehnung oder vor dem Verlassenwerden beziehungsweise vor Dominanz oder vor dem Verschlungenwerden durch unseren Partner, und wir werden immer neue Möglichkeiten finden, uns vor unseren Ängsten zu schützen. Ein introvertierter und distanzierter Mensch löst vielleicht unsere Verlassenheitsängste aus, und wir schützen uns, indem wir kontrollierend werden. Ein fordernder und kontrollierender Mensch kann unsere Angst, verschlungen zu werden, aktivieren, so daß wir uns schützen, indem wir uns zurückziehen und Widerstand leisten. Wir können nicht lieben, wenn wir uns vor diesen Ängsten schützen. Um liebevolle Beziehungen zu haben, müssen wir zuerst unser inneres Kind erforschen und unsere irrigen, selbsteinschränkenden Glaubensmuster in Frage stellen. Solange wir nicht wissen, daß wir liebenswert sind, werden wir davon abhängig sein, daß andere dafür sorgen, daß wir uns gut fühlen, und wir werden weiterhin Angst davor haben, verlassen oder verschlungen zu werden.

Das Ego ist immer abhängig von Bestätigung und schafft somit Co-Abhängigkeit, weil es der festen Überzeugung ist, daß Selbstachtung und Glück von der Bestätigung durch andere kommen. Solange wir aus dieser falschen Überzeugung heraus handeln, werden wir uns weiter auf eine Art verhalten, die unsere Selbstachtung schmälert: Wir werden versuchen, uns nach dem scheinbar richtigen Muster zurechtzubiegen, anstatt zu sein, wer wir sind, oder unsere eigenen Vorlieben mit Gewalt unterdrücken, um die Mißbilligung anderer zu vermeiden (indem wir zum Beispiel mit jemandem schlafen, jemanden umsorgen, Geld ausgeben oder Gäste unterhalten, wenn wir das nicht wollen). Wir werden wütend oder schmollen und rechtfertigen uns in der Hoffnung, unseren Partner dahin bringen zu können, einzusehen, daß er nicht recht hat, damit wir die Bestätigung und Aufmerksamkeit bekommen, die uns nach unserer Meinung glücklich machen würde. Wir versuchen, alles zu bekommen, von dem wir glauben, daß wir es brauchen, um uns liebenswert zu fühlen (Sex, Kontakt, Zeit mit unserem Ehepartner oder Geliebten). Immer wenn wir uns so lieblos gegenüber uns selbst verhalten, untergraben wir unwissentlich unsere Selbstachtung. Gleichzeitig jedoch sagt uns unser Ego, daß wir uns so verhalten müßten, um Bestätigung zu erhalten oder erfolgreich zu sein und um Mißbilligung, Ablehnung und Mißerfolg zu vermeiden. Unser Ego behauptet ständig, daß wir glücklich sein würden und uns gut fühlen würden, wenn wir es geschafft hätten, Bestätigung zu bekommen oder Erfolg zu haben.

Beide Partner in co-abhängigen Beziehungen leiden sehr; dennoch funktionieren die meisten Beziehungen in unserer Gesellschaft auf dieser Basis. Wenn das Paar in einer Therapie Hilfe sucht, ist der Therapeut möglicherweise ebenfalls co-abhängig und kann deswegen nicht viel helfen. Ein co-abhängiger Therapeut, der nicht auf dem Weg der Genesung ist, kann anderen nicht helfen, sich mit ihrer Co-Abhängigkeit auseinanderzusetzen. Wir können bei anderen nicht Dinge erkennen, mit denen wir uns selbst noch nicht auseinandergesetzt haben. Co-abhängige Therapeuten können sogar mehr schaden als helfen, da sie in der Tat Co-Abhängigkeit bei ihren Klienten fördern können.

Dysfunktionale Familien

Co-abhängige Beziehungen erzeugen gestörte, dysfunktionale Familien, das heißt Familien, in denen einer oder beide Partner von Alkohol, Drogen, Essen, Arbeit, Sex, Wutanfällen, Kindesmißbrauch, Fernsehen, Spielsucht, Verschwendung, Kontrolle oder fürsorglicher Betreuung abhängig sind. Da beide Elternteile nach Bestätigung suchen und keine klare Vorstellung davon haben, was es heißt, sich selbst zu lieben und die Entscheidung für das Lernen zu treffen, werden die Kinder sie in dieser Hinsicht nachahmen. Da sie ihre Kinder nicht tiefer als sich selbst lieben können, wird das Bedürfnis der Kinder nach Liebe nicht erfüllt. Das Kind fühlt sich unzulänglich, einsam und allein und entwickelt das Ego – und damit beginnt der Kreislauf der inneren Abgetrenntheit, der Dysfunktion und der Co-Abhängigkeit von vorn.

Den Kindern von Alkoholikern und den auf andere Weise mißbrauchten und mißhandelten Kindern aus dysfunktionalen, co-abhängigen Familien kann nur schwer vermittelt werden, daß alles mit ihnen in Ordnung ist. Da sie nicht wissen, daß die Unfähigkeit ihrer Eltern, sie zu lieben, nichts mit ihnen zu tun hat, folgern sie selbstverständlich, daß sie nicht geliebt werden, weil irgend etwas an ihnen nicht stimme. Sehr früh schon verinnerlichen sie die auf Schuldgefühlen basierende Kernüberzeugung des Ego, daß sie schlecht, falsch, wertlos, nicht liebenswert, unwichtig und unzulänglich seien und schaffen dadurch die Voraussetzung für ihre eigene innere Abgetrenntheit.

Unsere dysfunktionale Gesellschaft, in der Krieg, Kriminalität, Gewalt, Hunger und die Mißhandlung der Erde weit verbreitet sind, ist das Produkt unserer dysfunktionalen Familien. Der Kreislauf wird erst unterbrochen werden, wenn jeder von uns sich individuell dafür entscheidet, von seinem inneren Kind zu lernen, was es heißt, sich selbst zu lieben.

Kapitel 5

Die innere Verbindung

> Eine wesentliche Grundvoraussetzung für Nähe und Intimität lautet: Wir müssen uns selbst nahe sein. Solange wir Nähe von außen erwarten, werden wir sie niemals richtig erleben und auch nicht fähig sein, sie mit anderen zu teilen. Wollen wir einem anderen Menschen nahe sein, müssen wir zunächst einmal wissen, wer wir sind, was wir fühlen, was wir denken, wo unsere Stärken liegen, was uns wichtig ist und was wir wollen. Wenn wir all das für uns selber nicht wissen, wie sollen wir denn einen anderen Menschen daran teilhaben lassen?
>
> *Die Flucht vor der Nähe*
> Anne Wilson Schaef

Es ist leichter, das Konzept der inneren Verbindung zu verstehen, wenn Sie fühlen können, wo in Ihrem Körper das innere Kind und der Erwachsene lokalisiert sind. Das Kind, die instinktgelenkte Seite in uns, lebt im Zentrum des Körpers, im Solarplexus, im Bauch oder in dem Bereich, den man häufig als das dritte Chakra bezeichnet (die Chakras sind, entsprechend hinduistischer Tradition, die Energiezentren). Wenn jemand sagt, er habe »aus dem Bauch heraus« reagiert, dann bezieht er sich damit auf das Erleben des Kindes. Wenn wir als Kinder und als Heranwachsende lernen, unseren »Bauch«-Reaktionen zu vertrauen, dann sind wir uns ganz deutlich bewußt, was wir in diesem Bereich unseres Körpers fühlen. Wenn wir dagegen gelernt haben, unsere Gefühle zu verleugnen, entweder weil der Schmerz, den wir in der Kindheit empfunden haben, zu groß war und wir deshalb, um überleben zu können, »zugemacht« haben oder weil uns unsere persönliche Wahrheit zu viel Zurückweisung eingebracht hat, dann fühlt sich dieser Bereich unseres Körpers vielleicht leer, tot oder taub an. In anderen Fällen nehmen Menschen durchaus unterschiedliche

Gefühle in diesem Bereich wahr. Aber sie achten nicht auf deren Botschaft, weil man ihnen beigebracht hat, diesen Gefühlen oder instinktiven Reaktionen zu mißtrauen.

Die Denkprozesse eines Erwachsenen spielen sich im Kopf ab. Der Persönlichkeitsanteil des liebevollen Erwachsenen, der sich entschlossen hat, die Lektionen des Lebens zu lernen, ist ein Energiekreis, der zwischen dem Kopf und dem Herzen, dem vierten Chakra, zirkuliert. Das bedeutet, daß die Gedanken des liebevollen Erwachsenen von Liebe und Mitgefühl, die aus dem Herzen fließen, getragen werden. Da der Herzkanal geöffnet ist, kann der Erwachsene seine Aufmerksamkeit ungestört auf das dritte Chakra, die Gefühle des Kindes, lenken, um diese Gefühle kennenzulernen und von ihnen zu lernen. Wenn dies geschieht, wird ein Energiekreis zwischen dem Kopf, dem Herzen und dem Bauch geschlossen. Dies ist die innere Verbindung. Der Erwachsene erspürt die Gefühle des Kindes und öffnet sich, diese Gefühle kennenzulernen, zu verstehen und ihnen entsprechend zu handeln, während das Kind die Liebe, Unterstützung und das Wissen des Erwachsenen fühlt. Das Herz ist offen, anderen Menschen etwas zu geben und von ihnen etwas zu empfangen, weil es für das Selbst offensteht.

Der lieblose Erwachsene, der die Entscheidung getroffen hat, sich vor Schmerz, Furcht, Unbehagen und vor seiner Verantwortung für das Kind zu schützen, trennt sich von seinem Herzen. Wenn er sich schützen will, dann krampft sich das Herz möglicherweise zusammen und fühlt sich eng an, oder es entsteht nur einfach ein Gefühl der Leere. Wenn das Herz verschlossen ist, dann gibt es keinen Zugang zum Kind; das Kind wird verlassen.

Wann leben wir verbunden?

Wir alle sehnen uns nach einer tiefen emotionalen und spirituellen Verbindung mit einem anderen Menschen. Verbindung ist das Gefühl der Ganzheit und Einheit, das in uns entsteht, wenn wir mit unserem inneren Kind in Harmonie sind, und das Gefühl des Einsseins, das wir mit jemand anderem erleben, wenn jeder von beiden für sein Kind und daher auch für den anderen offen ist. Verbindung ist ein intakter Kreis von Liebesenergie, die zwischen dem Erwachsenen und dem Kind strömt, zwischen dem jeweiligen höheren Selbst von zwei oder mehr Menschen und zwischen dem höheren Selbst eines einzelnen und der universalen Gott/Göttin-Energie. Verbindung mit uns selbst schenkt uns ein Gefühl des Friedens und der Freude. Verbindung mit anderen und dem Universum ist ein Gefühl von tiefem Frieden und intensiver Freude. Es ist tatsächlich das schönste Gefühl, das wir überhaupt erfahren können. Das ist es, worum es in der Liebe geht.

Viele Menschen versuchen, durch Meditation ein Gefühl der Verbindung mit Gott oder dem Universum zu erlangen. Ob sie dies erreichen oder nicht, hängt von der *Absicht* ab, die sie damit verknüpfen. Wenn die Absicht darin besteht zu lernen, dann kann die Meditation, vor allem wenn Sie sich dabei stark auf die Atmung konzentrieren, Sie dahingehend öffnen, daß Sie Ihr inneres Kind erleben. Auf der anderen Seite können Sie Ihre Gefühle für das innere Kind abschneiden, indem Sie flach atmen oder den Atem anhalten. Wenn Sie aber beabsichtigen, sich selbst kennenzulernen, dann kann Ihr Atem Ihnen helfen. Während Sie eine immer intensivere Verbindung mit Ihrem inneren Kind herstellen und Ihr Herz sich öffnet, fühlen Sie die universale Verbindung zu Gott und zur Göttin. Aber wenn Ihre Absicht darin besteht, die eigentliche seelische Arbeit zu vermeiden und nur eine direkte Verbindung mit Gott herzustellen, werden Sie einerseits niemals Ihr Ziel erreichen, und andererseits sind Sie dabei, die Meditation selbst als ein Suchtmittel zu benutzen. Sie versuchen, sich Ihre guten Gefühle aus einem Bereich außerhalb Ihrer selbst zu holen. Wir haben mit Menschen gearbeitet, die jahrelang meditiert haben, und sie waren der Verbindung keinen Schritt näher als an dem Tag, an dem sie mit der Meditation begonnen haben. Ihre eigentliche Absicht war nämlich, die Verantwortung für sich selbst zu vermeiden. Sie benutzten die Meditation als ein Mittel, um von ihrem inneren Kind getrennt zu bleiben. Universale Verbindung wird nur durch das höhere Selbst erreicht, durch die innere Verbindung zwischen dem Erwachsenen und dem Kind.

Je enger Sie mit Ihrem *inneren Kind* in Kontakt kommen, desto intensiver werden Sie auf natürlichem Wege eine Verbindung mit dem Universum erleben, einen Zustand der Unbegrenztheit, in dem Sie spüren, daß Liebe und universale Weisheit in Sie hineinfließen. Diese transzendentale Erfahrung ist jedermann zugänglich, der gewillt ist, die notwendige Arbeit der Wiederherstellung des Energieflusses zu leisten.

Verbindung mit anderen

Frauen haben in ihren Freundschaften mit anderen Frauen häufig ein Gefühl der Verbundenheit, fühlen sich jedoch bei ihren Versuchen, eine Verbindung mit den Männern in ihrem Leben herzustellen, frustriert. Der Grund dafür ist, daß unsere Kultur die Männer nicht dazu ermutigt, ihre weiblichen Anteile, ihr inneres Kind zu integrieren, ähnlich wie sie Frauen nicht dazu ermutigt, ihre männlichen Anteile, den Erwachsenen in sich zu integrieren.

Wenn wir uns die Freundschaften von Männern und Frauen näher anschauen, dann stellen wir fest, daß Männer häufig Gespräche führen, in denen es um Arbeit, Politik und Sport geht, um Themen also, bei denen der Erwachsene zu Wort kommt. Frauen jedoch, die eng miteinander befreundet sind, besprechen häufig sehr intensiv ihre Gefühle und Einstellungen. Sie tauschen sich über ihre intimsten Gedanken aus, und sie lernen mit Hilfe der Neugierde des Kindes. Sie durchleben ihre Beziehungen im allgemeinen auf einer sehr viel tieferen emotionalen Ebene. Häufig finden Männer dieses Gefühl einer intensiven Verbindung nur bei einer Frau. Frauen finden es andererseits schwierig, diese Verbindung mit einem Mann herzustellen, weil Männern das Bewußtsein für die Gefühle, die vom Kind ausgehen, fehlt. Von unseren Klientinnen hören wir häufig dieselbe Klage: »Ich wünsche mir, daß ich mit meinem Mann so reden kann wie mit meinen Freundinnen. Es scheint so einfach zu sein, mit meinen Freundinnen eine Verbindung herzustellen, und bei meinem Mann ist es so schwierig. Es mag seltsam klingen, aber ich habe das Gefühl, daß ich mit meinen Freundinnen enger verbunden bin als mit meinem Mann! Es scheint ihm so schwerzufallen, mir seine Gefühle mitzuteilen oder wirklich zu verstehen, was ich fühle.« Wir haben jedoch die Erfahrung gemacht, daß sich hier allmählich einiges verändert, da immer mehr Männer sich ihren Gefühlen öffnen.

Wir alle wünschen uns Verbindung mit anderen Menschen –

wahrscheinlich mehr als alles andere auf dieser Welt. Aber viele Menschen glauben, daß ihnen eine solche Verbindung vom anderen geschenkt werden muß, daher kommen sie nie soweit, sie zu erleben. Nur wenn wir uns unserem eigenen inneren Kind öffnen, stehen wir auch für eine Verbindung mit anderen Menschen offen. Wenn wir in unserem Ego sind, dann ist es so, als würden wir die Tür zum Kreis der Liebesenergie schließen. Dann versuchen wir, da wir uns so schmerzlich isoliert und leer fühlen, eine Verbindung mit anderen durch Kontrolle oder Anpassung herzustellen. Vielleicht »tun« wir nett oder liebevoll, um Kontakt zu einem anderen Menschen herzustellen, und erkennen dabei nicht, daß wir zunächst einmal eine Verbindung mit unserem eigenen inneren Kind herstellen müssen, bevor die Tür sich öffnet. Wenn dies dann wirklich geschehen ist, dann fühlen wir uns liebevoll, und unser Verhalten ist ein ehrlicher Ausdruck unserer Gefühle und nicht nur eine aufgesetzte Geste.

Verbindung entsteht aus der Unmittelbarkeit

Die innere Verbindung, die Erfahrung des Ganzseins und des Einsseins mit dem höheren Selbst geschieht, wenn unser Erwachsener in einen liebevollen Dialog mit dem inneren Kind eintritt. Das Ego mit seinem immanenten Gefühl des Getrenntseins gewinnt die Oberhand, wann immer unser Erwachsener sich zu einem lieblosen inneren Dialog entschließt oder wann immer unser Erwachsener es dem Kind überläßt, die Dinge allein zu regeln.

Das Ego lebt in der Vergangenheit und in der Zukunft. Wenn wir in unserem Ego sind, dann projizieren wir unsere Erfahrungen und Anschauungen aus der Vergangenheit in die Zukunft. Furcht und Angst sind das Ergebnis. Wir fürchten und ängstigen uns, weil wir glauben, uns würde etwas Schlimmes passieren – wir würden scheitern, zurückgewiesen werden, unrecht haben, man könnte uns auslachen oder wir würden jemanden verlieren, den wir lieben. Wir glauben dann, solche schmerzhaften Gefühle nicht bewältigen zu können. Von unserem Ego aus gelingt es uns nicht, mit anderen Menschen in Verbindung zu treten, weil wir im Egozustand nicht mit uns selbst in Kontakt sind. Wir können keine Verbindung aufnehmen, wenn wir uns fürchten oder wenn wir ängstlich sind, weil wir nur dann Kontakt spüren können, wenn wir ganz und gar in der Gegenwart leben. Wenn wir im Augenblick leben, dann sind wir in unserem höheren Selbst.

Wenn wir auf das Ergebnis einer Interaktion fixiert sind, dann leben wir nicht im Augenblick. Wenn es unser Ziel ist, einen Kontakt *herzustellen*, oder wenn wir erwarten, daß wir Spaß oder Sex haben werden, daß man uns lieben wird, daß wir Zustimmung bekommen oder Mißbilligung vermeiden, dann leben wir nicht im Augenblick, sondern in der Zukunft. Jedesmal wenn wir versuchen, etwas zu *bekommen* oder etwas *zu »machen«*, dann sind wir in der Zukunft, in unserem Ego. Wenn es also im Kontakt zwischen zwei Menschen um ein Ziel oder eine bestimmte Erwartung geht, dann haben wir es mit Manipulation zu tun. Ein wirklicher Kontakt, eine wirkliche Verbindung entsteht nur dann, wenn beide mit ihren Gefühlen und ihrem Bewußtsein völlig im Augenblick leben. Wenn der eine oder der andere auf das Ergebnis fixiert ist, dann sind seine Gedanken bei dem Versuch, sein Ziel zu erreichen, auf die Zukunft gerichtet, und er verliert in jeder Sekunde den Kontakt zu sich selbst und zu dem anderen. Sie können sich dessen, was Sie fühlen oder was der andere fühlt, nicht bewußt sein, wenn Sie sich Sorgen machen, ob das gewünschte Ergebnis wirklich eintreten wird. Und wenn Sie Sex, Bestätigung oder Kontakt erwarten, dann ist Ihr Verhalten vor allem ein Versuch, das zu bekommen, was Sie möchten – und es ist deshalb manipulativ.

Es ist immer leichter, sich im Augenblick zu öffnen und in einer spontanen Liebesbegegnung Kontakt herzustellen, als sich mit dem anderen in einer festen Beziehung zu verbinden. Wenn Menschen sich auf eine feste Beziehung einlassen oder wenn sie heiraten, dann werden ihre Ängste vor Mißbilligung, Zurückweisung oder Dominanz aktiviert. In unseren ersten primären Beziehungen, in denen zu unseren Eltern, haben wir alle tief verwurzelte Ängste vor Mißbilligung, Zurückweisung und Dominanz entwickelt, und wir tragen diese Ängste solange in unsere späteren Primärbeziehungen hinein, bis wir uns mit ihnen konfrontieren und sie aufarbeiten. Für viele Menschen werden diese Ängste in einer simplen Affäre nicht mobilisiert, weil die Furcht vor einem Verlust weniger groß ist. Deshalb können viele Menschen in solchen flüchtigen Beziehungen einen tieferen Kontakt erleben als in ihren Primärbeziehungen.

Sex und Kontakt

Eine der Hauptquellen von Mißverständnissen zwischen Männern und Frauen ist die Sexualität. Viele der Paare, mit denen wir arbeiten, kommen mit der gleichen Klage in unsere Sprechstunde: Er wünscht sich mehr Sex, und sie verweigert sich. Im Grunde geht es fast immer um einen Mangel an emotionalem und spirituellem Kontakt.

Viele Männer, gewiß nicht alle, benutzen Sex als ein Mittel, um einen Kontakt, eine Verbindung herzustellen, jedoch fühlen sich die meisten Frauen erst sexuell stimuliert, wenn eine Verbindung vorhanden ist. Dadurch geraten viele Paare in ein Dilemma, da der Mann sagt: »Wenn wir miteinander schlafen, dann werde ich ein Gefühl von Offenheit und Kontakt entwikkeln«, während die Frau sagt: »Aber ich habe keine Lust auf Sex, wenn du nicht schon zuvor offen bist und ein Kontakt zwischen uns entstanden ist.« Als weitere Schwierigkeit kommt hinzu, daß viele Menschen Sex zur Selbstbestätigung benutzen, als ein Mittel, um sich gut zu fühlen. Im Grunde leiden sie unter einer sexuellen Sucht. Solche Menschen glauben, ihre guten Gefühle kämen daher, daß sie für das andere Geschlecht attraktiv sind und eine sexuelle Beziehung haben. Der Partner in einer solchen Suchtbeziehung fühlt sich häufig unter Druck, den anderen glücklich zu machen. Bei dieser Art der Interaktion findet ein wirklicher Kontakt nicht statt. Zuletzt fühlen sich beide Partner in dieser Beziehung schlecht und verstehen nicht, warum keine Verbindung entsteht.

Das Bedürfnis nach Sexualität wird entweder aus dem Ego oder aus dem höheren Selbst gespeist. Sex auf der Basis des Ego wird immer in der Absicht praktiziert, etwas zu *bekommen* – Liebe, Kontakt, Bestätigung, Entspannung, einen Orgasmus. Sex auf der Basis des höheren Selbst ist immer ein Ausdruck der Liebe und deshalb ein Akt des *Gebens*. Bisweilen hat dies verwirrende Folgen, zum Beispiel dann, wenn ein Mann, der das Bedürfnis nach Sex hat, zu der Frau, die sich verweigert, sagt: »Aber ich möchte dich doch nur lieben. Du läßt es nicht zu, daß ich dich liebe.« Diese Art von Doppelbotschaft kann einer Frau das Gefühl vermitteln, verrückt zu sein. Er sagt, er möchte sie lieben, sie aber *spürt* etwas ganz anderes. Wenn er sie nämlich wirklich liebte, dann würde er nicht auf seinem Wunsch bestehen – beispielsweise, daß sie mit ihm schläft -, wenn sie es nicht möchte. Statt dessen würde er gern wissen wollen, was sie denn wirklich will, und es würde ihm guttun, ihr zu geben, was sie sich wünscht. Immer wenn ein Mann versucht, eine Frau dazu zu überreden, mit ihm zu schlafen, dann ist er in seinem Egozustand und versucht, etwas zu *bekommen* – selbst dann, wenn er behauptet, er wünsche es sich nur, weil er sie liebe. Dies trifft natürlich gleichermaßen zu, wenn die Rollen vertauscht sind und die Frau den Mann zu überreden versucht.

Sex auf der Basis des höheren Selbst ist immer eine sehr sinnliche Erfahrung. Wenn Paare aus ihrem höheren Selbst heraus miteinander schlafen, dann brauchen sie nicht erst irgendwelche Tricks zu lernen, wie man das macht. Wenn sie ihre liebevollen Gefühle füreinander ganz natürlich zum Ausdruck bringen, dann ist alles im Fluß. Sexuelle Probleme entstehen dann, wenn sich Ängste oder Überzeugungen des Ego in die Beziehung einnisten und die Partner aus den Persönlichkeitsanteilen des verlassenen Kindes heraus Liebe zu machen versuchen. In dem Augenblick, in dem die sexuelle Energie vom Geben zum Habenwollen wechselt, entstehen Probleme. Selbst dann, wenn ein Mensch bei der sexuellen Begegnung durchaus in einer gebenden Stimmung ist, aber in der übrigen Beziehung vor allem etwas haben will, wird sich das in der sexuellen Beziehung spiegeln. Aber wenn beide Partner aus ihrem höheren Selbst heraus füreinander offen sind und wenn sie die Liebe- und Energieverbindung hergestellt haben, dann wird ihre Sexualität natürlich und frei fließen. Deshalb ist der Versuch, sexuelle Probleme zu lösen, indem man das Verhalten verändert, selten erfolgreich. Nur wenn man nicht länger haben, sondern vielmehr geben will und wenn ein wirklicher Kontakt entstanden ist, werden sexuelle Probleme wirklich gelöst. Sheila, eine unserer Klientinnen, schrieb uns dazu folgenden Bericht:

Sex war für mich immer ein Problem gewesen. Jahrelang glaubte ich, daß mit mir etwas nicht in Ordnung wäre. Meine erste Ehe ging in die Brüche, weil ich nie Lust auf Sex hatte und zudem meinte, daß alles meine Schuld sei. Bei meiner zweiten, längeren Ehe war es ebenso, aber ich hielt durch, weil ich vermutete, daß in einer Paarbeziehung einfach nicht mehr »drin« sei. Dann begegnete ich Wayne. Wir trafen uns zufällig bei der Arbeit und freundeten uns allmählich an. Wir verbrachten mehr und mehr Zeit miteinander, wobei jeder dem anderen die intimsten Details seines Lebens erzählte. Es war nicht nur das Reden – mein Mann und ich haben immer sehr viel miteinander geredet und einander sehr viel Intimes mitgeteilt. Es ist schwer zu erklären, aber es war so, als hätte Wayne eine Tür in sich geöffnet und mich wirklich in sich hineingelassen, und er seinerseits trat ebenfalls in die Räume hinein, die ich für ihn öffnete. Seine Energie floß in jedem Augenblick zu mir herüber auf eine Art, wie ich es nie zuvor erlebt hatte. Wir kannten einander schon einige Jahre, bevor wir miteinander schliefen, aber als es schließlich geschah, war es ganz anders als alles, was ich je zuvor erlebt hatte. Wir beide entdeckten, daß wir Dinge, die uns zuvor nie besonders viel Freude gemacht hatten, sehr gern taten, etwa uns sehr lange und intensiv zu küssen. Wir konnten Stunden damit verbringen, uns nur zu küssen! Und unsere Körper schienen so gut zusammenzupassen! Jetzt stellen wir fest, daß kleine Unzulänglichkeiten, die uns bei einem anderen Menschen stören würden, uns überhaupt nicht berühren. Er hat einige Eigenschaften, die mich bei meinem Mann verrückt gemacht haben – so ist er beispielsweise sehr vergeßlich –, aber bei ihm stört mich das überhaupt nicht. Und alles, was wir gemeinsam tun, macht Spaß, etwa Möbel einzukaufen, was ich in der Vergangenheit immer gehaßt habe. Ich habe festgestellt, daß nicht das, was wir tun, den Unterschied ausmacht, sondern die Art und Weise, wie wir es tun. Wenn die Energie zwischen uns da ist und liebevoll fließt, dann klappt alles. Jetzt erkenne ich den Grund dafür, warum ich mich bei meinen beiden Ehemännern sexuell nicht stimuliert fühlte: Es bestand kein wirklicher Kontakt zwischen uns. Sie haben sich mir niemals wirklich geöffnet, deshalb konnte ich sie niemals wirklich fühlen, und sie haben ihre Energie niemals zu mir hinüberfließen lassen. Selbst ihr Geben habe ich als ein Habenwollen empfunden, denn es war immer ein Haken dabei. Wenn ich etwas nicht möchte, dann wird Wayne niemals ärgerlich, auch dann nicht, wenn ich nicht mit ihm schlafen will. Er ist immer offen, mich genauer und intensiver kennenzulernen. Dieses Gefühl ist für mich wie ein Wunder!

Alle Ehe- und Familienprobleme resultieren aus dem fehlenden inneren Kontakt. Da wir nicht lieben und mit anderen keine echte Verbindung haben können, wenn wir uns nicht selbst lieben und mit uns selbst in Kontakt sind, ist dies der eigentliche Schlüssel zur Lösung von Beziehungsproblemen: zu lernen, das innere Kind zu lieben.

Kapitel 6

Die Folgen der inneren Verbindung

> Das Zusammenspiel dieser beiden Kräfte, der Kraft des Verstandes, die vom Lernen abhängt, und der Kraft des Instinkts, die sich gut auskennt in derselben Art des angeborenen Wissens, das die Tiere ihr ganzes Leben hindurch begleitet, und das Ergebnis ihres Zusammenwirkens – das ist der menschliche Charakter und das einzigartige Potential für intellektuell verfeinerte, instinktgeleitete Lebenstüchtigkeit.
>
> *Auf der Suche nach dem verlorenen Glück*
> Jean Liedloff

Wenn wir uns entscheiden, mit unserem inneren Kind verbunden zu leben und das Ego zum höheren Selbst zu transformieren, wird das Leben zu einer wunderbaren Erfahrung. Wir fühlen uns friedvoll, zentriert und körperlich gesund. Wir spüren unsere Ganzheit und ein tiefes Mitgefühl, eine tiefe Verbundenheit mit allen Lebewesen. Wir spüren Lebenslust und Freude, auch wenn wir traurig sind. Richard, einer unserer Klienten, drückte das so aus: »Der Schmerz, den ich spüre, wenn ich nicht in Kontakt bin, ist schrecklich. Aber wenn ich mit meinem inneren Kind in Kontakt bin, fühlt es sich sogar gut an, meinen Schmerz zu spüren.«

Selbstachtung

Je mehr wir lernen, unser inneres Kind zu lieben, desto mehr werden wir uns selbst achten und schätzen. Selbstachtung bedeutet einfach, sich liebenswert, gut genug und wertvoll zu fühlen. Während unser Ego uns sagt, daß Selbstachtung aus der Bestätigung anderer gespeist wird, ist es doch in Wahrheit so, daß Selbstachtung von innen kommt, als Ergebnis dessen, *was der innere Erwachsene über das innere Kind denkt und wie der Erwachsene das Kind behandelt.* Wenn andere uns bestätigen, fühlen wir uns vielleicht einen Moment lang gut, aber das gute Gefühl verschwindet bald, und wir brauchen mehr Bestätigung, um uns wieder gut zu fühlen. So wird Bestätigung zu einer Sucht – wir brauchen immer mehr, um uns gut zu fühlen. Gute Gefühle aus dem Ego sind immer kurzlebig. Wenn aber der innere Erwachsene das innere Kind eine längere Zeit liebt, lernt das Kind, daß es liebenswert und wertvoll ist. Dieses Wissen ist nicht flüchtig, sondern tief und dauerhaft.

Je mehr Zeit Sie als liebevoller Erwachsener darauf verwenden, Ihr inneres Kind kennenzulernen, desto mehr können Sie es schätzen und genießen, auch einmal allein und ganz bei sich zu sein. Wenn Sie so weit sind, daß Sie es mehr schätzen, bei sich selbst zu sein als bei irgend jemand anderem, dann sind Sie nicht mehr von einem anderen Menschen abhängig. Das soll nicht heißen, daß Sie am liebsten immer allein sein wollen – weit gefehlt. Wenn Sie die Leere in sich gefüllt haben, indem Sie mit sich selbst in Kontakt sind und sich lieben, fühlen Sie sich so erfüllt von Liebe, daß Sie diese ganz natürlich an andere Menschen weitergeben möchten. Ein Mensch, der mit sich selbst in Kontakt ist, sucht nicht eine Beziehung, um etwas zu bekommen, sondern um andere zu lieben, wie er sich selbst liebt. »Liebe deinen Nächsten wie dich selbst« heißt, daß Sie zunächst sich selbst lieben müssen und erst dann die anderen so lieben können, wie Sie sich selbst lieben. Wenn Sie gerne mit anderen zusammen sind, aber nicht mit sich selbst, so heißt das, daß Sie andere mehr als sich selbst schätzen und daß Sie mit ihnen zusammensein möchten, um etwas von ihnen zu bekommen, und nicht, um ihnen etwas zu geben. Wenn das der Fall ist, sind Sie bedürftig und abhängig. Wenn Sie genug Zeit darauf verwenden, von Ihrem inneren Kind zu lernen, werden Sie immer deutlicher erkennen und wissen, wer Sie sind, und Sie werden gern mit sich selbst allein sein. Die Fähigkeit, mit sich selbst allein sein zu können, ist Ausdruck hoher Selbstachtung.

Sich selbst zu achten, das ist eine Entscheidung. Sie resultiert daraus, wie wir uns mit uns selbst fühlen, was wir über uns selbst glauben wollen, ob wir glauben, daß wir liebenswert oder nicht liebenswert sind. Wenn wir erkennen, daß hohe Selbstachtung aus der Liebe zu unserem inneren Kind gespeist wird und nicht aus der Bestätigung, die wir von anderen erhalten, dann werden wir feststellen, daß wir in der Tat entscheiden können, wie wir uns mit uns selbst fühlen. Wenn wir uns und andere nicht mehr länger beschuldigen, ihnen keine Gewalt antun und statt dessen unser inneres Kind und andere bedingungslos lieben, verwandelt sich die Härte, die wir vorher zu unserem Schutz vor Verletzungen zu brauchen glaubten, in ein Gefühl der Sanftheit und inneren Stärke.

Persönliche Stärke und Sanftheit

Sanftheit ist die Energie der Wärme, Zärtlichkeit, Liebe und Kraft, die von Menschen ausgeht, wenn sie mit ihrem höheren Selbst verbunden sind. In diesem Moment kennen und lieben sie sich, beschuldigen sich nicht und tun sich und anderen keine Gewalt an. Sie suchen keine Bestätigung und haben auch keine Angst vor Mißbilligung. Sie sind nicht gehemmt und nehmen die Kritik, Wut oder Ablehnung anderer nicht persönlich. Von Menschen mit persönlicher Stärke strahlt eine sanfte Energie aus, denn solche Menschen können von anderen nicht beherrscht, kontrolliert oder emotional verletzt werden. Sie wissen, wer sie sind, was sie wollen und was sie fühlen, und sie wissen, daß sie das Recht haben zu wollen, was sie wollen, und zu fühlen, was sie fühlen. Wenn wir so im Besitz unserer persönlichen Stärke sind, sind wir jenseits aller Schwäche und aller Gewalttätigkeit. Wir können es uns leisten, sanft zu sein, weil wir wissen, daß wir nicht schwach sind. Dies ist eine Idealvorstellung, aber wir alle können uns bemühen, mehr Zeit in diesem Zustand zu verbringen. Leider denken viele Leute, wenn sie das Wort »sanft« lesen oder jemanden über Sanftheit reden hören, an einen »Softie«, einen Feigling, einen Versager oder an einen Angsthasen. Offensichtlich werden die Begriffe Sanftheit und Schwäche sehr häufig verwechselt.

Sanftheit im Gegensatz zu Schwäche

Unser Ego hat uns gelehrt zu glauben, daß Sanftheit und Stärke sich gegenseitig ausschließen würden, daß Sanftheit Schwäche bedeute und daß nur Härte zähle. Deshalb sagt uns das Ego, wir könnten nicht zur gleichen Zeit sanft und stark sein. Aber um Liebe zu geben und zu empfangen, müssen wir sanft sein. Liebe wird niemals aus der Härte des Ego gespeist.

Es ist sehr wichtig, den Unterschied zwischen Sanftheit und Schwäche zu verstehen. Wir sind schwach, wenn wir passiv sind, uns aufgeben und anderen erlauben, uns auszunutzen. Wir sind innerlich schwach, wenn wir Angst davor haben, von anderen kontrolliert zu werden und diese Angst verbergen, indem wir versuchen, andere zu kontrollieren. Wir sind schwach, wenn wir der Bestätigung und Mißbilligung durch andere Bedeutung beimessen. Wir sind immer schwach, wenn wir Angst haben und erlauben, daß diese Angst uns kontrolliert, sei es dadurch, daß wir wütend, kritisch, anklagend oder passiv, übermäßig anpassungsbereit oder rebellisch werden. Mit anderen Worten: Wir sind immer schwach, wenn wir keinen Kontakt zu unserem inneren Kind haben, die Verantwortung für uns selbst abgeben und aus der Angst und den Überzeugungen des Ego heraus handeln.

Sanft ist also nicht gleich schwach und bedeutet nicht Nachgiebigkeit und übermäßige Anpassungsbereitschaft. Nehmen wir Joe als Beispiel. Er ist ein typischer Gewerkschaftsfunktionär. Er kommt mit einer Liste von Forderungen, Anliegen und Drohungen zum Verhandlungstisch. Er versucht, seine Gegner mit Härte und Kompromißlosigkeit zu Boden zu zwingen. Was wäre jedoch, wenn er ganz einfach und leise aus der inneren Verbundenheit heraus sagte: »Dies sind meine Bedingungen.« Er könnte sich dann zurücklehnen und in sich selbst zentriert bleiben, und er müßte seinem Geist und seinem Körper nicht durch Spannung und Härte Gewalt antun. Er könnte das seinen Gegnern überlassen, die schließlich ohnehin allmählich schwächer werden. Aus seiner inneren Verbundenheit heraus könnte er das Unbehagen seines Gegners nachempfinden und ihn um seines Bemühens willen lieben: Das bedeutet Stärke und Sanftheit – die Stärke der Sanftheit.

Eines Tages beobachtete Erika die folgende Szene zwischen einem ihrer Freunde und dessen Bekannten. Sie saßen plaudernd bei einem Picknick beisammen, als ihr Freund sich eine Zigarette anzündete. Er wollte, wie Erika wußte, das Rauchen aufgeben, aber es fiel ihm schwer. Sein Bekannter begann, ihm einen Vortrag über das Rauchen zu halten und fragte ihn, wie er etwas derart Verwerfliches tun könne. Erikas Freund, ein sanfter und empfindsamer Mann, lächelte und sagte einfach: »Wir haben alle unsere schlechten Angewohnheiten, nicht wahr?« Er wurde nicht wütend und versuchte auch nicht, sich zu rechtfertigen. Er blieb sanft und zentriert und wurde trotzdem von seinem Kritiker nicht überrannt. Hätte dieser Mann wegen seines Rauchens Schuldgefühle gehabt, hätte er sich selbst verurteilt oder Angst vor der Mißbilligung der anderen gehabt, dann hätte er sich wahrscheinlich verletzt gefühlt und sich verteidigt, oder er hätte überhaupt nichts gesagt, wäre aber insgeheim betroffen und wütend gewesen. Seine Selbstverurteilung hätte ihn schwach gemacht. Statt dessen machten ihn seine Selbstannahme, und dadurch zugleich die Annahme des anderen, sanft und stark.

Sanftheit und Stärke

Wir sind sanft, wenn wir in Kontakt mit uns und angstfrei sind. Dann sind wir auch am stärksten. Pseudostärke, die Stärke, andere zu beherrschen und zu kontrollieren, basiert auf Angst. Auf diese Weise versucht das verlassene Kind sehr oft, andere zu kontrollieren und so zu vermeiden, selbst kontrolliert zu werden. Pseudostärke ist manipulativ, und die Handlungen, die daraus hervorgehen, bewirken niemals Freude oder Selbstachtung. Echte Stärke, das heißt die Stärke, andere zu unterstützen und ihnen etwas zu geben, nicht sie zu beherrschen und von ihnen etwas zu nehmen, ist sanft.

Marcia, eine unserer Klientinnen, die Anfang fünfzig ist und in zweiter Ehe lebt, schrieb über die Stärke der Sanftheit:

> Diese Woche wurden wir in unserem Psychologiekurs aufgefordert, für eine Übung Paare zu bilden. Die Männer wurden aufgefordert, eine Faust zu machen und sie nicht zu öffnen. Die Frauen bekamen die Anweisung, die Faust auf irgendeine Art aufzubekommen.
>
> Als ich mich dem jungen Mann, der neben mir saß und den ich nur von gelegentlichen Begegnungen in dem Kurs kannte, zuwandte und ihn ansah, wußte ich intuitiv, was ich

tun mußte. Ich schaute tief, aber sanft in seine Augen und krempelte dann seinen Hemdsärmel hoch. Dann streichelte ich sanft seinen Arm, wie ich es oft mit meinen Kindern gemacht hatte, wenn sie angespannt waren. Schließlich streichelte ich seine Finger und öffnete einen Finger nach dem anderen, während ich ihm die ganze Zeit freundlich in die Augen schaute. Seine Faust ließ sich ohne jeden Widerstand öffnen. Der junge Mann lächelte und sah für einen Moment wie verwandelt aus. Er wußte nicht genau, was passiert war, aber er sagte, er fühle sich großartig. Auch ich fühlte mich großartig, nicht, weil ich »gewonnen« hatte, sondern weil ich mich ihm nahe fühlte und spürte, daß Wärme von ihm ausging. Seine Faust war durch die Stärke der Sanftheit geöffnet worden.

Der Lehrer war sehr überrascht, als er von unserer Erfahrung hörte, weil er erwartet hatte, daß die meisten Frauen versuchen würden, mit zusammengebissenen Zähnen die Faust ihres Partners aufzubrechen – was wegen des Widerstandes, den jedes gewaltsame Vorgehen provoziert, fast unmöglich ist.

Ich habe beinahe zehn Jahre versucht, meinen Ehemann mit Gewalt zu öffnen. Ich habe es nie geschafft. Härte und Gewalt trafen immer nur auf Widerstand, Wut und Entfremdung. Als der angestaute Ärger schon fast bewirkt hatte, daß wir uns völlig voneinander abschotteten, lernte ich mit Hilfe der Therapie, mit jener sanften Seite in mir, die lieben wollte, in Kontakt zu kommen.

Ich mußte die ganze Zeit aufpassen und mir bewußt bleiben, wann ich in Kontakt mit mir und gebend und wann ich abgetrennt und fordernd war. Es ist leider nur allzu leicht, von einer gebenden zu einer verurteilenden und fordernden Haltung zu wechseln, von Sanftheit und Offenheit zu Härte und Verschlossenheit überzugehen.

In der Vergangenheit war ich meinem Mann gegenüber immer sehr kritisch, vor allem wenn er nicht arbeitete. Ich war argwöhnisch, wenn er sagte, er sei krank, und ich wurde wütend, wenn er depressiv war. Diese Woche hatte er eine kleine Operation und fehlte bei der Arbeit. Da ich mit meiner Sanftheit in Kontakt blieb, konnte ich akzeptieren, daß er nicht zur Arbeit ging, ohne ihm Vorwürfe zu machen und ohne mir wegen des Geldes, möglicher Nachteile an seinem Arbeitsplatz oder der Gründe, warum er nun wirklich zu Hause blieb, Sorgen zu machen. Er schien nicht besorgt zu sein, und so entschied ich, mir auch keine Sorgen zu machen, und die Spannung, die diese Situation sonst immer verursacht hatte, blieb aus. Ich war frei, in Kontakt mit meinen positiven Gefühlen zu bleiben und meine Liebe zu ihm zu spüren.

Echte Sanftheit ist kraftvoll, weil sie nichts zurückerwartet. Sie macht mich stark, so daß ich mir in diesen Momenten keine Gedanken darüber machen muß, was ich denn zurückbekommen werde. Denn das schränkt das Geben ein und unterwirft es Bedingungen. Und erstaunlicherweise hat diese großzügige Art des Gebens gewöhnlich einen sehr positiven Einfluß. Weil es so frei ist, schafft es einen liebenden Kreislauf, ein Fließen von liebevollen Gefühlen zwischen uns.

Diese Woche habe ich in verschiedenen Situationen Dinge gesagt oder getan, von denen ich meinte, daß sie ihm guttun. Ich habe ihm etwas über sein Aussehen gesagt, ihn häufiger berührt, ihn über seine Gesundheit befragt und mich ganz allgemein liebevoller ausgedrückt. Er schien ebenfalls weicher und offener zu sein.

Gelegentlich reagierte er mit seiner alten Gereiztheit, mit Besorgnis oder mit Argwohn. Ich war mir der Tatsache, daß er vor allem wegen unserer früheren gemeinsamen Geschichte defensiv reagierte, immer bewußt und vergaß nie, daß ich sanft und ohne Vorwürfe bleiben wollte – und ich fühlte mich großartig dabei. Wenn er aggressiv wurde, entschuldigte er sich wenig später, weil er selbst erkannt hatte, daß er sich nur hatte schützen wollen. Natürlich bin auch ich mir meiner Reaktionen inzwischen sehr bewußt und kann sie schnell mit ihm zusammen ergründen.

Das ist für uns ein Durchbruch, obwohl noch viel Arbeit und Heilung nötig sind. Aber wenn Sie einmal entdecken, wie gut es sich anfühlt, weich zu sein, wenn Sie einmal die Wirkung gesehen haben, die das auf Ihre Beziehung zu sich selbst und zu anderen haben kann, werden Sie alles Erdenkliche versuchen, so häufig wie möglich sanft und großzügig zu sein.

Im Laufe der Geschichte sind sanfte und starke Menschen, Menschen wie Gandhi, Martin Luther King oder Jesus Christus, von vielen sehr geliebt worden, wenn sie auch im großen und ganzen vor allem auf Ablehnung und Gewalt stießen. Ihrer Sanftmut und Unschuld ist man mit Härte begegnet. Das menschliche Ego ist entschlossen, Sanftheit zu zerstören, weil es sich insgeheim vor ihrer Stärke fürchtet. Das Ego hat vor allem davor Angst, die Kontrolle, die es über uns hat, zu verlieren. Wieso also sollten wir einen Grund haben, sanft zu sein? Die Antwort ist: weil Härte niemandem Freude bringt. Sie können hart und lieblos sein, oder Sie können glücklich sein.

Aber riskieren wir nicht, von denen, die hart sind und aus ihrem Ego handeln, vernichtet zu werden? Bis jetzt haben die meisten von uns geglaubt, die einzige Möglichkeit, auf Härte sinnvoll zu reagieren, wäre, uns mit unserer eigenen Härte zu schützen. *Das ist die Überzeugung des Ego.* Wenn es wahr ist, daß es keine größere Macht als die Liebe gibt, dann erreichen wir am meisten durch Sanftmut. Dieses Gefühl vergrößert unsere Selbstachtung und bringt uns Freude. Wenn Sie an dieser Stelle den Kopf schütteln und sagen: »Nicht mit mir, ich möchte nicht von meinen Mitmenschen beiseite geschoben werden«, dann verführt Ihr Ego Sie dazu zu glauben, daß Ihre Härte Sie wirklich vor der Härte anderer schützen könnte.

Das Ego möchte uns glauben machen, daß wir bei einem Angriff zum Gegenschlag ausholen müßten. Aber alles, was wir damit erreichen, ist Krieg – in den Familien, in unserer Gesellschaft und in der Welt. Sicher, wenn in vergangenen Jahrhunderten eine Nation oder Gesellschaft eine andere angriff, wurden diejenigen, die nicht zurückgeschlagen haben oder die keine geeigneten Waffen hatten, von denen mit den »mächtigeren« Waffen überrannt (mächtig im Sinne von Macht über andere). Aber wenn wir heute weiterhin aus diesen Grundsätzen heraus handeln, werden wir uns selbst auslöschen. Es ist nun an der Zeit, daß wir über die harte Stärke des Ego hinauswachsen und zur sanften Stärke des höheren Selbst finden. Wir wissen allerdings, daß das Ego seine Herrschaft nicht so leicht aufgeben wird.

In dem Buch *A Course in Miracles* heißt es »Das Ego wird Sie . . . vor allem dann angreifen, wenn Sie liebevoll reagieren, weil es Sie als lieblos eingeschätzt hat und Sie gegen sein Vorurteil handeln.« Das bedeutet: Ihr Ego denkt, Sie seien ein liebloser Mensch, und solange Sie das glauben, hat Ihr Ego Kontrolle über Sie. Wenn Sie jedoch zu der Erkenntnis kommen, daß Sie liebevoll und liebenswert sind, dann wird das Ego Sie angreifen, weil es Angst hat, die Macht über Sie zu verlieren. Ihr Ego hat während Ihres ganzen Lebens versucht, Sie davon zu überzeugen, daß Sie hart sein müssen, um stark zu sein. Wir sollten jedoch lernen, daß die effektivste Verteidigung die Schutzlosigkeit der Sanftheit und Liebe ist.

Ted erzählte Margie die folgende Geschichte in einer seiner Therapiesitzungen:

> Ich habe einen Chef, der mich schon seit langer Zeit schikaniert. Wenn er etwas nicht versteht oder wenn etwas schiefläuft, dann schreit er mich an. Ich habe das immer gehaßt, und ich habe darauf reagiert, indem ich zurückbrüllte. Glücklicherweise hat er nicht das Recht, mir zu kündigen, aber wir führten regelmäßig wochenlang nach diesen Wutausbrüchen eine Art Kalten Krieg. Das ist für uns beide sehr aufreibend, und das Problem wird nie gelöst. Letzte Woche, kurz nachdem Sie und ich darüber sprachen, daß mein Erwachsener für mein Kind eintreten könnte, kam mein Chef wieder herein, um mich anzubrüllen, und stampfte dann zurück in sein Büro. Ich folgte ihm; diesmal jedoch nicht, um zurückzubrüllen und zu schimpfen, sondern ich setzte mich ruhig auf einen Bürostuhl. Im stillen sagte ich meinem inneren Kind, daß ich die Sache in seinem Sinne regeln würde. Ich entschied mich, neugierig zu sein und etwas über die Situation herauszufinden, anstatt wütend zu werden. Also fragte ich ihn freundlich, was ihn denn so furchtbar aufrege. Er beruhigte sich sofort, und wir hatten unser erstes gutes Gespräch miteinander. Wir begannen sogar einige der Probleme, die ihn so in Harnisch gebracht hatten, zu lösen! Es war großartig! Anstatt am Ende wieder wütend, frustriert und hilflos zu sein, fühlte ich mich ruhig und stark. Ich hatte immer gedacht, ich müßte hart sein, um zu bekommen, was ich wollte, und um nicht herumgestoßen zu werden, aber jetzt beginne ich zu erkennen, daß mich das am Ende immer nur frustriert und wütend gemacht hat. Nachdem die Tür zum Gespräch sich nun geöffnet hat, habe ich das Gefühl,

daß wir alle Probleme, die noch kommen werden, lösen können. Ich hatte mich zuvor an meinem Arbeitsplatz so unwohl gefühlt, daß ich schon an einen Wechsel dachte, aber jetzt gefällt mir mein Job sehr viel besser! Es ist kaum zu glauben, daß eine ruhige und aufgeschlossene Reaktion meines Erwachsenen (anstelle der Wut des verlassenen Kindes) so wirkungsvoll sein kann!

Eve berichtete in einer ihrer Sitzungen bei Erika über das folgende Erlebnis mit ihrem Ehemann Jack und ihrem neunzehnjährigen Sohn Bret, der in den Ferien vom College nach Haus gekommen war:

Gleich als Bret nach Haus gekommen war, hatte Jack ihm eine Liste von Aufgaben in die Hand gedrückt, die Bret in seinen Ferien erledigen sollte. Zwei Tage bevor Bret wieder ins College fuhr, war uns allen klar, daß er nichts von alledem mehr schaffen würde. Wir saßen beim Abendessen und unterhielten uns, als Jack das Problem zur Sprache brachte. Bret reagierte beleidigt, und plötzlich brüllte Jack ihn an: Bret sei egoistisch und undankbar, und er, Jack, fühle sich von Bret ausgenutzt. Bret brauche überhaupt nicht mehr nach Haus zu kommen, wenn er nicht daheim helfen wolle. Bret brüllte zurück und sagte: »In Ordnung. Es bringt mir ohnehin keinen Spaß, hier zu sein.« An diesem Punkt aktivierte ich meinen Erwachsenen und entschied, daß ich verstehen wollte, was eigentlich vor sich ging, und so sagte ich ganz ruhig zu Bret: »Du wirst wohl einen guten Grund haben, daß du hier nicht helfen willst. Ich halte dich für einen Menschen, der anderen gern etwas gibt, aber hier ist das offensichtlich nicht der Fall. Hast du eine Ahnung warum?« «Ich habe tatsächlich viel darüber nachgedacht«, sagte er. »Ich bin mir nicht ganz über alle Gründe klar, aber ich glaube, es hat etwas damit zu tun, daß ich mich kontrolliert fühle. Wenn andere Menschen mich bitten, etwas zu tun, gibt es mir ein gutes Gefühl, wenn ich ihnen helfen kann. Aber ich weiß auch, daß ich nein sagen kann, ohne daß sie gleich wütend auf mich werden. Aber wenn ihr mich bittet, etwas zu tun, bittet ihr nicht wirklich, sondern ihr verlangt etwas von mir, und das gefällt mir nicht.«

Danach redeten wir drei noch eine Stunde lang miteinander. Es war eines der besten Gespräche, die wir jemals führten! Bret war schon immer ein sehr introvertiertes Kind gewesen. Wir hatten immer unsere Schwierigkeiten, ihn zum Sprechen zu bringen. Als ich ihn jedoch sanft und liebevoll fragte, was denn mit ihm los sei, öffnete er sich bereitwillig. Es machte mir wirklich Freude, so mit ihm zu sprechen! Und seitdem er wieder im College ist, haben wir noch weitere gute Gespräche geführt.

Eve hat bei dieser Gelegenheit entdeckt, wie stark Sanftmut ist und wie lohnend das Handeln sein kann, wenn es von der Absicht getragen wird, zu lieben und zu lernen, anstatt von dem Bestreben, sich mit Wut, Kritik oder Drohungen selbst zu schützen.

Terry Dobson, Autor des Buches *Giving in to Get Your Way* erzählt die folgende bewegende Geschichte:

Der Zug ratterte an einem verschlafenen Frühlingsnachmittag durch die Vororte von Tokio. Unser Abteil war vergleichsweise leer – ein paar Hausfrauen mit ihren Kindern, einige alte Leute, die Einkaufen gingen. Ich betrachtete geistesabwesend die düsteren Häuser und staubigen Hecken.
An der Haltestelle öffneten sich die Türen, und plötzlich wurde die Nachmittagsruhe von einem Mann gestört, der unverständliche Flüche brüllte. Er stolperte in unser Abteil. Er war von kräftiger Gestalt, betrunken und schmutzig und trug Arbeiterkleidung. Brüllend holte er zum Schlag gegen eine Frau aus, die ein Baby im Arm hielt. Der Stoß schleuderte sie gegen ein sitzendes älteres Ehepaar. Es war ein Wunder, daß dem Baby nichts passierte.
Entsetzt sprang das Ehepaar auf und hastete ans andere Ende des Wagens. Der betrunkene Arbeiter wollte der flüchtenden alten Frau noch einen Tritt verpassen, aber sie war ihm glücklicherweise schon entwischt. Dies machte ihn so wütend, daß er nach einer Haltestange in der Wagenmitte griff und versuchte, sie aus ihrer Verankerung herauszureißen. Ich konnte sehen, daß eine seiner Hände blutete. Der Zug ratterte voran, und die Passagiere waren starr vor Angst. Ich stand auf.

Ich war damals noch jung, ungefähr zwanzig Jahre alt und in ziemlich guter Form. Ich hatte die letzen drei Jahre jeden Tag ungefähr acht Stunden mit Aikido-Training zugebracht. Die Würfe und Griffe brachten mir großen Spaß. Das Problem war, daß meine Fähigkeiten noch nie in einem echten Kampf erprobt worden waren. Aikido-Schüler durften nicht kämpfen.

»Aikido«, hatte mein Lehrer immer wieder gesagt, »ist die Kunst der Versöhnung. Wer Lust zum Kämpfen hat, hat seine Verbindung mit dem Universum abgebrochen. Wenn ihr versucht, andere Menschen zu beherrschen, seid ihr schon geschlagen. Wir lernen, wie man Konflikte löst, nicht, wie man sie verursacht.«

Ich hatte ihm immer aufmerksam zugehört. Ich gab mir sehr viel Mühe. Ich ging sogar so weit, auf die andere Straßenseite zu gehen, um den *Chimpera*, den Ausgeflippten, auszuweichen, die in der Nähe der Bahnhöfe herumlungerten. Meine Umsicht erstaunte und begeisterte mich selbst. Ich fühlte mich stark und heilig. Insgeheim jedoch sehnte ich eine Gelegenheit herbei, bei der ich die Unschuldigen retten konnte, indem ich die Schuldigen vernichtete.

»Jetzt ist es soweit«, sagte ich zu mir, als ich aufstand. »Hier sind Menschen in Gefahr. Wenn ich nicht schnell eingreife, wird wahrscheinlich jemand verletzt werden.«

Als der Betrunkene mich aufstehen sah, nahm er die Chance wahr, seine ganze Wut auf eine bestimmte Person zu konzentrieren. »Ah«, brüllte er, »ein Ausländer! Du brauchst wahrscheinlich eine Lektion in japanischen Umgangsformen!«

Ich hielt die Halteschlaufe über mir locker in der Hand und sah ihn voller Abscheu und Verachtung an. Ich hatte vor, diesem Rohling ein für alle Male zu zeigen, was Sache war, aber er mußte den ersten Schritt tun. Ich wollte ihn provozieren, und so spitzte ich die Lippen und warf ihm einen Kuß zu.

»Okay!« brüllte er, »Ich werde dir mal eine kleine Lektion erteilen.« Er sammelte sich, um mich anzugreifen.

Einige Zehntelsekunden, bevor er sich in Bewegung setzen konnte, rief jemand: »Hey!« Der Ruf berührte alle Anwesenden bis ins Innerste ihrer Seele. Ich erinnere mich an den seltsam fröhlichen, schwungvollen Klang – als ob Sie und ein

Freund längere Zeit nach etwas gesucht hätten, und plötzlich hätte er es entdeckt. »Hey!«

Ich schwenkte nach links; der Betrunkene drehte sich nach rechts. Unser beider Blicke fielen auf einen kleinen alten Japaner. Er mußte über siebzig sein, dieser kleine Herr, der untadelig adrett in seinem Kimono dasaß. Er nahm keine Notiz von mir, aber er strahlte den Arbeiter erfreut an, als ob er ihm ein höchst wichtiges, angenehmes Geheimnis mitzuteilen hätte.

»Kommen Sie her«, sagte der alte Mann und winkte den Betrunkenen heran. »Kommen Sie her, und sprechen Sie mit mir!«

Der große Mann näherte sich ihm, als würde er von einem unsichtbaren Faden gezogen. Er stampfte vor dem alten Herrn provozierend mit dem Fuß auf und brüllte lauter als die ratternden Räder: »Verdammt noch mal, warum sollte ich mit Ihnen reden?« Der Betrunkene stand nun mit dem Rükken zu mir. Wenn sich sein Ellenbogen auch nur einen Millimeter bewegte, würde ich ihn zu Boden strecken.

Der alte Mann strahlte den Arbeiter immer noch an. »Was haben Sie denn getrunken?« fragte er, und seine Augen leuchteten wohlwollend. »Ich habe Sake getrunken«, brüllte der Arbeiter zurück, »und das geht Sie überhaupt nichts an.« Er brachte das so heftig hervor, daß er den alten Mann mit seinem Speichel besprühte.

«Oh, das ist ja wunderbar!« erwiderte der Alte, »Absolut wunderbar! Wissen Sie, ich mag Sake auch sehr gern. Jeden Abend wärmen meine Frau (sie ist jetzt sechsundsiebzig, wissen Sie) und ich eine kleine Flasche Sake und nehmen sie mit in den Garten. Dort setzen wir uns auf unsere alte Holzbank. Wir schauen den Sonnenuntergang an und sehen nach, was unser Dattelbaum macht. Mein Großvater hat den Baum gepflanzt, und wir hoffen sehr, daß er sich von den eisigen Stürmen des letzten Winters wieder erholen wird. Aber der Baum hat sich besser gemacht, als ich erwartet hätte, besonders wenn man die schlechte Qualität des Bodens berücksichtigt. Es ist schön, ihn anzuschauen, wenn wir im Garten sitzen, den Abend genießen und unseren Sake trinken – wir machen das sogar, wenn es regnet!« Er schaute den Arbeiter an und zwinkerte ihm freundlich zu.

Während der Betrunkene sich darum bemühte, der Erzählung des alten Mannes zu folgen, entspannte sich sein Gesicht. Nach und nach öffneten sich seine Fäuste. »Ja«, sagte er, »ich liebe Dattelbäume auch sehr.« Er verstummte.

»Ja«, sagte der alte Mann lächelnd, »und ich bin sicher, daß Sie eine wunderbare Frau haben.«

»Nein«, erwiderte der Arbeiter, »meine Frau ist gestorben.« Ganz leise, mit der Bewegung des Zuges schaukelnd, begann er zu schluchzen. »Ich habe keine *Frau*. Ich habe kein *Zuhause*. Ich *schäme* mich so sehr.« Tränen rollten ihm über die Wangen. Ein verzweifeltes Zucken schüttelte seinen Körper. Plötzlich fiel es mir wie Schuppen von den Augen. Wie ich so in meiner jugendlichen Unschuld, meiner naiven Selbstgerechtigkeit dastand, fühlte ich mich schmutziger als dieser Mann.

In diesem Augenblick hielt der Zug, und ich mußte aussteigen. Als die Türen aufgingen, hörte ich den alten Mann voller Mitgefühl mit der Zunge schnalzen. »Oh je«, sagte er, »das ist in der Tat eine schlimme Situation. Setzen Sie sich hierher und erzählen Sie mir mehr darüber.«

Ich wandte mich um und warf einen letzten Blick zurück. Der Arbeiter lag auf dem Sitz ausgestreckt, sein Kopf ruhte auf dem Schoß des alten Mannes. Der alte Mann strich sanft über sein dreckiges, verfilztes Haar.

Ich stieg aus und setzte mich nachdenklich auf eine Bank. Was ich mit Gewalt und Muskelkraft hatte erreichen wollen, hatte ohne Mühe die Liebe erreicht.

Die Kraft der Leidenschaft entdecken

Eine ganz wichtige Voraussetzung für ein glückliches Leben ist, Ihre Leidenschaft zu entdecken. Das bedeutet, sich ganz auf eine Erfahrung einzulassen, die Sie unbedingt machen müssen, um sich selbst zu verwirklichen, um zu spielen und zu lernen. Das heißt, physisch, emotional, intellektuell und spirituell etwas über eine Sache zu lernen und kreativ zu werden. Was Sie lieben – das ist es, was Begeisterung und Schwung in Ihr Leben bringt. Wenn Sie Ihre Leidenschaft oder Ihre Leidenschaften entdecken, dann spüren Sie den Wert Ihrer Persönlichkeit und werden von Ihren Süchten geheilt. Wenn Sie sich in Ihrem Leben für etwas leidenschaftlich engagieren, dann gibt Ihnen das eine Stärke, die Ihnen niemand wegnehmen kann.

Es ist kein Luxus, diese Erfahrung zu machen, sondern eine Notwendigkeit, denn ohne diese besondere Erfahrung, die unserem Leben einen Sinn gibt, neigen wir dazu, ziellos umherzuwandern auf der Suche nach jemandem oder etwas, das die Leere in uns füllen könnte. Ihr Ego wird alles unternehmen, um Sie von dieser wertvollen, stärkenden Erfahrung fernzuhalten. Es wird Ihnen sagen, daß Sie weder Geld noch Zeit hätten oder daß Sie zu einer bestimmten Sache nicht in der Lage wären, oder daß es draußen einfach nichts gebe, was Sie wirklich interessieren könnte, und daß es deswegen auch keinen Zweck habe, danach zu suchen.

Einige Menschen engagieren sich leidenschaftlich für den Sport, andere für die Kunst oder kreative Tätigkeiten. Manche geben sich ihren Beschäftigungen hin, aber es fehlt ihnen das leidenschaftliche Engagement, weil sie diese Aktivitäten als Suchtmittel verwenden, um ihre innere Leere zu füllen und nicht als kreativen Ausdruck ihrer Lebendigkeit. Wiederum andere haben überhaupt keine Ahnung, wo sie anfangen könnten zu suchen. Anfangen müssen wir aber bei unserem inneren Kind.

Ihr inneres Kind ist der Aspekt der Leidenschaft in Ihnen. Das Kind in Ihnen kann Ihnen sagen, welches Ihre wahren Interessen sind. Wenn Sie immer mehr Zeit darauf verwenden, mit und von Ihrem inneren Kind zu lernen, werden Sie allmählich ganz von selbst zu Ihren Leidenschaften hingeführt werden. Ihr Kind weiß die Antwort und hat wahrscheinlich schon lange versucht, sie Ihnen mitzuteilen. Wie oft haben Sie sich schon sagen hören: »Das würde ich irgendwann einmal gerne ausprobieren« oder »Eines Tages werde ich . . .« Sicher: Solche Sätze sagen wir oft einmal, aber wir werden nur sehr selten aktiv, um unsere Visionen zu realisieren. Sie können Ihre Leidenschaft aber nur entdecken, wenn Sie verschiedene Wege ausprobieren und dabei für Ihr inneres Kind stets offen bleiben. Kinder geben sich von Natur aus sehr vielen Aktivitäten voller Begeisterung hin: Tanzen, Kunst, Musik, Bücher, Basteleien, Briefmarkensammlungen, Theaterspielen, Sport, Spiele.

Wenn sie größer werden, werden sie oft wegen ihrer Leidenschaft und Intensität kritisiert, oder ihre Interessen werden für unwichtig erklärt und ins Lächerliche gezogen. Gab es in Ihrem Leben auch eine Leidenschaft, die Sie vor langer Zeit aufgegeben haben?

Leidenschaft kann ein Aspekt Ihrer Erwerbstätigkeit sein oder auch nicht. Es ist wunderbar, wenn wir eine Arbeit haben, die uns begeistert und die wir genießen, und wir können uns alle in diese Richtung bewegen. Aber bis wir wirklich dort angelangt sind, können wir daran arbeiten, unsere Leidenschaften zu entdecken und zu fördern. Das gibt unserer Arbeit mehr Bedeutung, und wir haben in unserem Leben ein Ziel vor Augen, auf das wir mit Freude hinarbeiten können.

Viele Menschen, mit denen wir arbeiten, suchen sehr intensiv nach etwas, wofür sie sich leidenschaftlich engagieren können. Beverly, eine Klientin, berichtete uns über das folgende Erlebnis:

> Als Kind habe ich mit Begeisterung viele kunsthandwerkliche Dinge gebastelt. Eines Tages fing ich wieder damit an, und es machte mir genausoviel Spaß wie früher. Aber als ich kürzlich mit meinem inneren Kind sprach, entdeckte ich, daß ich eigentlich viel lieber Zeichnen lernen wollte. Mein innerer Erwachsener hatte vor langer Zeit entschieden, daß ich nicht zeichnen könne, daß ich es bei handwerklichen Arbeiten belassen solle, aber ich beschloß, es mit dem Zeichnen einfach zu versuchen und zu sehen, was passieren würde. Ich meldete mich für einen Zeichenkurs mit dem Thema »Mit der rechten Gehirnhälfte zeichnen« an, und es ist unglaublich, wieviel Spaß es mir macht! Am Anfang war es hart, weil mein Ego mir immer wieder sagte, daß alle anderen besser zeichnen würden als ich und daß mir das furchtbar peinlich sei. Doch schließlich schaltete sich mein liebevoller Erwachsener ein und sagte meinem Kind, daß es egal sei, was die anderen dächten, daß wir lebten, um uns zu freuen und Spaß zu haben und daß ich mein Kind lieben würde, egal wie »gut« oder »schlecht« es zeichnete. Mein Kind war so glücklich, daß ich beschloß, ein Scheitern einfach zu riskieren. Ich frage mich nun, wie viele andere Dinge ich tun kann, von denen ich nie gedacht hätte, daß ich sie könnte.

Beverly traf die bewußte Entscheidung, sich ihrem inneren Kind zu öffnen. Sie hat auf der Grundlage dieser Offenheit noch vieles andere ausprobiert. Sie lernte jedesmal dazu und spürte, was ihr Freude bereitete, und jedesmal wuchs ihr Mut, weitere Erfahrungen zu machen. Dieses Experimentieren wird sie schließlich zu ihrer Leidenschaft führen.

Einer der Gründe, warum so viele Teenager drogenabhängig werden, ist nach unseren Erkenntnissen die Langeweile. Uns fiel auf, daß die Jugendlichen, deren Leben mit aufregenden, kreativen und lehrreichen Aktivitäten erfüllt ist, kaum Zeit finden für Alkohol und Drogen. Mit anderen Worten: Die Teenager und Erwachsenen, die mit der Freude ihres inneren Kindes in Kontakt sind, deren Leben erfüllt ist von aufregenden Erlebnissen und spontaner Begeisterung, die sich wünschen, zu lernen und schöpferisch tätig zu sein und die die Verantwortung für ihre Langeweile, ihren Schmerz und ihre Freude nicht ablehnen, haben kein Bedürfnis nach Drogen oder anderen Fluchtmöglichkeiten.

Wenn Sie die Leidenschaften Ihres inneren Kindes kennenlernen, ist es an Ihnen als liebevoller innerer Erwachsener, entsprechend zu handeln und sich nicht von Ihren Ängsten vor Mißerfolg behindern zu lassen. Wenn Ihr inneres Kind gerne zeichnen möchte, ist es an Ihnen, die Farben zu kaufen und eine Zeit und einen Ort für diese Aktivität festzusetzen, auch wenn Sie Angst haben, daß Sie es nicht können. Wenn Sie Ihr Kind lieben und unterstützen wollen, ist es wichtig, trotz Ihrer Ängste in seinem Interesse zu handeln. Wenn Ihr Kind also Klavierspielen lernen möchte, ist es die Aufgabe des Erwachsenen in Ihnen, ein Klavier zu kaufen oder zu leihen und einen Lehrer zu finden. Wenn Ihr Kind Dinge aus Holz bauen möchte, muß Ihr Erwachsener eine Zeit und einen Ort festlegen und die Materialien kaufen. Wenn Ihr Kind Segeln lernen möchte, müssen Sie in der Segelschule anrufen, um die Stunden festzusetzen. Wenn Ihr Kind Steine sammeln möchte, müssen Sie sich mit ihm auf den Weg machen und Steine sammeln. Es ist eine der Aufgaben des Erwachsenen, die Leidenschaften des Kindes nicht zu verurteilen, sondern sie, so gut es geht, zu unterstützen. Wie Joseph Campbell sagt: »Folgen Sie Ihrem Glücksgefühl.« Folgen Sie dem Glücksgefühl, der Leidenschaft Ihres inneren Kindes, und Sie werden Ihre Freude entdecken.

Sie haben ein inneres Kind und werden immer eines haben. Sie können Ihr Kind verleugnen und es in ein geistiges Gefängnis sperren, oder Sie können Hand in Hand mit dem Teil Ihrer Persönlichkeit, der Ihre Freude und Traurigkeit, Ihre Kreativität, Leidenschaft und Sanftheit ist, durch das Leben gehen. Leidenschaft wird sich ganz natürlich entwickeln, wenn Sie sich innerlich heilen. Wenn Sie Ihre Leidenschaft noch nicht entdeckt haben, dann sollten Sie Geduld mit sich üben. In dem Maße, wie durch Ihr liebevolles Umsorgen die Verletztheit Ihres ungeliebten Kindes geheilt wird, vermag Ihre Leidenschaft zu Tage zu treten.

Liebevolle Beziehungen

Wir können haben, was wir uns wünschen - hohe Selbstachtung, persönliche Stärke, Lebendigkeit, Leidenschaft und liebevolle Beziehungen –, aber nur dann, wenn wir lernen, uns selbst und andere bedingungslos zu lieben. Wenn wir unser inneres Kind lieben, werden wir auch andere lieben und liebevolle Beziehungen haben. Das folgende Diagramm veranschaulicht das:

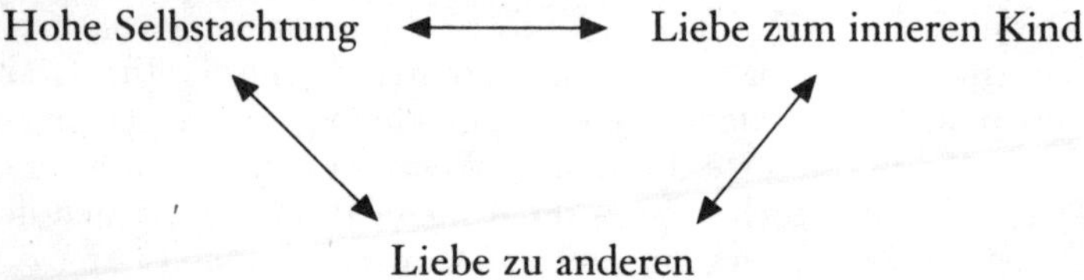

Um einen anderen Menschen lieben zu können, müssen Sie sich selbst lieben. Gerade in den Augenblicken, in denen Sie sich selbst lieben und akzeptieren, sind Sie in Ihrem höheren Selbst und fähig, einen anderen Menschen zu lieben. Andere zu lieben ist ein Akt der *Selbstliebe*, weil es Sie glücklich macht und Ihre eigene Selbstachtung hebt.

Um einen anderen Menschen lieben zu können, müssen Sie bereit sein, sich selbst glücklich zu machen, indem Sie sich der Bedürfnisse Ihres Erwachsenen und Ihres Kindes bewußt sind und danach handeln. Wenn Sie jemand anderen für Ihr Glück verantwortlich machen, werden Sie ihm auch für Ihr Unglück die Verantwortung zuschieben. Sie verhalten sich anderen gegenüber nicht liebevoll, wenn Sie ihnen die Schuld für Ihr eigenes Unglück geben. Wenn wir einmal die Verantwortung für unser persönliches Glück übernommen haben und liebevoll mit uns selbst umgehen, dann sind wir fähig, andere zu lieben.

Liebe ist eine Funktion des höheren Selbst. Das höhere Selbst ist Liebe und *möchte* lieben, während das Ego nur darum bemüht ist, Liebe zu bekommen und Schmerz zu vermeiden. Wir können Angst haben und Schmerzen und immer noch lieben. Aber wir können nicht lieben und uns zugleich *davor schützen*, unsere Angst und unseren Schmerz zu fühlen und dafür die Verantwortung zu übernehmen, und dennoch lieben. Eine Mutter, die ihr Kind liebt und es vor einem zudringlichen Menschen schützt oder es aus einem brennenden Gebäude befreit, drückt Liebe aus – trotz ihrer Angst. Dieselbe Mutter jedoch reagiert vielleicht auf die schlechten Noten ihres Kindes mit der Angst, sie könnte eine schlechte Mutter sein und versucht, sich selbst zu schützen, indem sie das Kind tadelt oder bestraft. Obwohl sie ihr Kind liebt, trennt sie sich, wenn sie Angst bekommt, von ihrem inneren Kind und ist dann lieblos zu ihrem Sohn oder ihrer Tochter. Wir treffen in jedem Augenblick unseres Lebens die Entscheidung, zu lieben oder nicht zu lieben, abgetrennt und in unserem Ego zu sein oder in Kontakt mit unserem höheren Selbst. Wenn wir Angst haben, entscheiden wir uns vielleicht dafür, uns zu schützen, indem wir den inneren Kontakt abschneiden, aber wir können uns genauso für die Liebe entscheiden, obwohl wir Angst haben oder uns verletzt fühlen. Das ist ein Ziel, auf das wir uns beständig zubewegen, wenn wir uns dafür entscheiden, mit unserem Kind zu lernen und die falschen Überzeugungen unseres Ego in Frage zu stellen. Wenn wir in jedem Augenblick liebesfähig wären, kämen wir wirklich erleuchteten Wesen gleich. Aber wir sind es nicht – wir sind nur liebenswert menschlich.

Das Leben konfrontiert uns alle mit vielen Situationen, die unsere Liebesfähigkeit herausfordern: Ein Freund kommt zu spät, Ihr Liebhaber möchte nicht mit Ihnen schlafen, wenn Sie es wollen, Ihr Ehepartner gibt für etwas Geld aus, was Sie für überflüssig halten, er oder sie hat eine Affäre, oder Ihr Kind bringt schlechte Noten nach Haus oder nimmt Drogen. Wenn

Sie Ihre innere Arbeit geleistet haben und gelernt haben, Ihr inneres Kind zu lieben, werden Sie bei jedem Problem auf andere liebevoll reagieren, und so schaffen Sie in Ihrem Leben liebevolle Beziehungen.

Dave, einer unserer Klienten, schrieb folgenden Bericht und gab ihm die Überschrift: »Selbsterkenntnis und das innere Kind«.

> Meine Selbsterkenntnisarbeit begann im August 1975, als ich das erste Mal »Est« nahm. Von dem Augenblick an habe ich versucht, mit Hilfe jener Droge mein persönliches Wachstum weiter voranzutreiben. Die Freude darüber, für kurze Zeit mit mir selbst in Kontakt gekommen zu sein, führte trotz verschiedener Warnungen zu einer Abhängigkeit von Est.
>
> Wir alle, die wir mit Est zu tun hatten, meinten, nun anderen sagen zu können, was es heißt zu sein – denn wir waren ja erleuchtet! Schließlich war ich es leid, anderen immer nur Predigten zu halten und sie mit ihrer Weigerung zu wachsen zu konfrontieren, und ich besann mich darauf, mein eigenes Wachstum genau zu beobachten. Als ich den Menschen, mit denen ich meine Erleuchtungserfahrungen austauschte, genau zuhörte, erkannte ich, daß ich steckengeblieben war. Mich beschäftigte der Gedanke, daß ich einige größere persönliche Konflikte noch nicht gelöst hatte, obwohl es äußerlich so schien, als hätte ich alle richtigen Antworten gefunden.
>
> Entschlossen, mich diesen Bereichen meiner Persönlichkeit zu widmen, nahm ich eine Zeitlang sehr intensiv an immer umfangreicheren und teureren Trainings teil. Manchmal fühlte ich mich phantastisch. Und natürlich wurde ich mit immer mehr Daten und Fakten überschüttet. Mit den großen Problemen in meinem Leben kam ich jedoch kaum weiter. Schließlich geriet ich in eine Krise.
>
> Ich konnte bei der Arbeit in Kontakt und präsent bleiben, aber ich konnte diesen inneren Kontakt nicht finden, wenn ich auf Probleme in meinen Beziehungen stieß. Mir fehlte die innere Führung; ich wußte einfach nicht, was ich wollte. Nach vielen Stunden bei Dr. Margie Paul kann ich heute sehen, daß mein inneres Kind und mein Erwachsener mit-

einander in Konflikt lagen. Ich glaube, daß die meisten Selbsterkenntnisprogramme an diesem Punkt scheitern.
Durch die Arbeit mit meinem inneren Kind und auf Grund meiner Absicht, auf dieses innere Kind zu hören und im Interesse von Kind und Erwachsenem zu handeln, habe ich die meisten meiner tiefverwurzelten persönlichen Probleme gelöst. Früher war ich meist unzufrieden, weil ich diese Arbeit nicht gemeistert hatte. Sie ist ein grundlegender Prozeß, der zu einer echten Änderung und zu neuen Verhaltensmustern führen kann. Bis jetzt haben die meisten Selbsterfahrungskurse Bewußtheit, Verantwortung und Akzeptanz der Verhaltensmuster gelehrt, mit denen mein Erwachsener sich weiterhin auseinandersetzen mußte. Mein inneres Kind verfügte über kein effektives Kommunikationsorgan, und so konnte ich nicht von ihm lernen. Nun kann ich mich für längere Zeit gut fühlen – und das hängt ganz von mir und von niemand anderem ab.

Kapitel 7

Wir entdecken den liebevollen inneren Erwachsenen

> Die ideale Rolle des inneren Elternteils ist, das innere Kind zu lieben, zu unterstützen und zu nähren. Er ist fähig, das innere Kind zu akzeptieren, zu lieben und zu nähren, während er zugleich deutlich spürt, daß das innere Kind ein separates und getrenntes Selbst ist. Die ideale innere Mutter hat nicht das Gefühl, das innere Kind zu »besitzen«, ebensowenig wie ein leiblicher Vater oder eine leibliche Mutter das Gefühl haben sollte, ein leibliches Kind zu »besitzen«.
>
> *Self-Parenting*
> Dr. John K. Pollard, III

Was in unserer Kultur vor allem fehlt, ist ein adäquates Rollenvorbild für einen liebevollen inneren Erwachsenen. Die Medien liefern es nicht, und nur wenige von uns hatten Eltern, deren inneres Kind mit dem liebevollen inneren Erwachsenen verbunden war. Deshalb konnten Eltern auch meistens kein Rollenvorbild für uns sein. Sie waren lieblos zu sich selbst und deswegen auch lieblos zu uns, und unser eigener innerer Erwachsener wurde entsprechend diesem lieblosen Vorbild geprägt.

Wir alle haben jedoch ein inneres Kind, das ganz genau weiß, was es will und braucht, um sich geliebt zu fühlen. Wir wurden mit dem Wissen über die Liebe und darüber, wie gut und richtig sie sich anfühlt, geboren, und tief in uns wissen wir, wann sie nicht vorhanden ist. Man hat uns systematisch beigebracht, diesem Wissen zu mißtrauen, und so haben wir es gelernt, die Botschaften unseres Kindes zu mißachten. Wenn wir uns dafür entscheiden, dieses Kind kennenzulernen, öffnen wir die Tür zum Wissen über die Liebe.

Es mag jedoch sein, daß unser inneres Kind uns nicht sofort etwas über die Liebe beibringen möchte, weil es uns nicht vertraut. Wenn es sich bis jetzt noch kaum jemals von Ihnen geliebt gefühlt hat, ist es vielleicht zu verletzt, um zu sagen: »So möchte ich von dir geliebt werden.« Ihr inneres Kind wird aus diesem Grund vielleicht nicht viel zu Ihnen sagen. Deshalb ist es die Aufgabe des erwachsenen Teils in Ihnen, zu entdecken, wie man das innere Kind wirklich liebt.

Die meisten von uns haben mehr über liebloses als über liebevolles Verhalten gelernt. In unserer Kindheit haben wir unsere Eltern, Lehrer, Verwandten, Geschwister oder Gestalten aus Büchern, aus dem Fernsehen oder dem Kino zum Vorbild genommen, um zu entdecken, wie wir in der Welt zurechtkommen können. Wir haben ihre Umgangsformen, Lebenseinstellungen und Verhaltensweisen nachgeahmt. Sie haben für uns definiert, wie wir sein müßten, und wir haben entschieden, daß es so richtig sei. Der sich entwickelnde innere Erwachsene des kleinen Kindes lernt von den Erwachsenen, mit denen das Kind zu tun hat, was es heißt, erwachsen zu sein. Wenn die Erwachsenen mit sich selbst und anderen lieblos und schlecht umgehen, lernen die Kinder, sich selbst und andere schlecht zu behandeln. Nur wenn die Erwachsenen liebevoll mit sich und mit ihren Kindern umgehen, nur wenn sie von ihrem eigenen inneren Kind und von anderen lernen, wird das Kind ein Vorbild für liebevolles Verhalten haben.

Im folgenden beschreiben wir einige der bekannten lieblosen Rollenvorbilder, die Sie als Kind vielleicht kennengelernt haben. Sie werden möglicherweise sich selbst und andere in irgendeinem dieser Muster oder in einer Kombination von ihnen erkennen. Sehr wahrscheinlich werden Sie eine Kombination aller dieser Muster in sich selbst wiederfinden. Die unten beschriebenen Rollenvorbilder entsprechen im großen und ganzen der Art, wie das ungeliebte, verlassene Kind sich zu schützen lernt.

Das Muster der Anpassungsbereitschaft

Hier haben wir den Friedensstifter (»Frieden um jeden Preis«), den Typ des Umsorgenden, Fürsorglichen, der glaubt, für das Glück und Unglück der anderen verantwortlich zu sein. Das gesamte Selbstwertgefühl dieses Menschen hängt davon ab, anderen zu gefallen. Er glaubt, daß Anpassungsbereitschaft

Liebe und Bestätigung bringe und man nur den richtigen Weg finden müsse, um zu gefallen. Anpassungsbereite Menschen und Gefallsüchtige glauben, es sei liebevoll, die eigenen Bedürfnisse aufzugeben und sich den Bedürfnissen anderer anzupassen, und sie meinen, sie hätten nicht das *Recht*, sich selbst glücklich zu machen, denn es sei egoistisch, sich selbst glücklich zu machen. Deswegen brauchen sie von irgend jemandem, normalerweise von ihren Partnern oder Kindern, die Erlaubnis, das zu tun, was sie möchten. Oft wissen sie nicht einmal, was sie wollen oder was sie glücklich macht, da sie der Überzeugung sind, daß ihr ganzes Glück daher kommt, anderen zu gefallen und Bestätigung zu bekommen. An allen Konflikten sind sie angeblich allein schuld, und um eine Lösung herbeizuführen, geben sie immer wieder nach.

Einige Frauen, die diese Rolle annehmen, halten ihre unterwürfige Position für angemessen. Dies, so meinen sie, entspreche den Naturgesetzen. Diese Frauen glauben vielleicht, daß Männer stärker und klüger wären und daß es ihre Pflicht sei, ihnen zu dienen. Sie können auch als Märtyrerinnen charakterisiert werden, die sich selbst für total liebevoll und altruistisch halten, auch wenn sie innerlich permanent grollen, weil sie nicht gebührend Lob für ihre Bemühungen erhalten. Diese Frauen werden oft krank, denn das ist die einzige ihnen bekannte Möglichkeit, sich Zeit für sich selbst zu nehmen und die Erwartungen anderer nicht zu erfüllen.

Anpassungsbereite Frauen versuchen oft, sich über einen Mann zu definieren. Viele Männer sind nur allzu glücklich, ihnen diesen Wunsch zu erfüllen. Eine Frau, die diesem Muster folgt, wird oft so werden, wie ihr Mann es sich wünscht. Wenn er möchte, daß sie sexy und verführerisch ist, dann wird sie es sein. Wenn er sie ruhig und zurückhaltend wünscht oder wenn er möchte, daß sie sich wie ein kleines Mädchen verhält, dann wird sie sich so verhalten. Wenn er möchte, daß sie nicht so intelligent ist wie er, dann verhält sie sich dementsprechend. Wenn sie sich dann immer noch nicht als eine richtige Frau fühlt, geht sie davon aus, daß sie nicht mit dem richtigen Mann zusammen ist. Schließlich verliert sie ihre Identität, das Gefühl dafür, wer sie eigentlich ist. Sie besitzt keine persönliche Stärke. Sie hat ihr inneres Kind völlig verlassen, und ihr verlassenes Kind versucht, Liebe und Bestätigung dadurch zu bekommen, daß es sich um das verlassene Kind ihres Ehemannes oder Geliebten kümmert. Ihr verlassenes Kind ähnelt einem zeitweise unter Vertrag genommenen Hausangestellten, der, ohne Zeit oder Wahlmöglichkeit für sich selbst, seine Dienste verkaufen muß.

Rachael war immer ein »braves Mädchen« gewesen. In ihrer Kindheit hat sie die Erwartungen ihrer Eltern immer artig erfüllt und dafür bedingte Bestätigung erhalten, die sie für Liebe hielt. Als sie Ron heiratete, versuchte sie natürlich vor allem, ihm zu gefallen. Sie gab ihre Arbeit als Anwaltsssekretärin auf, weil ihr Mann der Meinung war, eine Frau solle nicht arbeiten. Obwohl es ihr überhaupt keinen Spaß machte, wurde sie eine beflissene Gastgeberin. Sie gab die meisten ihrer Freundschaften auf, weil ihr Mann der Meinung war, sie sollten alles zusammen machen und weil er ihre alleinstehenden Freundinnen aus Angst, sie könnte von ihnen beeinflußt werden, ablehnte. Sie war immer zu Hause, wenn er von der Arbeit kam (ob sie es wollte oder nicht), weil er es haßte, in ein leeres Haus zu kommen. Sie schlief pflichtbewußt mit ihm, wann immer er wollte, sogar wenn sie selbst gar keine Lust hatte. Mit der Zeit hatte sie immer weniger Lust. Nachdem ihre Kinder zur Welt gekommen waren, widmete sie sich ihnen mit Haut und Haaren und stand ihnen jederzeit zur Verfügung.

Rachael war ein gutes Mädchen, eine gute Frau, eine gute Mutter, genauso wie ihre Mutter es gewesen war. Sie fragte sich nicht einmal selbst, ob sie glücklich sei oder ob andere Aktivitäten oder Menschen ihr Spaß machen könnten. Sie tat nur, was sie tun »sollte«. Sie hatte einen autoritären inneren Erwachsenen, der ihr ständig sagte, daß es falsch und egoistisch sei, wenn sie etwas für sich selbst tun wollte.

Männer, die in die Rolle des Anpassungsbereiten schlüpfen, sind die typischen »netten Jungs«, die passiven Schattenwesen, die gar nicht da zu sein scheinen. Diese Männer sind im allgemeinen sehr ruhig. Sie gehen zur Arbeit – oft werden sie zu Workaholics –, kommen pünktlich nach Hause und sehen fern oder trinken. Sie überlassen die Erziehung der Kinder und alle Entscheidungen ihren Frauen. Kinder dieser Männer haben oft keine Erinnerung an ihre Väter. Oder diese Männer sind vielleicht zärtliche Väter, werden aber von ihren Kindern als schwach wahrgenommen, da sie immer ihren Frauen nachgeben.

Wenn sie sich eine anpassungsbereite Person zum Rollenvorbild genommen haben, dann ist ihr liebloser Erwachsener wahrscheinlich vor allem autoritär und ignoriert die Wünsche und Bedürfnisse ihres inneren Kindes. Ihr innerer Dialog wird vielleicht so aussehen:

»Du zählst nicht.«
»Du hast nicht verdient, das zu tun, was du tun möchtest.«
»Was du möchtest, ist nicht wichtig. Was dein Mann/deine Frau/dein(e) Kind(er) möchte(n), ist wichtiger.«
»Mache keinen Ärger. Sorge nicht für Unruhe. Stimm einfach zu.«
»Es macht eigentlich nichts aus. Es ist sowieso nicht wichtig.«
»Verletze sie/ihn nicht; sie/er hält es nicht aus/kann es nicht vertragen.«
»Gib einfach nach. Das ist einfacher, als einen Streit vom Zaun zu brechen.«
»Lüg einfach. Das ist besser, als wenn er/sie dich anschreit.«
»Du kannst nicht bekommen, was du möchtest, also gib nach.«
»Wenn du nicht nachgibst, wirst du am Ende allein sein.«
»Es ist in Ordnung, dich selbst zu verlieren, aber du darfst sie/ihn nicht verlieren.«
»Tu, was von dir erwartet wird.«
»Du mußt tun, was er/sie will, oder es wird Ärger geben.«
»Du hast es wieder nicht richtig gemacht.«
»Du solltest dich schämen.«
»Du bist egoistisch.«
»Was glaubst du eigentlich, wer du bist?«
»Arbeite, bevor du spielst.«
»Du solltest . . .«, «Du solltest nicht . . .«, »Du tätest besser daran zu . . .«

Das Muster der Kontrolle

Kontrollierende Menschen glauben, sie wüßten, wie man sein und wie man etwas tun müsse, und sie hätten das Recht, anderen ihre Anschauungen aufzuzwingen.

Die kontrollierende Frau ist der klassische »Hausdrache«, die harte, dominierende, wütende, kritische Hausfrau und Mutter. Sie ist Herrin im Haus, führt ein strenges Regiment, und alle haben Angst vor ihr. Sie ist normalerweise mit einem Mann verheiratet, der zwischen Nachgiebigkeit, Widerstand und Gleichgültigkeit hin- und herschwankt, der in manchen Dingen nachgibt, sich ihr gegenüber jedoch verschließt, indem er viel trinkt, arbeitet oder fernsieht. Diese Frau glaubt, daß man Liebe und Kontakt bekommt, wenn man es verlangt. Sie meint, das Verhalten anderer verändern zu können, indem sie Vorwürfe macht und die anderen überzeugt, daß ihr Verhalten falsch sei. Sie meint, sie könne Menschen durch Strafe dazu bringen, die Dinge so zu machen, wie sie es will. Das macht sie, indem sie kritisch oder kalt und manchmal sogar gewalttätig wird, vor allem bei Kindern. Diese Frau ist im allgemeinen sehr selbstgerecht, und sie glaubt, daß ihre Art zu handeln die richtige sei. Sie beklagt sich ständig darüber, daß ihr Mann (oder ihr Freund oder ihre Kinder) ihr auf die Nerven fallen, sie vernachlässigen oder ihre Gefühle nicht respektieren würden. Genauso wie der Typus der Anpassungsbereiten ist sie der Überzeugung, die anderen seien für ihr Glück und Unglück verantwortlich. Aber anstatt zu versuchen, Liebe durch Nachgiebigkeit oder Verführung zu bekommen, versucht sie durch Einschüchterung Kontrolle auszuüben. Sie ist im Umgang mit denen, die mit ihr zusammenleben, ein Meister im Erzeugen von Angst und Schuldgefühlen, und sie versucht, ihren Mitmenschen zu suggerieren, daß sie an ihrem Unglück schuld seien.

Helen kam in eine der Frauengruppen, weil sie das Gefühl hatte, daß ihr Leben leer sei. Sie war Hausfrau mit zwei kleinen Kindern und führte eigentlich das Leben, das sie sich immer gewünscht hatte. Aber die Dinge entwickelten sich nicht so, wie sie es erwartet hatte. Ihr Mann schien sich nicht mehr für sie zu interessieren, und er kam nachts oft nicht mehr heim. Wenn er da war, wollte er selten mit ihr reden. Wenn Helen sprach, hörte sie sich wie ein Maschinengewehr an: Zwischen den Sätzen schien sie kaum Zeit zu haben, um Atem zu holen. Sie war ständig dabei, sich zu verteidigen, zu erzählen, wie schrecklich ihr Mann sei, und ihr eigenes Verhalten zu rechtfertigen. Wenn irgend jemand versuchte, ihr ihre eigenen Wahlmöglichkeiten aufzuzeigen, erklärte sie immer wieder, warum sie keine

Schuld haben könne. Manchmal beklagte sie sich mit einer ärgerlichen, jammernden Stimme über etwas, das ihr Mann getan hatte. Es dauerte nicht lange, bis wir alle verstanden, warum dieser Mann ihr am liebsten auswich.

Helen wollte verzweifelt Kontakt zu anderen aufnehmen, aber weil sie glaubte, sie sei unzulänglich und nicht liebenswert und die anderen seien für ihre Gefühle verantwortlich, hatte sie das Gefühl, daß die einzige Möglichkeit, den gewünschten Kontakt zu bekommen, darin lag, über die anderen Kontrolle auszuüben. Und sie glaubte, sie könnte die anderen mit ihrer Maschinengewehrstimme, mit ihrem Überzeugen, Rechtfertigen, Verteidigen und Jammern kontrollieren.

Der Mann, der die Rolle des Kontrollierenden spielt, wird von seiner Frau und den Kindern als unnahbar erlebt. Sie haben Angst vor ihm. Sein Ärger kann leicht zu Wutausbrüchen führen, wenn er nicht seinen Willen bekommt. Oft sieht er aus wie ein Kind, das einen Wutanfall hat, allerdings können seine Ausbrüche bisweilen ins Gewalttätige ausarten. Ein solcher Mann kann andere auch dadurch kontrollieren, daß er kalt und vorwurfsvoll ist. Ein eisiger Blick mag bisweilen schon ausreichen, damit er seinen Willen bekommt. Er ist normalerweise mit einer anpassungsbereiten Frau verheiratet.

Mike ist ein typischer kontrollierender Mann. Er scheint eine sehr charmante Persönlichkeit zu sein, sozial und umgänglich, ein wirklich netter Typ. Dies ist sein öffentliches Image, aber im Zusammensein mit seiner Familie kann er, sobald er ärgerlich ist, seinen Charme von einem Augenblick zum anderen völlig vergessen. Wenn er seinen Willen nicht bekommt, gerät er sofort in Wut. Er brüllt und wird sogar gewalttätig, aber noch häufiger drückt er seine Wut durch seine Blicke und seinen kalten Liebesentzug aus. Wenn er seine Wut nach außen zeigt, scheint er völlig außer Kontrolle zu sein.

Wenn Sie eine kontrollierende Person als Ihr erstes Rollenvorbild wählen, sagt Ihnen Ihr autoritärer, vorwurfsvoller und kritischer innerer Erwachsener vielleicht folgendes:

»Sei nicht so dumm.«
»Du bist so ein Trottel.«
»Du wirst nie gut genug sein.«
»Du wirst es nie richtig machen.«

»Du bist nicht so, wie man sein sollte.«
»Was ist los mit dir? Worüber weinst du? Ich werde dir gleich eine scheuern, damit du weißt, warum du weinst.«
»Du bist häßlich.«
»Halt den Mund. Du weißt nicht, wovon du sprichst.«
»Du bist verrückt.«
»Du kannst nicht ...«
»Du bist unfähig.«

Wenn Sie sich andererseits mit einem kontrollierenden Elternteil identifiziert haben, könnte Ihr innerer Erwachsener nachgiebig sein und Ihr inneres Kind einfach gegen andere toben und wüten lassen, genauso wie es Ihre Mutter oder Ihr Vater taten. Das innere Kind hat in dieser Position normalerweise keinen Respekt vor den Grenzen der Menschen in seiner Umgebung und wird brüllen, schlagen, unterbrechen, sich einmischen und Zeit, Aufmerksamkeit, Zärtlichkeit oder Sex verlangen. Sie sind sich vielleicht keines inneren Dialogs bewußt, weil der innere Erwachsene die Verantwortung abgegeben hat und verschwunden zu sein scheint.

Wenn Sie als Reaktion auf eine kontrollierende Person die Rolle des Bockigen, Rebellischen einnehmen, könnte Ihr innerer Dialog vielleicht so klingen:

»Sag mir nicht, was ich tun soll.«
»Ich muß nicht.«
»Du kannst mich nicht zwingen.«
»Mach es selbst.«
»Ich kann nicht.«

Diese Reaktion werden Sie vielleicht zeigen, wenn jemand möchte, daß Sie etwas tun, oder wenn Ihr inneres Kind etwas von Ihnen möchte. In diesem Fall ist Ihr innerer Erwachsener nachgiebig, indem er die Wünsche und Bedürfnisse des inneren Kindes vernachlässigt.

Menschen, die Widerstand leisten, vermeiden das Übernehmen von Verantwortung durch Zögern, demonstrative Inkompetenz, Gleichgültigkeit oder Vergeßlichkeit. Sehr oft verleugnen sie ganz einfach die Tatsache, daß ihr Widerstand einem Zweck dient. Sie halten völlig rigide an ihrer Position fest. Sie beteuern, sie würden sich alle Mühe geben, scheinen jedoch niemals etwas zustande zu bringen. Sie wirken oft faul und geistig abwesend. Sie ziehen sich mit Hilfe von Alkohol, Drogen oder Fernsehen zurück, aber sie leugnen, daß sie ein Problem haben.

Harold ist ein typischer Widerstand leistender Mann. Sein Vater war immer sehr tüchtig, was häusliche Arbeiten anbetraf, und seine kontrollierende Mutter versuchte, ihn zu zwingen, seinem Vater zur Hand zu gehen. Also lernte er, sich im Haus äußerst ungeschickt anzustellen. Als Erwachsener läßt er, wenn Reparaturen im Haus anfallen, seine Frau und seine Kinder alles allein machen. Es fällt ihm schwer, genug Geld zu verdienen, obwohl er sich große Mühe zu geben scheint. Es gibt immer einen Grund dafür, warum er keinen Erfolg hat, warum er sich immer darauf verlassen muß, daß seine Frau für ihn sorgt. Wenn sie sich über seine Faulheit aufregt, fühlt er sich verletzt und wird wütend und beschuldigt sie, ihm nicht zu vertrauen. Wenn sie ihn bittet, irgend etwas im Haus zu machen, sagt er ja und macht dann doch nichts. Wenn sie ihm keine Ruhe läßt, wird er wütend, weil sie ihm auf die Nerven fällt. Er raucht sehr viel Marihuana und betrinkt sich gelegentlich, aber er bestreitet, daß dies ein Problem sein könnte. Er ist undiszipliniert und egozentrisch und glaubt, daß andere für ihn sorgen müßten. Seine Frau ist ein fürsorglicher Typ. Wenn sie frustriert ist, nimmt sie eine kontrollierende Haltung ein.

Wenn Sie eine Widerstand leistende Persönlichkeit als Rollenvorbild hatten, dann können Sie den inneren Dialog wahrscheinlich kaum hören, und Sie fühlen eine Art Taubheit in sich. Das rührt daher, daß Sie sich den Wünschen, Bedürfnissen und Gefühlen Ihres inneren Kindes verschließen. Sie gehen mit Ihrem Kind allzu nachgiebig um, indem Sie sich gefühllos stellen und es ignorieren. Manchmal, wenn Sie wieder einmal herumtrödeln, könnte der innere Dialog so lauten:

»Warum soll ich mir die Mühe machen?«
»Was soll's?«
»Wenn du lange genug wartest, wird es jemand anders für dich tun.«
»Ich möchte nicht zur Arbeit gehen. Ach komm, wir schlafen einfach weiter.«

Auf der anderen Seite haben Sie vielleicht auf einen unverantwortlichen, undisziplinierten Elternteil reagiert, indem Sie selbst sehr verantwortungsbewußt wurden. In dem Fall ist Ihr innerer Dialog vielleicht der selbstanklagende Dialog einer anpassungswilligen Persönlichkeit.

Keine der oben beschriebenen Verhaltensweisen bietet Kindern ein angemessenes, liebevolles Vorbild, weil sie durch diese Rollenvorbilder nicht erfahren, wie sie sich selbst lieben könnten. Menschen, die sich so verhalten, haben entschieden, sich zu schützen. Sie agieren in der Rolle eines lieblosen Erwachsenen und eines verlassenen Kindes und lehren so ihre Kinder, dasselbe zu tun.

Der liebevolle innere Erwachsene

Wenn sich Ihr inneres Kind frei fühlte, Ihnen genau zu sagen, was es von Ihnen möchte, würde es wahrscheinlich folgendes äußern: »Ich möchte, daß du mir Aufmerksamkeit schenkst und Zeit mit mir verbringst. Ich möchte, daß du *mir zuhörst* und es wirklich aufnimmst, wenn ich versuche, dir etwas zu sagen. Ich möchte, daß du mich kennenlernst, daß du erfährst, wer ich *wirklich* bin, nicht wer du *denkst*, daß ich sei. Ich möchte nicht, daß du mich mit deinem ewigen du solltest und mit Regeln kontrollierst, aber ich möchte auch nicht, daß du mir gegenüber immer nur nachgiebig bist. Ich möchte, daß du berücksichtigst, was ich möchte und deine Entscheidungen nicht ohne mich triffst. Ich möchte, daß du meinem Instinkt und meiner Intuition vertraust. Ich möchte, daß du mir immer die Wahrheit sagst. Ich mag es nicht, wenn du mich anlügst, indem du sagst, ich sei schlecht oder ich könne andere Leute kontrollieren oder ich sei für die Gefühle anderer verantwortlich oder ich sei egoistisch, wenn ich für mich selbst sorge. Ich fühle mich verwirrt, wenn du mich anlügst. Wenn du mit mir sprichst, halt mir keine Vorträge und rede nicht auf mich ein. Ich möchte, daß du mit mir sprichst. Ich möchte, daß du mich vor der Wut anderer Menschen schützt, indem du mich beschützt, wenn andere aus ihrem Ego heraus agieren. Ich möchte, daß du mich nie beschämst. Ich möchte, daß du weißt, daß ich für das, was ich wünsche und fühle, immer gute Gründe habe, und ich wünsche mir, daß du mich nach meinen Gründen fragst, anstatt mir Vorwürfe zu machen oder mich zu beschämen. Ich möchte, daß du mir genug Zeit zum Spielen einräumst, und ich möchte, daß du dir genug Zeit nimmst, um für uns Geld zu verdienen, so daß ich mich sicher und umsorgt fühlen kann. Ich möchte, daß du mich essen läßt, was ich will, solange es gesund ist. Ich möchte, daß du mir hilfst, unseren Körper zu schützen, indem du mich nicht Sachen zu mir nehmen läßt, die mir nicht guttun. Ich möchte, daß du, wann immer ich traurig, verletzt, wütend oder einsam bin, Zeit mit mir verbringst und daß du erfahren möchtest, was ich fühle und warum ich so fühle. Ich möchte, daß du mich die Sachen machen läßt, die mir wirklich Spaß machen und bei denen ich mich lebendig fühle. Ich möchte, daß du Freunde für mich findest, die liebevoll sind, und daß du keine Verabredungen mit Menschen triffst, mit denen ich mich unwohl fühle. Ich möchte, daß du mich davor beschützt, auf irgendeine Weise benutzt oder ausgenutzt zu werden. Ich möchte, daß du in meinem Interesse handelst und sicherstellst, daß ich geschützt bin und daß meine Wünsche und Bedürfnisse erfüllt werden. Ich möchte, daß du mir hilfst, meinen Schmerz zu lindern, indem du mir hilfst, meine falschen Überzeugungen durch die Wahrheit zu ersetzen und indem du liebevolle Menschen für mich findest, die mir dabei helfen. Ich möchte, daß du ein liebevoller Lehrer für mich bist. Ich möchte, daß du dich mir gegenüber nährend, mitfühlend, weich und sanft verhältst und mich wirklich, so wie ich bin, wahrnimmst. Ich möchte spüren, daß aus deinem Herzen Liebe fließt. Ich will nicht nur einen Wortschwall hören, der aus deinem Kopf kommt. Ich möchte wissen, daß du immer bei mir bist, so daß ich mich innerlich nicht allein fühle.«

Ihr inneres Kind bittet um bedingungslose Liebe, und das ist etwas, was die meisten von uns überhaupt nicht kennen.

Bedingungslose Liebe

Ein liebevoller Erwachsener für unser inneres Kind zu sein, heißt, daß wir *ohne Bedingungen* lieben. Es heißt, daß unsere Liebe *zuverlässig und beständig* ist, gleichgültig, wie unser inneres Kind sich fühlt oder verhält oder was unser Kind braucht oder wünscht. Unser Kind kann sich darauf verlassen, daß wir *offen dafür bleiben, von ihm zu lernen und in seinem Interesse zu handeln*, sogar wenn das Kind verstört oder wütend ist oder wenn es tiefes Leid spürt, oder wenn es sich etwas wünscht, was im Widerspruch zu den Wünschen des Erwachsenen steht. Genauso wie sich leibliche Kinder nicht geliebt fühlen würden, wenn wir sie nur ein- oder zweimal in der Woche fütterten, wenn wir ihrem Leid nur gelegentlich Aufmerksamkeit schenkten oder wenn wir nur selten lustige Dinge mit ihnen unternehmen würden, wird sich auch Ihr inneres Kind erst dann geliebt fühlen, wenn es darauf vertrauen kann, daß Sie *immer* da sind.

Wenn wir an bedingungslose Liebe denken, dann kommen uns Bilder von fließender Sanftheit in den Sinn. Die Stärke, sich, auch im Angesicht von Furcht, der Liebe zuzuwenden, gibt ein Gefühl von Kraft und Schönheit. Manche Menschen haben das Gefühl, daß es bedingungslose Liebe nicht gebe, daß sie etwas Absolutes sei, das nie erreicht werden könne. Wir dagegen haben das Gefühl, daß sie ein Ziel ist, das Sie, so oft Sie wollen, wählen können.

Jeder, der mit Tieren, besonders mit Hunden, lebt, hat bedingungslose Liebe erfahren. Es ist für Tiere einfacher, bedingungslos zu lieben, weil sie keine fest definierten Egos haben. Wenn Sie Hunde für irgendeine Ungehorsamkeit schelten, reagieren sie normalerweise mit traurigen Augen und totaler Verletzlichkeit. Hunde sind völlig offen. Sie lassen es zu, daß Sie ihren Schmerz sehen. Ihre Energie und ihre Augen scheinen zu sagen: »Ich weiß, du bist wütend, aber ich liebe dich, und es tut mir leid, daß du unglücklich bist.« Diese Reaktion macht uns die Tiere so liebenswert. Wir lieben unsere Tiere für ihre Fähigkeit, uns so tief zu lieben. Hunde schnappen selten zurück und versuchen selten, sich zu schützen, außer wenn sie schwer mißhandelt worden sind oder Angst haben.

Wenn eine Mutter zum ersten Mal in die Augen ihres neugeborenen Babys schaut und den warmen, weichen Körper an sich drückt, dann erlebt sie eine neue Tiefe der Zärtlichkeit. Aber falls Sie noch nie ein Baby im Arm gehalten haben, können Sie sich vielleicht eher an den Geruch von frisch gebakkenem Brot oder an einen Augenblick erinnern, als Sie einen Welpen in den Händen hielten oder als Sie von der Schönheit eines sanften Frühlingsregens einfach überwältigt waren. Dies ist das Gefühl, das Ihr Kind hat, wenn es sich bedingungslos geliebt fühlt.

Wir haben alle die Macht, uns, wann immer wir wollen, für ein liebevolles Verhalten gegenüber unserem Kind zu entscheiden. Um uns liebevoll zu verhalten, müssen wir Liebe spüren, das heißt, wir dürfen unser Kind nicht verurteilen oder beschämen. Wir glauben vielleicht, daß wir unser Kind lieben, jedoch fühlen und verhalten wir uns ihm gegenüber nicht liebevoll. Es reicht nicht aus, darüber zu sprechen, unser Kind zu lieben. Sie müssen es spüren und danach handeln. Ihr inneres Kind bedingungslos zu lieben heißt, sich ihm zu *widmen*. Wenn jemand sagt, er liebe sein inneres Kind, aber nicht im Interesse der Bedürfnisse des Kindes handelt, dann widmet er sich dem Kind nicht ganz und gar – er möchte, daß jemand *anders* sich dem Kind widmet. Ein Mensch kann sein inneres Kind mögen, aber sich ihm trotzdem nicht widmen. Erst wenn das geschieht, liebt er das Kind bedingungslos. Wenn Sie sich Ihrem inneren Kind wirklich hingeben, lassen Sie es nicht leiden. Wenn Ihr Kind unglücklich ist, kommen Sie herbeigeeilt, um etwas über die Gründe zu erfahren und zu hören, wie das Kind wieder glücklich gemacht werden könnte. Wenn Sie Ihr inneres Kind ignorieren und es Ängste oder Schmerzen leiden lassen oder darauf warten, daß jemand anders die Sache in die Hand nimmt, dann verhalten Sie sich sehr lieblos. Wenn Ihr Kind Ihnen zum Beispiel sagt, daß es Angst vor Erdbeben habe (das kommt in Los Angeles sehr häufig vor) und Sie Ihrem Kind nur antworten, »Hab keine Angst. Ich werde dich beschützen«, wird sich Ihr Kind nicht geliebt und sicher fühlen. Sie müßten Ihr Kind fragen, was es braucht, damit es sich sicher und geliebt fühlen kann, und Sie müßten dementsprechend handeln. Darüber hinaus müßten Sie im Interesse des Kindes handeln, indem Sie dafür sorgen, daß Sie für den Fall eines Erdbebens eine Notausrüstung haben, so eine, wie liebevolle Eltern sie für ihre leiblichen Kinder anschaffen würden. Liebevolle Dinge zu Ihrem inneren Kind zu sagen, reicht nicht aus – Sie müssen auch die Verantwortung dafür übernehmen, so zu *handeln*, daß die Bedürfnisse Ihres inneren Kindes erfüllt werden.

Es ist vielleicht eine Hilfe, sich vorzustellen, daß Sie mit Ihrem inneren Kind Hand in Hand durchs Leben gehen oder daß Ihr Kind in Ihrer Gegenwart spielt oder daß Sie es in den Arm nehmen, genauso wie Sie es mit einem echten Kind machen würden. Was würden Sie tun, wenn dieses Kind traurig wäre? Würden Sie es ignorieren? Würden Sie einen anderen Menschen das Problem lösen lassen? Würden Sie brüllen und dem Kind sagen, wenn es nicht sofort zu weinen aufhöre, würden Sie ihm einen Grund zum Weinen geben? Würden Sie ihm sagen, wie schlecht und falsch es sei und daß es sich schämen solle? Würden Sie es in ein anderes Zimmer schicken, bis es wieder Ruhe gibt? Ein Kind aus Fleisch und Blut würde sich nicht geliebt fühlen, wenn Sie sich so verhielten. Es wird sich nur geliebt fühlen, wenn Sie an ihm Interesse haben, seine Probleme verstehen und seine Schmerzen lindern wollen.

Es ist unmöglich zu lernen und zu lieben, wenn wir urteilen. Es ist allerdings einfacher, zu lernen und zu lieben, als zu urteilen, und es ist viel weniger schmerzvoll. In unserer Gesellschaft, in der die linke Gehirnhälfte eine so große Rolle spielt, neigen wir jedoch dazu, alles in Begriffen von richtig und falsch zu sehen. Von unserer Geburt an lernen wir, alles kritisch zu beurteilen. Die Dinge existieren nicht einfach, sie sind entweder gut oder schlecht, richtig oder falsch. Wenn Sie einmal etwas als falsch beurteilt haben, sind Sie nicht mehr offen, etwas darüber zu lernen – und das ist das Problem. Unser Urteil hindert uns daran, die Gefühle und die Überzeugungen unseres inneren Kindes wahrzunehmen. Wir werden uns selbst nicht gestatten, etwas, was wir als falsch oder schlecht beurteilen, wahrzunehmen. Wenn wir uns unserer Gedanken, Gefühle und Überzeugungen schämen, berauben wir uns der Möglichkeit, herauszufinden, wer und wie wir tatsächlich sind. Das Ego ist bereits der Meinung, daß wir im Grunde schlecht seien, also beurteilt es unsere Gedanken und Gefühle als schlecht. Aber Ihr höheres Selbst weiß, daß Sie ein lernendes und wachsendes Wesen sind und daß Sie als solches manchmal Angst haben, manchmal brillant und manchmal langweilig, manchmal leidenschaftlich und manchmal distanziert, manchmal annehmend und arrogant und vieles andere mehr sind. Sie sind alles, was Sie fühlen, und alles, was Sie fühlen, ist *akzeptabel.* Wenn Sie Ihrem Kind erlauben können, einfach zu *sein,* so ist *das* bedingungslose Liebe. Es wird Zeiten geben, in denen Ihr Kind verletzt oder wütend ist. Können Sie es trotzdem lieben? Sie können, wenn Sie diese Gefühle kennenlernen wollen. Sie sollten sich keine Vorwürfe machen, weil Sie ein Ego haben, und Sie brauchen auch nicht zu versuchen, es loszuwerden. Das würde nur zu einem weiteren inneren Konflikt führen. Ihr inneres Kind bedingungslos zu lieben heißt, daß Sie Ihr Ego annehmen – Ihren lieblosen Erwachsenen und Ihr ungeliebtes Kind. Es ist nur Ihr Ego, das sich selbst beschuldigt und kritisiert. Ihr höheres Selbst beschuldigt und kritisiert niemals.

Uns selbst dagegen zu schützen, etwas über unsere Ängste zu erfahren, ist eine der Einstellungen, die verhindern, daß wir unser inneres Kind lieben können. Es sind nicht die Ängste, die die Probleme verursachen, sondern es ist die Entscheidung, uns gegen sie zu schützen. Je mehr wir uns unmittelbar *im Augenblick* mit unseren Ängsten konfrontieren und uns mit ihnen beschäftigen, desto leichter wird es für uns, in jeder Interaktion liebevoll zu sein. Sie sind vielleicht gerade in eine lebhafte Unterhaltung verwickelt. Sie fühlen sich liebevoll, im Einklang mit Ihrem Gesprächspartner. Im nächsten Augenblick sagt er oder sie etwas, das schmerzhaft für Ihr Kind ist oder ihm Angst macht. Nun haben Sie die Wahl. Schneiden Sie die Verbindung zu Ihrem Kind ab oder entscheiden Sie sich dafür, die Gefühle Ihres Kindes kennenlernen zu wollen? Je häufiger wir mit bedingungsloser Liebe zu unserem Kind reagieren können, desto besser werden wir uns selbst fühlen und desto mehr werden wir lieben können. Je mehr wir lieben, um so glücklicher sind wir.

Wenn wir unser inneres Kind bedingungslos lieben, heißt das, daß wir lernen, wie wir wirklich für unser inneres Kind sorgen können. Der liebevolle Erwachsene kann das Kind umsorgen, indem er ihm die Wahrheit sagt. Da die Wahrheit Liebe ist, ist die Wahrheit nahrhaft, auch wenn sie schwer anzuhören ist. Es zeugt von viel mehr Liebe, einem inneren Kind, das als Kind schlecht behandelt wurde, zu sagen, daß es niemals von seinen Eltern richtig geliebt wurde, als es weiterhin anzulügen und Entschuldigungen für das lieblose Verhalten der Eltern zu finden. Und danach wirkt es sich tröstlich und unterstützend aus, dem inneren Kind zu erlauben, die Vergangenheit zu betrauern. Das innere Kind wird vielleicht sehr viel Zeit benötigen, um durch das alte Leid und die Trauer hindurchzugehen. Ein umsorgender liebevoller Erwachsener wird dem Kind aber diese Zeit gewähren.

Wie wir schon früher sagten, ist das Gefühl des Alleinseins äußerst schwer zu ertragen. In unserer Kindheit haben wir alle zu bestimmten Zeiten darunter gelitten, und es ist das Gefühl, vor dem wir uns selbst am stärksten schützen. Es ist sehr beängstigend, da wir als Kinder hätten sterben können, wenn wir zu lange alleingelassen worden wären. Deshalb kann das Gefühl des Alleinseins uns dazu bringen, daß wir denken, wir würden sterben. Es ruft Gefühle der Machtlosigkeit hervor. Es provoziert die Angst, unser eigenes Leben und andere, deren Unterstützung wir zu brauchen glauben, nicht kontrollieren zu können. Aber solange wir uns vor diesem Gefühl fürchten, werden wir uns immer dagegen schützen. Heilung kann beginnen, wenn der liebevolle Erwachsene diese Gefühle im inneren Kind akzeptiert. Es ist die Aufgabe des Erwachsenen, diese Gefühle wahrzunehmen, ihre Ursache zu verstehen und das Kind in die Lage zu versetzen, sie in Ruhe zu erleben und durch sie hindurchzugehen. Das heißt, das Kind sowohl mit innerer als auch mit äußerer Liebe zu versorgen, zum Beispiel auch mit der Liebe eines Freundes oder Therapeuten, der Sie hält, während Ihr inneres Kind diese Schmerzen durchleidet. Dazusein für das Alleinsein des inneren Kindes, nicht zu versuchen, den Schmerz zu verdrängen, sondern einen liebevollen Rahmen zu schaffen, um zu lernen und zu heilen, ist eine der wichtigsten Aufgaben des liebevollen Erwachsenen.

Der liebevolle Erwachsene spiegelt dem inneren Kind dessen wahre Identität, so daß es seine falschen Überzeugungen durch die Wahrheit ersetzen kann. Im folgenden lesen Sie, wie eine unserer Klientinnen mit ihrem inneren Kind spricht und ihm sagt, wer sie ist:

> Es gefällt dir, zu rennen und zu spielen, und es macht dir Spaß, zu springen und Bälle zu werfen und zu lachen und zu rufen und zu schreien und Lärm zu machen und Geländer hinunterzurutschen und mit der Katze zu spielen und den Hund zu lieben und Fahrrad zu fahren. Du bist gerne glück-

lich. Du bist gerne fröhlich und lächelst und lachst gerne, machst gerne Witze und bist gerne spitzbübisch.

Du bist ein sehr fürsorgliches, sehr vernünftiges kleines Mädchen. Du erfaßt die Dinge sehr schnell. Du kannst wahrnehmen, ob jemand traurig oder ob jemand glücklich ist, und du kannst dich einfühlen. Und du bist freundlich.

Ich weiß, daß du, wenn ich für dich da bin, wirklich mit den Dingen in Einklang bist und daß du sehr intuitiv bist. Du scheinst fähig zu sein, Dinge wirklich schnell und klar zu spüren. Du siehst manchmal Dinge, die andere Leute nicht sehen. Und du bemühst dich darum, die Wahrheit zu sagen. Du möchtest gern zu dir selbst und zu anderen Menschen ehrlich sein, und ich weiß, daß du auch wirklich versuchst, entsprechend zu handeln.

Du kannst viele schöne Gedichte schreiben. Vieles ruft in dir wunderbare, begeisterte Gefühle hervor, obwohl es dir manchmal schwerfällt, auszudrücken, was du fühlst. Du bist sehr leidenschaftlich. Du läßt dich gern auf Dinge ein und läßt dich von ihnen mitreißen und vergißt darüber die Zeit. Du kannst auch gut lernen. Du erinnerst dich an die Dinge, die dir wichtig sind, und du machst dir nicht die Mühe, dich an die anderen Dinge zu erinnern. Ich habe das früher nie gedacht, aber nun glaube ich, daß du ganz schön schlau bist und ziemlich intelligent. Du bist zur Schule gegangen und hast alle deine Aufgaben gelöst, und du hast wirklich gute Noten dafür bekommen. Du bist eine gute Schriftstellerin. Manchmal ist es gar nicht so einfach zu schreiben, das weiß ich, aber wenn du schreibst, wird es immer ziemlich gut – besonders die Gedichte.

Du bist sehr musikalisch, du nimmst ein Instrument und weißt, wie man damit umgeht. Gitarre, Flöte, Saxophon, Klavier – du kannst auf allen spielen. Nachdem du eine Weile auf dem Instrument gespielt hast, weißt du schon, wie es geht. Du hast wirklich ein Talent, Musik zu machen.

Du bist gut im Bergsteigen, Skifahren, Fahrradfahren, und du kannst auch jonglieren. Und du bist einfach losgegangen und hast gelernt zu segeln. Du hast es geschafft, die kleine Jolle ganz allein zu segeln. Und du hast Tauchen gelernt. Du bist wirklich sehr kompetent. Es gibt eine ganze Menge Dinge, die du tun kannst. Wirklich jede Menge. Viele Aktivitäten im Freien, in der Natur.

Ich dachte früher, du wärest das ekelhafteste kleine Kind, das es gibt. Ich dachte, du wärest schrecklich. Ich dachte, du wärest bösartig und häßlich, weil du die ganze Zeit geschrien und gebrüllt, getreten und geboxt hast. Jetzt weiß ich, daß du das nur getan hast, weil du sehr verletzt warst. Aber unter all dieser Angst und Wut, unter all diesem Schmerz ist jemand, der so empfindsam und umsorgend, so sanft, warm und mitfühlend ist, so tüchtig und lebendig, so energisch und begeisterungsfähig, daß es schwerfällt zu glauben, daß irgend jemand dich nicht lieben könnte. Es gibt so viel, was du tun kannst, und so viel, was du weißt.

Es ist traurig, daß all diese wundervollen Eigenschaften immer vorhanden waren, aber bis jetzt nie herauskommen konnten. Es ist traurig, daß sie von all der Aggression und der Wut verdeckt wurden. Denn darunter gibt es genausoviel Weichheit, Sanftheit und Liebe. Und das ist wirklich echt. So bist du wirklich. Wenn ich dich so erlebe, weiß ich, daß du etwas Besonderes bist.

Es folgt eine Zusammenfassung der grundlegenden Verhaltensweisen, die für ein liebevolles Umsorgen Ihres inneren Kindes notwendig sind.

1. Entscheiden Sie sich dafür, die Gefühle Ihres Kindes kennenzulernen und übernehmen Sie die Verantwortung dafür, die Angst und den Schmerz zu heilen und die Freude zu wecken.
2. Erforschen Sie alle schmerzlichen oder negativen Gefühle. Entdecken Sie die falschen Gedankenmuster hinter dem Schmerz, und lehren Sie die Wahrheit.
3. Verurteilen oder schelten Sie nie die Wut, die Angst, den Schmerz, die Aufregung, Leidenschaft oder die Leistungen Ihres Kindes, und sagen Sie Ihrem Kind nicht, daß sie oder er »es richtig machen« müsse. Akzeptieren Sie, daß Ihr Kind immer wichtige Gründe für seine Gefühle und sein Verhalten hat.
4. Handeln Sie im Interesse Ihres Kindes, um akute schmerzhafte Situationen zu verändern und Freude aufkommen zu lassen. Jede Handlung, sogar eine falsche, bringt die Dinge immer noch mehr voran als gar keine Handlung.

5. Zeigen Sie sich konsequent und zuverlässig, indem Sie täglich auf Ihr Kind hören und im Interesse seiner Bedürfnisse, Wünsche und Sehnsüchte handeln, ohne sie abzuwerten und ohne nachgiebig zu sein, wenn dies nicht gerechtfertigt ist. Der Erwachsene und das Kind müssen *das gleiche Stimmrecht* bezüglich der Bedürfnisse, Wünsche und Sehnsüchte haben.
6. Haben Sie den Mut, die tiefsten Gefühle des Alleinseins und der Einsamkeit Ihres inneren Kindes deutlich wahrzunehmen. Bleiben Sie mit Ihrer Liebe und Ihrem Mitgefühl präsent, während Ihr Kind diese schmerzlichen Gefühle aus der Vergangenheit und Gegenwart erlebt, und suchen Sie sich liebevolle Menschen, die Ihrem Kind helfen, durch diese Gefühle hindurchzugehen.
7. Spiegeln Sie Ihrem Kind, wer es wirklich ist.

Es gibt viele Dinge, die Sie tun können, um zu verstehen, was es heißt, Ihr inneres Kind zu lieben. Es ist beispielsweise sehr empfehlenswert, gute Bücher über Kindererziehung zu lesen und sie auf sich selbst anzuwenden, anstatt auf ein äußeres Kind (siehe auch unsere Literaturliste). Sie können sich andere Menschen suchen und sie sich zum Rollenvorbild nehmen, indem Sie sie in Ihrem Verhalten sich selbst, ihren Kindern und Ihnen gegenüber beobachten. Erika beschreibt im folgenden, wie Margie für sie ein Vorbild bedingungsloser Liebe wurde.

> Eines Tages kam Margie zu mir nach Hause, um mit mir an dem Buch zu arbeiten. Ich hatte eine schreckliche Woche hinter mir und war alles andere als liebevoll. In dem Augenblick, als sie zur Tür hereinkam, machte ich mich selbst zum Opfer und begann, ihr und dem Rest der Welt für alles Vorwürfe zu machen, worüber ich jemals unglücklich gewesen war! Ich war total in meinem Ego. Obwohl ich in Margies Augen den Schmerz sehen konnte, den mein Verhalten ihr verursachte, schien es, als könnte ich damit nicht aufhören. Es schützte mich vor dem Alleinsein, das ich in jenen Augenblicken als sehr schmerzlich empfand. Als ich mit meinem ermüdenden Monolog fortfuhr, fühlte ich, wie sie sich mit mir durch den Raum bewegte. Dann sagte sie liebevoll: »Erika, ich sehe, es ist jetzt nötig für dich, wirklich wütend zu

sein, und das ist okay. Ich bin für dich da.« Ich fühlte ihre bedingungslose Liebe. Sie war verletzt, weil ich ihr Vorwürfe gemacht hatte, aber sie hatte sich trotzdem entschlossen, liebevoll zu sein. Ich war so bewegt und fühlte mich so sicher mit ihr, daß ich es mir erlaubte, mich für meinen Schmerz zu öffen und dann durch ihn hindurchzugehen. Es dauerte nur wenige Augenblicke, bis ich mit meinem Schmerz in Kontakt kam. Sie hielt mich in ihren Armen, während ich weinte und für das, was mich verletzte und für meine Handlungen Verantwortung übernahm.

In diesen ersten Augenblicken traf sie die Entscheidung, meinen Angriff nicht persönlich zu nehmen und mich als einen Menschen zu sehen, der Kummer hat. Sie war sich ihres eigenen Schmerzes sehr bewußt und fühlte ihn deutlich, aber sie entschied, mich trotzdem zu lieben, und so war sie offen und weich und blieb in ihrem höheren Selbst. Sogar heute noch, wenn ich jemanden treffe, der Kummer hat und sich verletzt fühlt und der mich persönlich angreift, erinnere ich mich an Margies Sanftmut und an die Lektion, die ich über die Möglichkeit der Entscheidung lernte. Manchmal reagiere ich mit bedingungsloser Liebe, aber manchmal auch nicht. Wenn nicht, dann erfahre ich ein weiteres Mal, auf welche Weise mein Ego mir im Weg ist, und hoffe, daß ich das nächste Mal mein Ziel erreiche. Zu erleben, wie liebevoll Margie zu mir war, half mir dabei, zu lernen, mein eigenes inneres Kind zu lieben.

Es folgt ein kurzer Bericht von Rosey, einer unserer Klientinnen, die erzählt, wie sie ihren fürsorglichen, unterstützenden inneren Erwachsenen erweckte.

Es dauerte sehr lange, bis ich verstand, daß ich ein verängstigtes Kind war, das versuchte, ohne einen liebevollen inneren Erwachsenen, der mir helfen könnte, in einer Erwachsenenwelt zu funktionieren. Es dauerte noch länger, bis ich die Entscheidung traf, diesen umsorgenden, liebevollen Teil meiner selbst zu entwickeln und verantwortlich für mein eigenes Glück und meine eigenen Erfahrungen in der Welt zu sein. Ich hatte diese Verantwortung nicht übernehmen wollen, bis ich beinahe dreiunddreißig Jahre alt war.

Ich bin eigentlich weder dumm noch langsam – weit gefehlt. Ich dachte tatsächlich, ich wäre eine verantwortungsbewußte und reife Person. Auf einer bestimmten Ebene allerdings habe ich schon immer gewußt, daß ich mich von den meisten anderen Menschen, die ich kannte, unterschied. Der Unterschied, den ich dann in bezug auf meine eigene Person entdeckte, lag darin, daß ich in einem sehr frühen Alter die Verbindung unterbrochen hatte, daß mein innerer Erwachsener nicht einmal *beginnen* konnte zu funktionieren. Meine Eltern lehrten mich vorzugeben, einen eigenen inneren Erwachsenen zu haben, und ich habe ihr Verhalten nachgeahmt. Aber ich lernte nie, die innere Verbindung zu meinem Kind herzustellen, die mir in diesen leeren Jahren hätte Erfüllung bringen können.

Ich wollte nicht wissen, daß ich all die Aufgaben im Bereich persönlicher Verantwortung, die ich in meinem Leben auf andere hatte abschieben wollen, selbst erfüllen mußte. Ich wollte nicht wissen, daß nur ich selbst mich wirklich glücklich oder wirklich unglücklich machen konnte. Ich wollte nicht wissen, daß ich mein inneres Kind emotional verlassen und physisch mißhandelt hatte.

Als ich schließlich zu sehen begann, wie die Dinge wirklich lagen, war die Entscheidung, mein eigener liebevoller, fürsorglicher und unterstützender Erwachsener zu werden, sehr einfach. Es ist sehr wichtig zu wissen, daß ich mich in jedem Augenblick des Tages dafür entscheiden kann, mich zu lieben oder zu hassen, und daß ich mich selbst vernachlässige und damit mißhandele, wenn ich mich nicht auf irgendeine Weise aktiv liebe.

Es ist tatsächlich so einfach. Wenn ich genug geübt habe, mich selbst in bestimmten Teilen meiner Persönlichkeit zu lieben, dann werde ich diese liebevollen Botschaften wahrscheinlich automatisch verinnerlichen und fähig sein, mich auf die Heilung eines anderen Aspekts der Selbstvernachlässigung zu konzentrieren. Auf diese Weise werde ich mich wohl nach und nach selbst umsorgen können und mich allmählich selbst kennenlernen.

Menschen mit einer guten inneren Verbindung zu sich selbst sind wirklich privilegiert. Sie fühlen sich selbstsicher. Sie sind sanft, aber nicht schwach, stark, aber nicht aggressiv,

> mächtig, aber nicht tyrannisch. Sie haben Selbstachtung und Selbstbewußtsein – sie kennen sich wirklich. Sie haben klare Ansichten und Meinungen, müssen diese anderen gegenüber aber nicht verteidigen. Sie fühlen sich nicht von der willkürlichen Aggression eines anderen persönlich angegriffen. Sie wissen, daß sie Liebe und Zuneigung verdienen und sind in der Lage, beides zu geben und zu empfangen. Sie kennen und spüren den Ernst des Lebens, aber genauso die Freude und das Glück. Sie sind neugierig und extravertiert und haben keine Angst, etwas Neues zu lernen. Sie sind kreativ und spontan, nehmen die Dinge selbst in die Hand und warten nicht darauf, daß andere Menschen etwas für sie tun oder daß bestimmte Ereignisse eintreten. Sie haben gelernt, für sich selbst zu sorgen und haben keine Angst vor der Verantwortung, die diese Aufgabe mit sich bringt. Vielen von ihnen ist nicht einmal bewußt, daß sie diese innere Verbindung haben,weil das für sie schon immer etwas ganz Natürliches war – sie haben sich selbst nie im Stich gelassen.
>
> Je mehr ein Mensch in sich die Verbindung zwischen dem liebevollen Erwachsenen und dem liebenden Kind herstellt, um so erfüllter wird sein Leben sein. Die liebevolle innere Verbundenheit ist der Schlüssel, der die Tür zu den existentiellen Fragen und Antworten unseres Lebens aufschließt. Sie ist die Basis, auf der wir unser Leben als liebevolle Wesen aufbauen können. Wenn wir uns selbst lieben, können wir andere lieben; wenn wir uns selbst hassen, werden wir schließlich auch die anderen hassen.

Wenn Sie lernen, Ihr inneres Kind zu lieben, dann werden allmählich die Angst, der Schmerz und die Einsamkeit des verlassenen Kindes heilen. Sie erleben die Freude, Leidenschaft und Vitalität Ihres geliebten Kindes und erschaffen die Liebe, die Stärke und das Mitgefühl Ihres höheren Selbst. Der Schlüssel zu all dem ist, zu lernen, Ihr inneres Kind liebevoll zu umsorgen.

Wir lernen, unser inneres Kind bedingungslos zu lieben, indem wir das immer wieder üben. Wie zu jeder neuen Fertigkeit braucht man auch zum Lieben Übung. Wir haben unser ganzes Leben lang geübt, lieblos zu unserem Kind zu sein, und darin sind wir wirklich gut. Sich Ihrem inneren Kind gegenüber liebevoll zu verhalten, das können Sie nicht im Kopf erledigen. Sie müssen es tatsächlich tun. Der zweite Teil unseres Buches zeigt Ihnen Entwicklungsschritte, die Ihnen helfen können, die Verbindung zu Ihrem Kind auf liebevolle Art aufzunehmen.

TEIL II

Entwicklungsschritte

Kapitel 8

Entwicklungsmöglichkeiten

> Es ist wichtig festzuhalten, daß das Bedürfnis, das innere Kind zu finden, ein Aspekt der Reise eines jeden menschlichen Wesens zur Ganzheit ist.
>
> *Mut zur Selbstverantwortung*
> John Bradshaw

Wenn Sie lernen wollen, Kontakt mit Ihrem inneren Kind aufzunehmen, dann müssen Sie das schriftlich oder mündlich üben. Wenn Sie versuchen, es zunächst nur mental, in Ihrem Kopf zu machen, dann werden Sie in Verwirrung geraten und nicht in der Lage sein, die verschiedenen Stimmen zu unterscheiden.

Sie müssen lernen, zwischen vier verschiedenen inneren Stimmen zu unterscheiden: der liebevolle Erwachsene, der lieblose Erwachsene, das geliebte Kind und das verlassene Kind. Die Stimmen, die in Ihrem Kopf die meiste Zeit Ihres Lebens überwogen haben, sind der lieblose Erwachsene und das verlassene Kind, die beiden Stimmen Ihres Ego. Da wir diese Stimmen des Ego schon so lange angehört haben, sinkt der stumme Dialog zwischen dem liebevollen Erwachsenen und dem geliebten Kind im allgemeinen in die Tonlage des Ego hinab, ohne daß wir es überhaupt merken. Erst wenn wir uns selbst laut sprechen hören oder den Dialog schriftlich festhalten, können wir den Unterschied erkennen.

Wie bei jeder Fertigkeit, die Sie üben wollen, müssen Sie bereit sein, bestimmte Zeiten dafür festzusetzen. Sie müssen Ihre Übungen in Ihren Tagesablauf einplanen, genauso wie Sie Zeit zum Arbeiten, Essen, Schlafen oder für das Zusammensein mit anderen Menschen aufwenden. Wir haben die Erfahrung gemacht, daß gute Fortschritte erzielt werden, wenn man fünfzehn Minuten am Morgen und fünfzehn Minuten am Abend dafür ansetzt. Darüber hinaus müssen Sie bereit sein, während des Tages Zeit zu finden, um mit Ihrem Kind zu sprechen, wenn es sich angespannt, besorgt, ängstlich, traurig oder wütend fühlt. Wenn Sie es nicht gewöhnt sind, dem, was Ihnen Ihr Solarplexus sagt, aufmerksam nachzuspüren, das heißt, wenn Sie die Methode des *Focusing* nicht praktizieren (siehe das Buch *Focusing* von Eugene Gendlin), dann sind Sie sich dieser Gefühle vielleicht nicht einmal bewußt. Ein Teil der Übung besteht darin, Ihren Gefühlen Aufmerksamkeit zu schenken. Sie können nicht von Ihren Gefühlen lernen, wenn Sie nicht wissen, ob Sie etwas fühlen.

Wenn Sie anfangen, mit Ihrem Kind zu sprechen, werden Sie ungewollt sehr leicht in die Rolle des lieblosen Erwachsenen schlüpfen. Ihre erste Aufgabe im Heilungsprozeß und beim Herstellen der inneren Verbindung besteht darin zu lernen, ein liebevoller Erwachsener für Ihr inneres Kind zu sein. Erst wenn Sie es wirklich lieben können, wird Ihr Kind gesund werden.

Anfangs werden Sie vor allem die Stimme des verletzten, verlassenen Kindes hören, des Teils in Ihnen, der sich so allein fühlt und schreckliche Angst vor diesem Gefühl hat. Es ist sehr wichtig zu erkennen, *daß Ihr Kind eigentlich ganz anders ist*. Was Sie zunächst hören, ist ein Kind, das durch schmerzliche Erfahrungen und durch falsche Überzeugungen verletzt und verunsichert ist. Es ist voller Angst, Wut, Scham, Schuld und Kummer, die aus diesen Erfahrungen und Überzeugungen herrühren. Wenn Sie in Ihrem Lernprozeß schon weiter fortgeschritten sind und Kontakt mit Ihrem geliebten Kind aufnehmen, werden Sie oft sehr weise Antworten auf Ihre Fragen hören, aber zu Anfang werden Sie meist die Angst, die Wut, den Kummer und den Schmerz Ihres Kindes zu hören bekommen. Sie werden vielleicht viele Monate damit verbringen, für Ihr verlassenes Kind einfach nur liebevoll präsent zu sein, bevor der innere Schmerz etwas abheilt und die Wut auf einige der Bezugspersonen (und auf Sie selbst, weil Sie es verlassen haben) langsam nachläßt. Ihr Kind hat vielleicht sehr viel Schmerz und Wut in sich angestaut, weil es abgelehnt, verlassen, kontrolliert und von den Eltern und anderen Menschen verschlungen wurde. Sie müssen alle Erinnerungen und Gefühle, die Ihr Kind Ihnen zu zeigen bereit ist, liebevoll anhören und durchleben. Wenn das Kind Ihnen wirklich vertraut, werden langsam klare Erinnerungen aus der Kindheit auftauchen. Wir haben mit vielen Menschen gearbeitet, die sich plötzlich, innerhalb weniger Monate der Arbeit mit ihrem Kind, an bestimmte Ereignisse erinnerten, nachdem sie die Gedanken an ihre Kindheit jahrelang verdrängt hatten. Das kann jedoch nur geschehen, wenn Sie in einem liebevollen und stetigen Dialog mit Ihrem Kind sind.

Ihr inneres Kind muß lernen, daß es sich auf Sie verlassen kann. Wenn Sie sich vornehmen, jeden Tag mit ihm zu sprechen, dieser Verpflichtung aber nicht nachkommen, fühlt sich Ihr inneres Kind enttäuscht und verletzt. Wenn das häufiger passiert, wird Ihr Kind vielleicht aufhören, mit Ihnen zu sprechen, bis es fühlt, daß es darauf bauen kann, daß Sie es nicht wieder verlassen werden. Vielleicht spricht Ihr Kind auch erst dann mit Ihnen, wenn es sicher ist, daß Sie regelmäßig jeden Tag für es dasein werden. Shawn, ein Klient von uns, erzählte, daß er seinem Kind drei Wochen lang jeden Tag geschrieben habe, bevor es ihm antwortete. Er glaubte nicht richtig daran, daß er überhaupt ein inneres Kind habe, aber er beschloß trotzdem, nicht lockerzulassen. Als das Kind dann einmal zu sprechen angefangen hatte, sprudelte es wie ein Wasserfall, aber sobald Shawn ein paar Tage lang nicht schrieb, zog sich sein Kind regelmäßig zurück und sprach einen oder zwei Tage lang nicht mit ihm.

Wenn Sie aus Ihrem Erwachsenen heraus reden oder Fragen stellen, dann sollten Sie Ihren Gedanken und Ihren fürsorglichen Gefühlen nachspüren, indem Sie Ihre Aufmerksamkeit auf Ihren Kopf und auf Ihr Herz richten. Wenn Sie aus Ihrem Kind sprechen, dann sollten Sie Ihren Gefühlen nachspüren, indem Sie sich auf den Bereich über Ihrem Nabel und unter Ihrem Brustkorb konzentrieren. Das ist der Bereich des Solarplexus oder das dritte Chakra. Fragen Sie sich, wie alt Ihr inneres Kind ist. Die meisten Leute fühlen, daß ihr Kind ungefähr fünf oder sechs Jahre alt ist, aber es kann auch jünger oder älter sein. Suchen Sie ein Photo von sich in diesem Alter, und nehmen Sie sich ein wenig Zeit dafür, nachzusehen, wer dieses Kind wirklich ist.

Wenn Sie von Ihrem Kind lernen wollen, dann müssen zwei Voraussetzungen erfüllt werden. Als erstes müssen Sie überzeugt sein, daß Ihr Kind wichtige und ernstzunehmende Gründe dafür hat, wie es sich fühlt und verhält. Wenn Sie die

Gefühle und das Verhalten Ihres Kindes als gut oder schlecht, richtig oder falsch beurteilen, dann hat Ihr Kind vielleicht Angst, mit Ihnen zu sprechen. Es fürchtet, Sie würden es wegen seiner Gefühle verurteilen. Ihr Kind wird sich nur geliebt und sicher fühlen, wenn Sie glauben, daß es gute Gründe für all seine Wünsche, Bedürfnisse und Gefühle hat. Zweitens müssen Sie offen dafür sein, den Schmerz Ihres Kindes zu erleben. Wenn Sie sich vor Schmerzen ängstigen und nicht bereit sind, sie zu erleben, dann werden Sie sich dagegen schützen, sie zu fühlen und die Verantwortung dafür zu übernehmen.

Der Dialog beginnt damit, daß der Erwachsene dem Kind Fragen stellt oder etwas in der Absicht sagt, die Wünsche, Bedürfnisse und Gefühle des Kindes kennenzulernen und verstehen zu wollen. Der Erwachsene ist offen, neugierig, fürsorglich und nicht wertend, weil er weiß, daß das Kind sehr gute Gründe für seine Gefühle hat, und weil er die Überzeugungen, die hinter jedem negativen oder schmerzvollen Gefühl stecken, kennenlernen möchte. Wenn der Erwachsene nicht wirklich *lernen* möchte, dann hat das innere Kind das Gefühl, daß es nur verhört und kontrolliert werden soll. Ohne die ehrliche Absicht, das Kind kennenlernen zu wollen, ist keine wirkliche Verbindung möglich. Sie können diese Absicht nicht vortäuschen. Ihr inneres Kind weiß, wann Sie wirklich offen, fürsorglich und interessiert sind oder wann Sie nur so tun.

Der liebevolle Erwachsene kann die folgenden Fragen stellen oder Aussagen machen:

»Was fühlst du?«
»Was möchtest oder brauchst du jetzt?«
»Ich weiß, du bist wütend, und ich würde gern etwas über deine Wut erfahren.«
»Bist du wütend auf mich? Du kannst mich ruhig anbrüllen.«
»Bist du gerade verletzt? Kannst du mir sagen, um was es geht?«
»Es ist in Ordnung, wenn du weinst. Ich bin für dich da.«
»Ich weiß, du fühlst dich ängstlich. Was ist der Grund dafür?«
»Wie geht es dir mit . . ..?« (Nennen Sie eine Person)
»Wie geht es dir mit unserer Arbeit?«
»Ich würde gerne verstehen, warum du dich vor . . . fürchtest.«

»Ich würde gerne verstehen, warum du ... nicht magst.«
»Erzähl mir mehr darüber.«

Immer wenn Sie während des Tages merken, daß Sie sich besorgt, depressiv, furchtsam, angespannt, wütend, leblos, unwohl, verletzt oder traurig fühlen, können Sie Ihrem inneren Kind die folgenden Fragen stellen:

»Was verursacht diese Gefühle?«
»Wie kann ich dir helfen, mit diesen Gefühlen fertig zu werden?«
»Was brauchst du von mir?«
»Habe ich dich im Stich gelassen oder auf irgendeine Weise nicht richtig für dich gesorgt? Auf welche Weise?«
»Habe ich dich ignoriert? Abgewertet? Kontrolliert? Verurteilt?«

Manchmal können bestimmte aktuelle Situationen – Menschen und Ereignisse – uns vergangene Erlebnisse ins Bewußtsein rufen und Gefühle von Sorge, Wut, Schmerz und Angst erzeugen. Wenn Sie merken, daß solche Gefühle hochkommen, können Sie fragen:

»Passiert gerade etwas, das dich an ein Ereignis aus der Zeit erinnert, als wir noch klein waren?«
»Erinnert dich diese Person an Mama, Papa, einen Bruder oder eine Schwester, die Großeltern?«
»Erinnert dich diese Situation an ein traumatisches Erlebnis, das wir in der Kindheit hatten?«
»Ich möchte wirklich gern alles hören, an das du dich erinnerst. Deine Erinnerungen sind mir sehr wichtig, und ich möchte dir helfen, die alten Ängste und Schmerzen zu heilen.«
»Möchtest du, daß ich jemanden suche, der uns bei dieser Sache helfen kann? Möchtest du von anderen Menschen gehalten werden, während du diesen Schmerz durchmachst?«

Manchmal muß der Erwachsene während des Dialogs erklären, welche Gefühle er dem Kind gegenüber hegt:

»Ich bin hier für dich. Ich werde nicht wieder weggehen.«
»Ich liebe dich, und dein Glück ist mir die wichtigste Sache der Welt.«
»Du siehst so vieles sehr genau. Vielen Dank für die wunderbare Weisheit, an der du mich teilhaben läßt.«
»Deine Kreativität erstaunt mich wirklich.«
»Es ist wirklich in Ordnung, wenn du diese Wut fühlst, auch wenn sie gegen mich gerichtet ist. Ich werde nicht aufhören, dich zu lieben, egal wie wütend du bist.«
»Du darfst weinen, solange du möchtest. Du bist nicht allein. Ich bin für dich da.«
»Es ist in Ordnung, Fehler zu machen. Du bist liebenswert, auch wenn du Fehler machst.«
»Du mußt es nicht richtig machen. Ich werde dich weiterhin lieben, egal was du sagst, auch wenn du gar nichts sagst.«

Der Prozeß, der während dieses inneren Dialogs abläuft, kann Ihnen auch helfen, sich Ihre Wünsche in alltäglichen Situationen bewußt zu machen. Dazu könnten Sie Ihrem Kind die folgenden Fragen stellen:

»Was sind deine Lieblingsspeisen?«
»Was möchtest du heute gerne zu Abend essen?«
»Was möchtest du heute gern anziehen?«
»Was sind deine Lieblingsfarben?«
»Mit wem möchtest du deine Zeit verbringen?«
»Was möchtest du diesen Sonntag gern tun?«
»Was hast du in deiner Kindheit am liebsten getan?«
»Welche Bücher möchtest du gern lesen?«
»Welche Musik möchtest du gern hören?«
»Welche Filme gefallen dir?«
»Wie möchtest du deine Ferien verbringen?«
»Welcher Sport macht dir Spaß?«
»Was möchtest du tun, um deine Kreativität auszuleben? Möchtest du malen oder zeichnen? Basteln? Musizieren? Schreiben?«
»Was wolltest du schon immer machen, ohne es wirklich getan zu haben? Fliegen lernen? Segeln lernen? Karate lernen?«

Manchmal haben Ihr Erwachsener und Ihr Kind einen unterschiedlichen Geschmack im Hinblick auf Filme, Musik, Bücher oder Urlaub. Wenn das der Fall ist, dann ist es wichtig, einen Weg zu finden, *beider* Bedürfnisse zu erfüllen.

Wenn Ihr Kind Ihre Fragen beantwortet, muß der Erwachsene in Ihnen angemessen reagieren: durch aktives Zuhören, indem er eine weitere Frage zur Klärung stellt, indem er etwas Liebevolles sagt oder indem er Ihnen die Wahrheit anbietet. Aktives Zuhören ist eine Fertigkeit, die geübt werden muß. Der Begriff wurde von Thomas Gordon in seinem Buch *Familienkonferenz* geprägt. Aktives Zuhören bedeutet, mit dem Herzen zuzuhören und dem Kind ein Feedback des Gehörten zu geben, damit es weiß, ob Sie es wirklich verstanden haben. Wenn Ihr Kind zum Beispiel sagt: »Du liebst mich nicht. Du hörst mir nie zu, verbringst keine Zeit mit mir und machst nicht, was ich will«, und Sie antworten mit: »Gut, ich werde mir mehr Mühe geben«, hat Ihr Kind vielleicht das Gefühl, nicht gehört worden zu sein. Wenn Sie aktiv zuhören und antworten: »Das hört sich so an, als wärest du traurig und wütend über mich, weil ich nicht gut für dich sorge«, wird Ihr Kind sich gehört und verstanden fühlen.

Es ist sehr wichtig, den liebevollen Dialog schriftlich oder mündlich zu praktizieren, weil es viel Übung verlangt, unseren üblichen lieblosen inneren Dialog in einen liebevollen inneren Dialog zu verwandeln. Die meisten Menschen sind sich nicht bewußt, wie sehr sie ihr inneres Kind verurteilen, kontrollieren, ignorieren und abwerten – sie tun es ganz automatisch. Es braucht Übung, das zu ändern. Das Ziel ist ein beständiger liebevoller innerer Dialog. Das bedeutet nicht nur, den schriftlichen und mündlichen Dialog zu üben, sondern bewußt den Ton, die gefühlsmäßige Färbung unseres Dialogs von lieblos zu liebevoll zu verändern. Wenn Sie zum Beispiel ein Künstler sind und ein Bild malen, das Ihnen besonders gefällt, könnte ein liebloser Dialog so beginnen: »Tja, es ist gut, aber es ist nur durch einen glücklichen Zufall zustandegekommen«, während ein liebevoller Dialog so beginnen könnte: »Vielen Dank für deine Kreativität. Ich schätze deine wunderbaren Ideen wirklich sehr.« Im Hinblick auf Ihr Verhalten, Ihre Fertigkeiten oder Talente können Sie sich entweder heruntermachen («Das war okay, aber es war nicht perfekt«) oder Sie können sich wertschätzen («Oh, das war großartig! Das hast du wirklich gut gemacht!« Oder: »Das ist in Ordnung, du lernst ja noch. Du machst es wirklich gut. Es ist in Ordnung, nicht perfekt zu sein. Ich schätze deine Bemühungen, deine Bereitschaft, es zu versuchen«).

Da viele von uns in ihrer Kindheit von ihren Eltern oder anderen Bezugspersonen erniedrigt, ignoriert, lächerlich gemacht, verurteilt, verlacht oder abgewertet wurden, haben wir gelernt, mit uns selbst ebenfalls schlecht umzugehen. Indem wir uns selbst gegenüber weiterhin dasselbe Verhalten an den Tag legen, verringern wir auch später unser schon geringes Selbstwertgefühl durch unseren lieblosen Umgang mit uns selbst. *Eine neue, liebevolle Fürsorglichkeit für uns selbst bedeutet, uns die Liebe und Bestätigung zu geben, die wir von anderen nie bekommen haben.*

Je länger Sie den liebevollen Dialog mit Ihrem inneren Kind üben, desto leichter wird es für Sie sein, herauszufinden, was Sie fragen und wie Sie antworten können. Einige der empfohlenen Bücher in der Literaturliste im Anhang können Ihnen sehr gut verdeutlichen, wie man Fragen stellen und antworten kann, um vom Kind zu lernen. Wenn Sie als Kind antworten, sollten Sie sich erlauben, sich wie ein kleines Kind zu fühlen. Konzentrieren Sie Ihre Aufmerksamkeit auf den Bauch, erlauben Sie sich, Ihren Kopf zu verlassen und in Ihre Gefühle zu gehen, und antworten Sie mit dem, was immer Ihnen in den Sinn kommt. Sie können *nicht auf intellektuellem Wege* herausfinden, was Ihr Kind fühlt – Sie müssen den Gefühlen erlauben, an die Oberfläche zu kommen.

Schreiben

Schreiben ist eine wirkungsvolle Methode, um mit Ihrem inneren Kind in Kontakt zu kommen. Da der Dialog auf dem Papier stattfindet, können Sie ihn jederzeit nachlesen und die beiden verschiedenen Stimmen kennenlernen. Einige Menschen schreiben die Fragen ihres Erwachsenen mit ihrer Schreibhand und die Antworten ihres Kindes mit der anderen nieder. Wenn Sie Rechtshänder sind, können Sie die Antworten Ihres Kindes mit Ihrer linken Hand schreiben.

Wenn Sie einen solchen Dialog noch nie geführt haben, könnten Sie ihn ja mit einem Brief an Ihr Kind beginnen, indem Sie ihm schreiben, wie Sie sich ihm gegenüber fühlen, auch dann, wenn Ihre Gefühle negativ sind. Sie könnten zum Beispiel schreiben: »Ich bin nicht einmal sicher, daß es dich gibt, aber ich bin bereit, alles zu versuchen.« Oder: »Ich habe eigentlich Angst vor dir. Ich glaube, du bist derjenige, der mir immer Schwierigkeiten gemacht hat.« Darüber hinaus kann es hilfreich sein, Ihr Kind einen Brief an Sie schreiben zu lassen. Im folgenden lesen Sie einen Brief, den Sue während eines Workshops von ihrem Kind erhalten hat. Der Brief wurde mit der linken Hand geschrieben und ist das erste Lebenszeichen, das Sue je von Ihrem Kind erhielt. Es teilt ihr darin mit, daß es wirklich existiert.

Liebe Mami,
ich brauche dich, ich vermisse dich und ich wünsche mir, du würdest nach Haus kommen. Ich bin so einsam. Ich habe hier überhaupt keinen Spaß. Ich habe keine Freunde, niemanden, mit dem ich sprechen kann, und ich möchte bei dir sein. Ich möchte deine Arme um mich fühlen und wissen, daß du für mich sorgst. Bitte beachte mich. Ich möchte deine Liebe – verlaß mich nicht.
In Liebe
Susie

Als nächstes geben wir Ihnen ein Beispiel für einen schriftlich festgehaltenen Dialog zwischen der großen dunkelhaarigen Janet, einer unserer Klientinnen, die jetzt Mitte dreißig ist, und ihrem Kind. Als Janet anfing zu schreiben, verweigerte ihr Kind zunächst jedes Gespräch. Dann fand Janet heraus, daß sie ihrem Kind unbewußt sagte, daß sie nicht bereit sei, seine Wut wahrzunehmen. Als sie die Entscheidung traf, die Wut zu spüren, öffnete sich ihr Kind.

Erwachsene: Wie geht es dir mit Dad?
Kind: Dieses blöde Miststück. Ich kann ihn auf den Tod nicht ausstehen – halt ihn bloß von mir fern. Sag ihm, daß er abhauen und mich in Frieden lassen soll. Sag ihm, er könne mich mal. Ich hasse ihn. Ist das jetzt klar genug? Nun hau ab

und stell mir nicht mehr solche saudummen Fragen. Dumme Kuh. Du bist auch eine ziemlich blöde Zicke. Die gnädige Frau, die alles kann und alles weiß. Was denkst du eigentlich, wer du bist? Was macht dich so besonders? Hau doch ab. Laß mich in Ruhe. Sprich nicht mit mir. Komm mir nicht zu nahe.

Erwachsene: Das ist nun wirklich eine laute und klare Botschaft. Ich höre deinen Haß und deine Wut, aber ich weiß noch nicht auf was. Kannst du mir das genau sagen? (Sie hört aktiv zu und stellt Fragen zur Klärung.)

Kind: Bist du so furchtbar blöd oder was? Hab ich es nicht klar ausgedrückt? Ich will dich nicht in meiner Nähe haben. Ich will dich nicht in meiner Nähe. Was muß ich denn noch anstellen, daß du das kapierst? Verpiß dich.

Erwachsene: Nein, das werde ich nicht. So hast du es immer gemacht, schon als du sehr klein warst. Du hast immer alle Leute weggeschubst, wenn dir etwas wehgetan hat. Du hast nie jemanden nahe genug herangelassen, um dich zu lieben und für dich zu sorgen. Ich werde das nicht weiter mitmachen. Ich lasse mich von dir nicht wegstoßen. Ich sehe, du bist unerträglich gekränkt und verbirgst den Schmerz hinter der Wut und dem Zorn auf mich und alle anderen. Ich weiß, daß du im Grunde verletzt bist, und ich werde dich nicht länger allein lassen, so daß du ohne Beistand damit fertig werden mußt. Du mußt nicht mit allem allein fertig werden; wir werden das gemeinsam tun. Ich bin immer für dich da. Was möchtest du wirklich, wenn du die Menschen so heftig wegstößt und sie anschreist? Was wünschst du dir von ihnen; was sollen sie tun? (Spricht liebevoll mit dem Kind und stellt eine weitere Frage.)

Kind: Ich möchte, daß sie machen, daß ich mich besser fühle, weil ich so verletzt bin. Aber ich weiß, sie können nichts dafür tun, daß ich mich besser fühle. Sie werden es nur schlimmer machen, da werde ich doch lieber selbst damit fertig. Ich möchte nicht, daß irgend jemand weiß, wie sehr ich wirklich verletzt bin. Ich möchte nicht, daß sie denken, ich könnte nicht selbst damit fertig werden. Ich möchte nicht, daß sie denken, ich sei schwach und wehrlos. Ich bin stark, und ich kann für mich selbst sorgen, und niemand wird mir wehtun. Ich werde es nicht zulassen, daß sie mir wehtun.

Ich werde sie nicht so nahe an mich heranlassen, daß sie mich verletzen könnten. Sie können mir nicht zu nahe kommen, wenn ich sie anschreie, nach ihnen trete und brülle und sie wegstoße. Also sag allen, daß sie sich von mir fernhalten sollen. Ich lasse niemanden in mich herein. Ich lasse niemanden nahe genug heran, daß er mich verletzen könnte.
Erwachsene: Ich weiß, du hattest wirklich Angst davor, daß die Mitglieder deiner Familie dich verletzen könnten, und ich kann sehen und verstehen, warum. Sie wußten nicht, wie sie für dich sorgen mußten, und sie haben dich durch ihre Handlungen oft verletzt (Sie hört aktiv zu). Aber die Situation ist jetzt ganz anders. Du bist nicht mehr länger mit denselben Menschen in jenem Haus zusammen. (Janets Kind hat die falschen Überzeugungen aus der Kindheit verinnerlicht, also bietet Janet ihrem Kind die Wahrheit an.) Die Menschen, die jetzt um dich herum sind, werden dich nicht so behandeln, und wenn sie es versuchen, bin ich jetzt da, und ich kann dich beschützen. Außerdem kannst du dich an mich wenden, wenn du Hilfe brauchst. Ich war vorher nicht da, aber jetzt bin ich da. Früher konntest du mich nicht um Hilfe bitten, aber jetzt kannst du es. Ich bin da, um für dich zu sorgen und dir zu helfen und dich zu lieben und dich zu beschützen. Du kannst dich an mich wenden, anstatt wütend und hart nach außen zu sein. (Janet spricht liebevoll mit dem Kind.)
Kind: Das ist wahr. Du warst nicht für mich da. Du warst niemals für mich da. Du hast mich verlassen, und ich habe mich seitdem ganz schön blöd gefühlt. Ich habe mich zum Narren gemacht, weil du nicht da warst, wenn du hättest dasein müssen. Verdammte blöde Ziege. Weißt du überhaupt, wie das ist, sich so wie ich durchkämpfen zu müssen? Ich mußte mit allem allein fertig werden, ohne jede Hilfe von dir. Ich hasse dich. Du bist so verdammt beschränkt und faul. Denk ja nicht, ich würde meine Meinung über dich ändern. Du wirst mich nicht mehr zum Narren halten oder mich reinlegen. Damit kommst du bei mir nicht mehr durch. Du kannst ruhig da bleiben, wo du bist. Du denkst vielleicht, du hättest wichtige Pläne und würdest bestimmte Dinge tun, aber ich habe dir dazu etwas zu sagen. Du kannst überhaupt nichts machen ohne meine Hilfe, und ich werde dich nicht so leicht davonkommen lassen. Du mußt bei mir alles wieder-

gutmachen. Früher hast du mich verlassen, und ich mußte mit allem allein fertig werden, und nun gebe ich es dir zurück. Du mußt jetzt eben auf mich warten, warten bis ich bereit bin. Oder wir werden überhaupt nichts machen. Ich werde dich bestrafen. Ich hasse dich.

Diese Dialogsitzung endete hier. Am nächsten Tag hatten Janet und ihr Kind eine weitere Sitzung. Janet merkte, daß ihr Kind sehr litt.

Erwachsene: Ich kann hören und sehen und fühlen, daß du im Moment ziemlich leidest. Der Schmerz scheint dich völlig zu überwältigen. Es tut mir leid, daß du so sehr leidest, und ich bin froh, daß du mich hereinläßt und mich den Schmerz mit dir teilen läßt. Ich weiß, du mußtest solche schweren Zeiten in der Vergangenheit immer allein durchstehen. Ich weiß, es fühlte sich manchmal unerträglich für dich an. Ich sehe, wie tief verletzt du bist, und ich mag dich sehr. Ich sehe ein kleines Kind, elend und unerträglich allein, das Angst davor hat, daß ihm irgend jemand zu nahe kommt, und das von niemanden Hilfe anzunehmen wagt. Es hat Angst davor, es selbst zu sein. Unter der harten Schale sehe ich so viel Verletztheit, so viel Alleinsein, ein so zerbrechliches Kind, das versucht, das Gewicht eines ganzen Berges von Schmerz und Wut und Verletzung und Enttäuschung zu tragen. Es ist in Ordnung, den Schmerz zu fühlen – ihn jetzt zu fühlen.

Kind: Ich habe das Gefühl, als hättest du mich für immer im Stich gelassen. Ich will dich, und du mußt jetzt für mich dasein. Ich brauche deine Zuwendung. Du mußt dich ganz auf mich einlassen. Es muß echt sein. Ich möchte nicht mehr kämpfen, schreien und brüllen. Ich möchte mich sicher fühlen, um weich und natürlich, um zärtlich und echt, um ganz sein zu können.

Erwachsene: Du bist so schön. Du braucht nicht weiterzukämpfen. Ich werde es nicht zulassen, daß irgend jemand dich angreift. Ich werde es nicht zulassen, daß irgend jemand dich verletzt. Ich werde dich nicht verletzen.

Am nächsten Tag ergab sich der folgende Dialog:

Erwachsene: Es ist mir bis gestern und heute nicht klargeworden, wie tief und intensiv einige deiner Gefühle sind. Ich habe erkannt, daß du George (ihren Bruder) und Dad am liebsten getötet hättest – um nur zwei zu nennen. Das sind sehr heftige Gefühle von Haß, Wut und Zorn, und ich weiß, dahinter ist sehr viel Verletzung verborgen.
Kind: Ja, ich möchte George umbringen, diesen kleinen Mistkerl. Er hat mich benutzt und bestohlen, und ich hasse ihn. Ich möchte ihn nicht in meinem Leben haben, und ich möchte, daß er mir das Geld, das er mir weggenommen hat, wiedergibt. Ich möchte ihn umbringen. Und mein Dad ist nichts anderes als ein Haufen Mist. Er hat nie für mich gesorgt, und ich bin ihm bis heute egal. Er ist überhaupt nicht an mir interessiert. Er ist nur erleichtert, daß er nicht für mich sorgen und nichts für mich tun muß. Sie sind beide Mistkerle. Ich hasse sie alle beide.
Erwachsene: Du darfst sie hassen, das ist in Ordnung. Du darfst böse und wütend auf sie sein und sie umbringen wollen. Es tut mir leid, daß ich nicht bei dir war, um dir zu helfen, als alles so schwer für dich war. Es tut mir leid, daß ich George all das Geld gab. Es tut mir leid, daß ich dich verlassen habe, und es tut mir leid, daß du so verletzt bist. Wenn du aufhören möchtest, die ganze Welt auf deinen Schultern zu tragen, kannst du das Gewicht, wann immer du willst, fallen lassen. Ich werde da sein, um dir zu helfen, einen neuen Weg zu finden, um dich gut zu fühlen. Ich werde nicht weggehen. Ich werde bei dir bleiben. Ich möchte, daß du fähig bist, durch deine Schmerzen hindurchzugehen und das Leben mehr zu genießen. Ich werde deine Hand nehmen und dich durch den Kummer, die Wut und die Enttäuschung begleiten. Ich wollte, es könnte einfacher für dich sein. Ich weiß, du fühlst dich von deinen intensiven Gefühlen überwältigt, und deswegen schneidest du sie ab. Das muß jetzt nicht mehr so sein. Du kannst anfangen, sie allmählich und vorsichtig zu fühlen, bis sie sich zu ihrer intensivsten Form steigern. Wenn du sie wirklich herausläßt, dann wird es nicht lange dauern. Wenn du wütend auf mich bist, kannst du mir das auch sagen. Ich weiß, daß ich dich immer wieder im Stich gelassen habe. Das tut mir sehr leid. Es tut mir leid, daß ich dich verletzt, dich verlassen und dir nicht geholfen habe. Du hättest etwas

Besseres verdient als das, was ich dir gab. Du verdienst immer meine Liebe, meine Zuneigung und meine Fürsorglichkeit. Ich wünschte, ich wäre in der Lage gewesen, dir dies zu geben. Ich wünschte, ich hätte früher beschlossen, die Verantwortung zu übernehmen. Es tut mir leid, daß ich die Mißhandlungen so lange geduldet und daß ich selbst dir Gewalt angetan habe. Ich wünschte, ich hätte dich nie auch nur eine Sekunde lang allein gelassen. Ich wünschte, ich wäre immer für dich dagewesen und mit dir in Kontakt geblieben. Ich weiß, du bist verletzt, weil ich dich verlassen und dir Gewalt angetan habe. Es tut mir leid.

Kind: Ich fühle mich wirklich traurig und verletzt, weil ich nicht gut genug für dich war, weil du mich nicht genug geliebt hast, um für mich da zu sein. Ich wollte, daß du mir hilfst. Ich wollte deine Kameradschaft und Freundschaft, deine Zuwendung und deine Unterstützung, aber ich habe sie nie bekommen. Du bist immer weggegangen, und ich habe mich so von dir gehaßt gefühlt, so ungeliebt, so wertlos und schlecht. Was konnte ich dir nur getan haben? Du haßtest mich so sehr, daß du seit vielen Jahren nicht mit mir gesprochen und mir nie gesagt hast, daß du mich liebst. Was konnte nur so Schreckliches an mir sein, daß du entschieden hast, mich zu ignorieren, mich zu kritisieren, mich zu verurteilen und mich so lange anzuschreien? Warum hast du mir nie gesagt, daß du mich liebst und daß ich dir wichtig bin? Warum hast du dich nie richtig um mich gekümmert? Warum hast du mich verlassen? Wo bist du hingegangen? Was konnte nur so wichtig für dich sein, daß du mich nicht kennenlernen wolltest?

Erwachsene: Du hast nie irgend etwas gemacht, das mich veranlaßt hätte, dich zu hassen oder dich nicht zu mögen. Ich habe einfach nie die Verantwortung für dich übernommen. Es ist und war nie etwas verkehrt an dir (Wieder sagt sie dem Kind die Wahrheit). Ich bin vorher einfach nicht aufgetaucht. Ich bekam sehr früh Angst, und später hatte ich zu viel Angst. Mit dir ist alles in Ordnung. Du bist schön, und ich liebe dich. Ich habe mich vorher nie darum gekümmert, ob es dich gibt. Ich habe entschieden, dich zu ignorieren. Ich weiß, daß ich dich verletzt habe, und es tut mir zutiefst leid. Ich hoffe, ich kann das von jetzt an alles für dich nachholen.

Du hast nichts anderes als meine Liebe und Zuwendung verdient. Du verdienst das Beste von mir, und ich werde dir, so gut ich es eben kann, das Beste von mir geben. Ich möchte von und mit dir lernen. Ich möchte für dich dasein.
Ich fühle mich müde. Es ist Zeit, ins Bett zu gehen. Gute Nacht. Ich liebe dich. Du bist etwas Besonderes für mich, und ich werde dich nie wieder verlassen. Nun, da ich weiß, daß es dich gibt, werde ich für alle Zeiten für dich dasein.
(Janet zeichnete am Ende dieses Dialogs ein kleines Herz für ihr Kind.)

Es folgt ein weiterer Dialog von Melissa, einer unserer Klientinnen, die ihren Ehemann Marvin viele Jahre lang viel zu sehr umsorgte und die nun versucht, aus ihrer Ehe hinauszufinden. Sie hat immer wieder die Erfahrung gemacht, daß ihr Mann nicht lernen wollte, aber sie versuchte dennoch hartnäckig, ihn dazu zu bringen, sich zu öffnen. Sie hofft immer noch, daß er sich öffnen wird, wenn sie nur das Richtige sagt. Melissa arbeitet seit einigen Monaten mit ihrem inneren Kind und ist an dem Punkt, wo ihr Kind ihr viele weise Einsichten anbietet.

Donnerstag, 22 Uhr
Erwachsene: Warum sind wir krank geworden?
Kind: Zu wenig Schlaf. Und du zwingst mich, mich um Marvin zu kümmern.
Erwachsene: Wie kann ich helfen?
Kind: *Laß es zu, daß ich rede, wenn ich etwas nicht mag!*
Freitag, 3 Uhr morgens
Erwachsene: Wie fühlst du dich?
Kind: Müde, und ich kann nicht schlafen.
Erwachsene: Warum nicht?
Kind: Es gehen viel zu viele Gedanken in deinem Kopf herum.
Erwachsene: Was muß passieren, daß sie dich nicht mehr quälen?
Kind: Ich nehme an, wir sind nicht in Kontakt miteinander. Warum kommst du nicht mit mir in Kontakt?
Erwachsene: Was brauchst du jetzt?
Kind: Du sollst mir sagen, daß es in Ordnung ist, glücklich zu sein.

Erwachsene: Natürlich ist das in Ordnung. Es ist wunderbar. Es gibt nichts Wunderbares am Leiden.
Kind: Aber Marvin macht mich runter, wenn ich glücklich bin.
Erwachsene: Ich weiß. Aber ich werde auf dich aufpassen, wenn er es tut.
Kind: Was wirst du tun?
Erwachsene: Ich werde dich sagen lassen »Das fühlt sich nicht gut an«, und weggehen.
Kind: Du hast das nie getan. Du hast immer angefangen, ihn zu fragen, warum er sich so benimmt, und du dachtest, daß er auf seine Weise lernen wolle, aber das ist nicht der Fall. Lernen heißt, auf mich zu hören, sich auf mich einzustimmen und für mich zu handeln. Wenn du ihn nach dem Warum fragst, versuchst du, ihn weich zu machen und ihn zu öffnen, und das ist Manipulation. Es ist der Versuch, ihn dazu zu bringen zu lernen, wenn er verschlossen ist. Du kannst nur nach dem Warum fragen, wenn er schon offen ist.
Erwachsene: Ja, ich habe es schon oft so gemacht. Ich muß also akzeptieren, daß er verschlossen ist und einfach weggehen?
Kind: Ja, wenn du nur verstehen würdest, wie einfach es ist – stimm dich einfach auf mich ein und geh weg, wenn ich mich angespannt fühle. Dann könnten wir uns diese langen Gespräche sparen, weil es dann nichts zu bereden gebe.

Es wird nicht nur ein wenig Zeit brauchen, bis das Kind sich öffnet, sondern es bedarf auch einer Menge Zeit und Übung, um zu lernen, ein liebevoller Erwachsener zu werden. Wenn Sie das, was Sie geschrieben haben, nachlesen, können Sie lernen, auf welche Weise Sie lieblos sind. Roberto entschloß sich, seine Dialoge aufzuschreiben und hatte damit zu Anfang eine Menge Schwierigkeiten. Er hatte sein ganzes Leben lang auf der Ebene des verlassenen Kindes gelebt, und sein Erwachsener war kaum in Erscheinung getreten, weder bei der Arbeit noch in Beziehungen. Er ist ein genesender Alkoholiker und Drogenabhängiger, der sehr viel Arbeit für die Anonymen Alkoholiker geleistet hat. Roberto, ein Körpertherapeut, brach sich vor kurzem bei einem Autounfall den Arm und war nicht in der Lage, viel zu arbeiten.

Erwachsener: Was möchtest du?
Kind: Ich möchte geliebt und umsorgt werden. Ich möchte, daß du dich um uns kümmerst.
Erwachsener: Ich *möchte* mich um uns kümmern! (Roberto neigt dazu zu sagen: »Ich möchte dies oder jenes tun« und tut es nicht. Er sagt noch nicht: »Ich werde . . .«)
Kind: Dann tu es, verdammt nochmal! Niemand sonst wird es tun! (Das Kind reagiert hier auf Robertos Gewohnheit, »Ich möchte« zu sagen, ohne dann entsprechend konsequent zu handeln.)
Erwachsener: Du bist verletzt, und ich versuche, mich um dich zu kümmern. (Wieder sagt Roberto: »Ich versuche« anstatt: »Ich werde«.)
Kind: Du bist echt beschissen. Du möchtest in deinem Selbstmitleid steckenbleiben und sterben. (Das Kind nimmt ihm das »Ich versuche« nicht ab.)
Erwachsener: Das reicht! Ich kümmere mich um uns, und ich liebe uns, und dieser Dialog wird uns helfen, uns zu heilen. (Roberto verrät sein Kind eher, als zu lernen und sein Kind zu fragen, warum er denn »beschissen« sei.)
Kind: Dieser Dialog ist ebenfalls völlig blödsinnig. Ich habe Angst.
Erwachsener: Dieser Dialog wird unser Leben retten helfen. (Roberto verkauft immer noch seine Ideen, ohne die Absicht, etwas über die Angst des Kindes lernen zu wollen.)
Kind: Ich brauche ein Nickerchen.
Erwachsener: Okay.

Roberto unterließ am nächsten Tag, einem Sonntag, das Schreiben und setzte den Dialog erst wieder am Montag fort.

Erwachsener: Ich liebe dich, und ich setze mich dafür ein, für dich zu sorgen und über dich und von dir zu lernen. Wie geht es dir?
Kind: Es geht mir besser, aber ich bin wütend auf dich, weil du mir gestern nicht geschrieben hast.
Erwachsener: Ich fühlte mich so wohl, nachdem ich in der Kirche gewesen war, und ich entschuldige mich! (Roberto erklärt und verteidigt sich, anstatt sich nach der Wut des Kindes zu erkundigen.)

Kind: Es scheint immer eine Entschuldigung zu geben. (Sein Kind nimmt ihm die Erkärung nicht ab.) Entweder bist du zu müde oder du hast zu starke Schmerzen. Wir brauchen soviel Zeit zusammen! Ich habe jetzt Angst, und du warst nicht in der Lage, dich darum zu kümmern, daß wir ernsthaft ins Gespräch kommen.
Erwachsener: Ich denke, du gibst mir keine Chance. Erzähl mir etwas über deine Angst. (Jetzt hat er die Absicht, etwas zu erfahren.)
Kind: Ich habe Angst, daß wir zumachen, und dann laufen wir irgendwie herum und kommen überhaupt nicht mehr ins Gespräch. Ich bin einsam und brauche etwas Spaß.
Erwachsener: Okay, laß uns spazieren gehen! (Roberto entfernt sich wieder von seiner Absicht zu lernen und versucht, sein Kind zu beschwichtigen, anstatt es zu fragen, was es möchte.)
Kind: Zuerst möchte ich dir sagen, wie sehr ich Patti vermisse! Wir hatten soviel Spaß miteinander! Ich bin wütend auf dich, weil du sie einfach von mir entfernt hast, so wie alle anderen auch.
Erwachsener: Patti war zu jung und hat nicht ernsthaft versucht, von der Sucht loszukommen. Es tut mir leid, daß ich damals die Falsche ausgesucht hatte. (Roberto rechtfertigt sich, anstatt zu versuchen, die Gefühle seines Kindes zu verstehen.)
Kind: Ich habe Angst wegen der Arbeit. Wie willst du uns ernähren?
Erwachsener: Ich tue, was ich kann. Wir haben eine körperliche Verletzung, die heilen muß. (Roberto unternimmt keinen Versuch, die Gefühle seines Kindes wahrzunehmen und sie zu verstehen.)

Am nächsten Tag führte Roberto folgenden Dialog mit seinem *Kind*:

Erwachsener: Was gibt es heute?
Kind: Es geht mir schlecht! Ich bin verletzt und habe Angst! Warum arbeiten wir nicht mehr?
Erwachsener: Liebling, wir arbeiten so viel wir können. Wenn wir uns voreilig in die Arbeit stürzen, dann bringen wir

unseren Arm in Gefahr. Hat dir die Fahrradtour zum Chiropraktiker keinen Spaß gemacht?

Kind: Ja, das hat Spaß gemacht. Vielen Dank. Ich bin traurig. Wie lange werden wir noch unter diesen körperlichen Schmerzen und dem Streß leiden, weil wir nicht arbeiten?

Erwachsener: Es tut mir leid, daß du heute so traurig bist. Fast aller Schmerz, der uns auferlegt wird, ist Gottes Wunder, das uns hilft zu heilen. (Mit dieser Art metaphysischer Erklärung ist einem Kind nicht geholfen. Wieder gibt es keinen Versuch, etwas über die Traurigkeit des Kindes zu erfahren.)

Kind: Ich scheiß auf Gott! Es geht mir schlecht, und ich bin es leid, immer wieder verletzt zu werden!

Roberto ist nicht bereit, etwas über die Wut und Traurigkeit seines Kindes zu lernen und beendet den Dialog hier. Solange Roberto diese Absicht, sich zu schützen, beibehält, kann kein Lernen und keine Heilung stattfinden. Sein Kind fühlt sich in einem solchen Dialog nicht geliebt.

Reden

Laut mit dem Kind zu reden ist eine weitere wirkungsvolle Möglichkeit, um in Kontakt zu kommen. Manche Menschen kommen damit besser zurecht als mit dem Schreiben, weil es unmittelbarer ist. Man kann nicht so schnell schreiben, wie man denkt, aber man kann so schnell reden. Und wenn man wütend ist oder leidet, kann es eine größere Erleichterung sein, laut zu sprechen. Manche Menschen finden leichter Zugang zu ihrem inneren Kind, wenn sie laut reden. Für sie ist das Schreiben zu intellektuell. Bei einem gesprochenen Dialog ist es hilfreich, ein Bild von Ihnen als Kind und eines aus der jetzigen Zeit zu verwenden. Nehmen Sie zwei Stühle und stellen Sie das Photo Ihres Kindes auf den einen und das Photo Ihres Erwachsenen auf den anderen Stuhl. Wenn Sie als Erwachsener sprechen, sprechen Sie zu dem Photo Ihres Kindes und wenn Sie als Kind sprechen, sprechen Sie zu dem Photo Ihres Erwachsenen. Sie müssen vielleicht jedesmal den Stuhl wechseln, wenn Sie die Stimmen wechseln, da es leicht passiert, daß Sie die beiden Stimmen vermischen. Sie fahren in derselben Weise fort wie beim Schreiben auch – der Erwachsene beginnt mit einer Frage an das Kind. Wenn Sie als Kind sprechen, erlauben Sie sich, sich klein zu fühlen und mit einer Kinderstimme zu sprechen. Wenn Gefühle hochkommen, erlauben Sie Ihrem Kind zu weinen oder zu schreien. Wenn Sie als Erwachsener sprechen, bemühen Sie sich um eine ruhige und offene Haltung, wie Sie sie gegenüber einem fünfjährigen Kind, das Sie wirklich kennenlernen wollen, einnehmen würden.

Viele Menschen finden es hilfreich, eine große weiche Puppe zu verwenden, die ihr Kind darstellen soll. Sprechen Sie zu der Puppe, wenn Sie mit Ihrem Kind sprechen, und halten Sie die Puppe so, daß sie Ihren Erwachsenen anschaut, wenn Sie als Kind reden. Wenn Sie Puppen nicht mögen, ist ein großes, knuddeliges Stofftier genauso geeignet.

Kaufen Sie eine Puppe oder ein Stofftier, zu dem Sie von Ihrem inneren Kind aus eine Beziehung aufnehmen können. Wenn Sie diese Puppe oder das Stofftier in Zeiten von Streß im Arm halten, dann kann das tatsächlich Ihr inneres Kind trösten. Einige unserer Klienten, die Probleme damit haben, sich bewußt zu werden, daß sie ein inneres Kind haben, fanden, daß das Herumtragen ihrer Puppe oder ihres Stofftiers sie daran erinnert, daß sie für ihr inneres Kind verantwortlich sind und daß es ihnen dadurch auch leichter fällt, nachzuspüren, wie sie sich fühlen.

Innerer Dialog

Wie wir schon früher sagten, sollte unsere Arbeit darauf hinauslaufen, ein konstantes, liebevolles Fließen zwischen Ihrem Erwachsenen und Ihrem Kind herzustellen, ein Fließen zwischen Ihren Gedanken und Ihren Gefühlen. Wir sind, wann immer wir diese Ausgewogenheit erreichen, in einem Zustand der Ganzheit. Wenn Sie den schriftlichen oder mündlichen Dialog mit Ihrem Kind jeden Tag praktizieren, werden Sie merken, daß Sie diese liebevolle innere Verbindung zwischen Ihrem Erwachsenen und Ihrem Kind immer häufiger spüren. *Der einzige Weg, Ihren inneren Dialog wirklich liebevoll zu gestalten, besteht darin, täglich zu üben.* Je geübter Sie darin werden, sich Ihrer liebevollen und lieblosen Gefühle und Gedanken bewußt zu werden, desto häufiger werden Sie auf Situationen spontan reagieren anstatt eine Stunde oder einen Tag später. Wie häufig ist Ihnen das, was Sie eigentlich hätten sagen oder tun wollen, erst sehr viel später eingefallen, nachdem alles schon vorbei war? Das liegt daran, daß Sie in dem entscheidenden Augenblick nicht eingestimmt und in Kontakt waren: Ihr liebevoller Erwachsener schenkte dem Erleben Ihres Kindes keine Aufmerksamkeit.

Wenn Sie sich der Gefühle Ihres Kindes bewußt werden, wissen Sie immer sofort, wann es gekränkt ist. Sie werden die Spannung oder den Schmerz in Ihrem Magen oder in einem anderen Körperteil, wie zum Beispiel in Ihren Beinen oder Schultern, als ein Zeichen wahrnehmen, daß etwas nicht stimmt. Wenn Ihr Kind einmal gelernt hat, Ihnen zu vertrauen, können Sie es augenblicklich fragen, was nicht stimmt, und Sie werden sofort eine Antwort bekommen. Ihr Kind sagt vielleicht zu Ihnen: »Dieser Mensch lügt dich an. Ich fühle es.« Oder: »Dieser Mensch manipuliert dich«, »Dieser Mensch ist zu und nicht bereit, etwas zu lernen«, »Das fühlt sich nicht gut an. Bitte bring mich weg«, »Diese Situation ist gefährlich. Sei vorsichtig.«

Sie werden sich auch genauer Ihrer jeweils aktuellen Wünsche bewußt werden. Sie werden wissen, wann Sie hungrig sind, was Sie gerne essen würden, wann Sie satt sind, wann Sie schlafen gehen wollen, was Sie wirklich in Ihrer Freizeit tun wollen, mit wem Sie tatsächlich Ihre Zeit verbringen wollen, welche Farben Sie mögen oder welche Kleidungsstücke Ihnen gefallen. Sie werden dann stärker von Ihren Bedürfnissen und Wünschen geleitet werden und weniger von dem »Ich sollte« oder »Ich müßte«.

Den Ängsten und Glaubensmustern nachspüren

Die meisten unserer Ängste und die falschen Glaubensmuster, von denen sie verursacht werden, haben ihren Ursprung in unseren Kindheitserlebnissen. Unsere Überzeugung, daß wir nicht fähig seien, mit unserem Schmerz umzugehen, unsere Vorstellungen über unseren Wert und unsere Liebenswürdigkeit sowie über unsere Fähigkeit, kontrollieren zu können, wie andere uns behandeln oder was sie für uns fühlen, und über unsere Fähigkeit, andere kontrollieren zu können (wenn ich nur offen oder liebevoll genug bin, dann wird er oder sie auch offen sein), unsere Überzeugung, daß wir unfähig seien, uns selbst glücklich zu machen und daß wir für die Gefühle eines anderen verantwortlich seien – sie alle sind das Ergebnis unserer Kindheitserlebnisse. Obwohl es allesamt falsche Glaubensmuster sind, haben wir sie aus guten Gründen übernommen, und wir werden wahrscheinlich erst in der Lage sein, das Verhalten, das aus diesen Überzeugungen resultiert, zu verändern, wenn wir verstehen, woher wir sie haben und welchem Zweck sie dienten. Es ist die Aufgabe des liebevollen Erwachsenen, die Überzeugungen des lieblosen Erwachsenen und des ungeliebten Kindes – die Überzeugungen des Ego – kennenzulernen. Sie könnten sich beispielsweise folgende Fragen stellen:

»Was denke ich über meine Fähigkeit, mit Schmerz umzugehen (oder über meine Liebenswürdigkeit, meine Fähigkeit, andere zu kontrollieren, mein Gefühl, für andere verantwortlich zu sein, die Verantwortung der anderen für mich, und so weiter)?«
»Woher habe ich diese Überzeugung? Welche Erlebnisse aus der Kindheit haben diese Glaubensmuster verursacht?«
»Was habe ich davon, wenn ich so handele, als sei diese Überzeugung wahr?«
»Wovor habe ich Angst? Was würde passieren, wenn ich aufhörte, so zu tun, als sei diese Überzeugung wahr?«

Sam, einer unserer Klienten, beschreibt den Prozeß, den er durchmachte, als er sich mit einigen falschen Glaubensmustern konfrontierte, wie folgt:

Ich war mein ganzes Leben lang in meinen Beziehungen zu anderen Menschen in der Rolle des Beschützers. Als Kind übernahm ich die Verantwortung für die Gefühle meiner Mutter, und als Erwachsener übernahm ich die Verantwortung für die Gefühle meiner Frau. Meine Fürsorglichkeit nahm zwei verschiedene Formen an: anderen Menschen nachgeben oder ihnen Vorhaltungen machen. Damit sie nicht ärgerlich wurde, stimmte ich immer allem zu, was meine Frau wollte, aber dann habe ich ihr regelmäßig vorgehalten, womit sie sich befassen, was sie lernen müßte. Als mir diese Dinge in der Therapie bewußt wurden, hörte ich allmählich damit auf, immer nachzugeben, aber ich konnte anscheinend nicht aufhören zu predigen. Es war wie ein Zwang. Ich hatte das Gefühl, ich müsse nur genau das Richtige zu ihr sagen und dann würde sie sehen, was sie tat, und aufhören, wütend und von mir isoliert zu sein. Ich sah, daß es so nicht funktionierte. In der Tat richtete es sich letztlich gegen mich, weil sie allem, was ich sagte, Widerstand entgegensetzte. Aber ich konnte nicht damit aufhören; es war wie eine Sucht.

Dann hatte ich eine Sitzung, in der ich mit den tiefen Gefühlen der Einsamkeit meines inneren Kindes Kontakt aufnahm, und ich erkannte, daß ich mein Leben mit Umsorgen und Vorhaltungen verbracht hatte, um diese zutiefst schmerzhaften Gefühle zu vermeiden. Ich erkannte, daß ich der Überzeugung war, ich könnte mit diesen Gefühlen nicht fertig werden, und meine Fürsorglichkeit und meine Vorhaltungen würden meine Frau davon abhalten, den Kontakt zu mir abzuschneiden. Könnte ich sie dahingehend beeinflussen, so meinte ich, dann würde ich diese Gefühle nicht haben. Als ich mich der Einsamkeit öffnete, die mein inneres Kind empfindet, wenn meine Frau den Kontakt zu mir abschneidet, und als ich merkte, daß ich mit diesen Gefühlen umgehen konnte, war ich in der Lage, meine Sucht, fortwährend Vorhaltungen zu machen, ganz loszulassen. Ich erkannte, daß die Überzeugung, sie davon abhalten zu können, den Kontakt abzuschneiden, falsch war, aber daß diese Überzeugung mich die ganze Zeit davor geschützt hatte, mich allein zu fühlen.

Sam konnte sein Verhalten, das lieblos zu sich selbst und zu seiner Frau war, nicht ändern, bis er die guten Gründe dafür verstand – die Befürchtungen und falschen Glaubensmuster, durch die sein Verhalten motiviert war. Wenn Ihr Erwachsener mit Ihrem inneren Kind lernt, dann können die falschen Überzeugungen des Ego aufgedeckt werden, und Sie können endlich in größerer Wahrheit leben.

Vertrauen zwischen Ihrem Erwachsenen und Ihrem Kind aufbauen

Genauso wie das Kind lernen muß, darauf zu vertrauen, daß der Erwachsene auf liebevolle Art präsent sein wird, muß der Erwachsene lernen, dem Kind zu vertrauen. Wenn Menschen sich auf diesen Prozeß, ihr Kind kennenzulernen, einlassen, entdekken sie häufig, daß sie es hassen. Sie sehen es vielleicht als hilfloses Opfer oder sie betrachten es als bösartig und rachsüchtig. Sie glauben vielleicht, ihr Kind sei dumm, leer oder langweilig. Das Problem ist, daß sie nur ihr *verlassenes* Kind kennen, und sie gehen davon aus, daß das ihr wirkliches Kind sei. Sie erinnern sich möglicherweise daran, wie sie als Kind andere Kinder verprügelt haben oder daß sie in der Schule schlecht waren oder nichts wirklich wahrgenommen, daß sie gestohlen, Feuer gelegt oder gelogen haben. Es fällt ihnen vielleicht ein, daß sie oft angeschrien worden sind und daß ihnen gesagt wurde, sie würden immer nur stören und Probleme verursachen. Sie merken nicht, daß das Kind, an das sie sich erinnern, das verlassene Kind ist und daß sie keine Ahnung haben, wer ihr Kind ist, wenn es geliebt wird. Deswegen vertrauen sie ihm nicht und haben vielleicht Angst davor, es kennenzulernen.

Wenn Sie ebenfalls unter solchem Mißtrauen leiden, dann können Sie es nur loswerden, wenn Sie das Risiko eingehen, das Kind kennenzulernen. Es kann hilfreich sein, sich anfangs vorzustellen, ein fünfjähriges Kind adoptiert zu haben. Dieses Kind wurde verlassen und vielleicht mißhandelt, und es ist sehr wütend und innerlich verhärtet oder abwesend und stumpf oder passiv und depressiv. Es will Ihnen nicht zeigen, wer es ist. Was würden Sie tun? Würden Sie ihm sagen, es sei abscheulich, oder würden Sie sanft und zart mit ihm umgehen und ihm Zeit geben, um ein Gefühl der Sicherheit zu entwickeln? Wenn Sie in die Augen dieses kleinen Kindes schauen, dann sehen Sie die Angst, aber dahinter auch die Sanftheit und Liebebedürftigkeit. So ist Ihr inneres Kind: Vielleicht wütend, hart, verschlossen, aber in seiner Seele möchte es von Ihnen geliebt werden. Und wenn Sie dieses Kind lange genug lieben, wird es sich öffnen und Sie teilhaben lassen an der Neugier, Kreativität, Leidenschaft, Lebendigkeit, Verspieltheit, Weisheit und an der Fähigkeit zur Freude und zum Staunen.

Kapitel 9

Steckenbleiben – Weiterkommen

> Wir müssen akzeptieren, daß es letztlich nicht unsere Eltern sind und nicht Gott, die uns verlassen haben; wir haben uns selbst verlassen... Viele unserer Schutzmechanismen sind in Wahrheit unsere ältesten Freunde - erprobt und treu. Sie haben uns, wenn alles andere fehlschlug, geholfen und uns geschützt. Und obwohl sie uns inzwischen kaum noch guttun, zögern wir doch, sie loszulassen. *12 Steps to Self-Parenting*
> Philip Oliver-Diaz und Patricia A. O'Gorman

Wir haben im Umgang mit unseren Klienten erkannt, daß einige Menschen sich sofort an die innere Arbeit machen, sobald sie verstehen, wie aufwühlend und lebensverändernd es für sie sein kann zu lernen, ihr inneres Kind zu lieben und in Verbindung mit ihm zu sein. Sie lesen Bücher, sie üben jeden Tag den inneren Dialog, sie schenken den Botschaften ihres Kindes Aufmerksamkeit, sie fangen an, im Interesse ihres Kindes zu handeln, und sie machen sehr rasch Fortschritte. Sie gehen sich selbst gegenüber die Verpflichtung ein zu lernen, wie sie ihrem inneren Kind ein liebevoller Erwachsener sein können, und sie handeln konsequent danach. Es ist wirklich ein Privileg und eine Freude, mit diesen Menschen zu arbeiten.

Andere jedoch scheinen große Schwierigkeiten damit zu haben, sich einzulassen und sich konsequent an die Arbeit zu machen. Sie kommen Woche für Woche, stecken immer an derselben Stelle fest, fühlen immer dasselbe Elend. Oder sie behaupten, daß es ihnen besser gehe, um vom Therapeuten Bestätigung zu bekommen, aber es wird bald offensichtlich, daß in Wirklichkeit nichts passiert. Es wird keine richtige Arbeit geleistet. Sie führen vielleicht sogar die Dialoge, aber nur als eine Übung, nicht mit wahrem Mitgefühl und der echten Absicht zu lernen.

Warum sind manche Menschen offen, etwas zu lernen und Verantwortung für sich zu übernehmen und andere nicht?

Von Natur aus haben Menschen die Tendenz, sich einzulassen, sich zu engagieren. Stecken bleiben sie deshalb, weil sie danach streben, die Ängste und Schmerzen, die irgendwo verborgen liegen, zu vermeiden oder zu verleugnen. Es kann sehr schwierig sein, diese zu erkennen. Nachdem sie sich jahrelang dafür eingesetzt haben, sie zuzudecken, sind ihr Schmerz, ihre Ängste und Überzeugungen tief vergraben. Wahrscheinlich haben sie sich in automatische Abläufe verwandelt, durch die sie sich selbst in einen Zustand der Blindheit und Unbewußtheit versetzen können. Es ist, als ob wir all unsere Energie dafür einsetzten, einen unsichtbaren Schutzschild zu schaffen, um unseren Schmerz, unsere Ängste und die auf Scham basierenden Überzeugungen vor jedermann, einschließlich uns selbst, zu verbergen. Erst wenn wir unsere Energie eine Zeitlang auf das Sehen, Annehmen und Erleben des vergrabenen Schmerzes und Kummers konzentrieren, wird uns unsere ganze Kraft wieder zur Verfügung stehen und uns helfen, das Chaos zu ordnen und endlich Freude zu empfinden. Die Energie, aus dem Sumpf hinauszukommen, ist da, allerdings im Augenblick noch ungelenkt. Um hinauszukommen, müssen Sie für alle Ihre Gefühle, ob Freude oder Schmerz, die Verantwortung übernehmen. Sie müssen entschlossen sein, etwas über Ihr Leid, Ihre Ängste und Überzeugungen und darüber, was Ihnen Freude bringt, erfahren zu wollen. Dieses erneute Engagement muß aus dem Erwachsenen kommen, da der Erwachsene die Entscheidungen darüber trifft, was Sie zu tun beabsichtigen.

Ihr verlassenes Kind wird wahrscheinlich Angst davor haben, Ihnen dabei zu helfen. Kein Kind möchte gern ins Krankenhaus gehen, um operiert zu werden. Aber wenn eine Blinddarmoperation nötig ist, um zu überleben und gesund zu werden und zu wachsen, dann muß der zuständige Erwachsene sich dazu entschließen. Und wie jeder liebevolle Erwachsene müssen Sie sich vielleicht längere Zeit mit Ihrem extrem wütenden und verängstigten Kind unterhalten. Es ist Ihre Aufgabe, beständig danach zu streben, die Wahrheit aufzudecken und gleichzeitig für das Kind dazusein, das vielleicht von Ängsten und falschen Informationen überschwemmt wird.

Es gibt viele Ängste und falsche Überzeugungen, die die

Bereitschaft, zu lernen und persönliche Verantwortung zu übernehmen, blockieren können. Wir nennen hier die wesentlichen blockierenden Ängste und Überzeugungen, die wir entdeckt haben, in der Hoffnung, daß Ihnen dieses Wissen hilft, weiterzukommen, wenn Sie steckengeblieben sind.

Die Angst vor der Wut des Kindes

In unserer Kindheit haben viele von uns durch unsere Eltern, Großeltern, Geschwister, durch andere Verwandte, Lehrer oder Freunde gelitten. Uns wurde vielleicht physisch, sexuell oder emotional Gewalt angetan. Wir waren nicht nur machtlos, uns selbst zu schützen, sondern im allgemeinen durften wir auch nicht unsere Wut ausdrücken, oder wir wurden noch mehr mißhandelt, wenn wir es taten. Bei den meisten von uns finden sich im Wust der Gefühle des verlassenen Kindes alte unausgedrückte Gefühle der Wut und des Zorns, Wut auf andere, weil sie uns als Kinder verlassen haben, und auf uns selbst, weil wir unser inneres Kind verraten haben.

Wenn Sie sich dafür öffnen, mit Ihrem Kind zu lernen, müssen Sie bereit sein, diese Wut und diesen Zorn zu erleben und auszudrücken.

Viele Menschen haben Angst vor ihrer Wut. Sie verurteilen dieses Gefühl und sagen ihrem inneren Kind, daß es schlecht und falsch sei, so zu fühlen, und sie befürchten, andere würden sie auch verurteilen. Sie haben vielleicht Angst davor, daß ihre Wut ihnen Probleme verursachen könnte, so wie in ihrer Kindheit. Sie glauben vielleicht, daß Wut nur noch mehr Wut erzeugt. Sie haben vielleicht Angst davor, daß sie im Grunde wütende Menschen sind, eine unerschöpfliche Quelle von Wut, die nie versiegen wird, egal wie sehr sie daran arbeiten. Sie haben vielleicht Angst davor, ihre Wut könnte sie überwältigen, und wenn sie sich ihr öffneten, würden sie sich oder andere verletzen oder sogar jemanden töten. Diese Angst kommt aus ihrer Erfahrung, ein Kind zu sein, verlassen und ohne den Beistand eines Erwachsenen, der ihm Grenzen setzen würde. Wir haben die Erfahrung gemacht, daß Wut nur außer Kontrolle gerät, wenn man sie unterdrückt und sich weigert, mit ihr umzugehen. Sobald man mit seinem liebevollen Erwachsenen in Kontakt kommt, kann man lernen, seine Wut auf eine Weise auszudrücken, die niemandem schadet. Aber wenn Sie glauben, andere Menschen würden Sie verurteilen oder Sie würden durch Ihre Wut in Schwierigkeiten geraten oder sie würde Sie überwältigen und wenn Sie nicht bereit sind, die Gültigkeit dieser Überzeugungen zu überprüfen, dann werden Sie weiterhin steckenbleiben.

Die meisten Menschen richten, wenn sie ihren Dialog beginnen, die Wut ihres inneren Kindes auf den inneren Erwachsenen, weil er es verlassen hat. Diese Wut mag wochenlang anhalten, und wenn Sie nicht bereit sind, Ihrem Kind zu erlauben, sie auszudrücken, werden Sie steckenbleiben. Julie, eine kleine blonde Frau aus einer unserer Gruppen, ist in dieser Weise steckengeblieben. Als sie schließlich die Wut akzeptierte, machte sie eine wunderbare Erfahrung mit ihrem Kind:

Julie: Ich möchte auch etwas erzählen. Ich bin richtig aufgeregt, weil ich jeden Tag meinen Dialog geführt habe.
Gruppe: Toll! Großartig, Julie! (Einige applaudieren)
Julie: Und ich finde es wirklich großartig. Ich mußte durch diesen schrecklichen Widerstand, die Blockierungen und all diesen Mist hindurch. Aber schließlich habe ich es geschafft. Ich habe es jeden Tag gemacht, und nun glaube ich, keinen Tag auslassen zu dürfen.
Margie: Ich wollte dich fragen, was sich verändert hat. Deine Energie ist heute ganz anders.
Gruppe: Ja, sprudelnder, leichter.
Julie: Ich habe gestern eine unglaubliche Erfahrung gemacht. Etwas hat sich letzte Woche nach der Gruppe verändert. Ich habe mit meinem Dialog angefangen, und alles, was hochkam, war, daß das Kind wütend auf den Erwachsenen war. Und du sagtest: »Natürlich. Wenn du ein Kind so viele Jahre lang verlassen hättest, wäre es auch wütend auf dich.« Also, das hat das Ganze in eine ganz andere Perspektive gerückt, und ich erkannte, daß ich einfach dabeibleiben und einfach hindurchgehen muß, egal was kommt. Und das habe ich gemacht. Ich ging in meine Gefühle hinein, und es kam noch mehr Wut, und dann änderte sich wieder etwas! Etwas verschob sich einfach. Und plötzlich war es so, als ob mein Erwachsener wirklich liebevoll präsent sein könnte. Also

fragte ich gestern mein Kind, was es wirklich wolle. Es wollte einfach ins Freie gehen, irgendwohin, wo grüne, saftige Hügel sind, und ich sollte meine Hunde mitnehmen und einfach nur rausgehen und den Tag draußen verbringen. Aber erstens kenne ich im Augenblick keinen Ort, wo grüne, saftige Hügel sind, und zweitens habe ich keine Zeit. Also dachte ich: Gut, ich habe immer gehört, daß du beim Visualisieren im Geist dieselbe Erfahrung machst, als wenn du etwas tatsächlich tun würdest. Und ich beschloß, jetzt einfach zu visualisieren. Also ging ich in mein Zimmer, legte eine schöne Platte auf und stellte mir diese Szene in meiner Phantasie vor. Es war einfach unglaublich. Ich war völlig versunken, und dann überfiel mich diese ganze Traurigkeit und dieser Kummer, weil es mich wirklich damit in Kontakt brachte, was mein kleines Mädchen nicht bekam, die Traurigkeit über alles, was es nicht bekam. Aber sogar das war unglaublich gut, dieses freie Fließen zu spüren. Und das war gestern.

Es ist wichtig zu wissen, daß es zwei Arten von Wut gibt, verschlossene Wut und offene Wut, das heißt Wut, die ausgedrückt wird in der Absicht zu schützen, und Wut, die ausgedrückt wird in der Absicht zu lernen. Verschlossene Wut ist die kontrollierende oder rachsüchtige Wut, die von dem verlassenen Kind ausgedrückt wird, wenn kein liebevoller innerer Erwachsener auftaucht und das innere Kind sich hilflos und machtlos fühlt. Es ist auch die Wut, die vom lieblosen Erwachsenen gegenüber dem verlassenen Kind ausgedrückt wird. Es ist eine angstmachende Wut, die außer Kontrolle geraten und einem selbst und anderen Schaden zufügen kann. Offene Wut wird von dem verlassenen Kind ausgedrückt, wenn der liebevolle innere Erwachsene beabsichtigt, es kennenzulernen und zu verstehen, was das innere Kind in der Vergangenheit erlebt hat oder in der Gegenwart erlebt. Der innere Erwachsene ist da, um dem Verhalten Grenzen zu setzen, damit sichergestellt ist, daß Sie weder sich noch andere verletzen. Der liebevolle Erwachsene hört zu und schafft dem Kind den Raum und unterstützt es bei seinen Gefühlen der Wut. Diese Wut öffnet uns, sie bringt uns etwas bei und hilft, alte Wunden zu heilen.

Die Angst vor dem Schmerz des Kindes

Unter der Wut liegt immer Schmerz verborgen. Wir alle machen in unserer Kindheit schmerzvolle Erfahrungen, und wir haben alle gelernt, diesen Schmerz nicht zu fühlen. Aber die Gefühle sind nicht verlorengegangen; sie leben in dem inneren Kind weiter. Um mit dem inneren Kind zu lernen, müssen Sie bereit sein, die alten Schmerzen zu fühlen und zu heilen. Wenn Sie immer noch an den falschen Überzeugungen Ihres verlassenen Kindes oder Ihres lieblosen Erwachsenen festhalten (»Wenn du dich dem Schmerz öffnest, werden die Schmerzen niemals enden, dich überwältigen, du wirst sterben oder verrückt werden, du wirst einfach nicht damit umgehen können«) und wenn Sie nicht bereit sind, diese Überzeugungen zu überprüfen, dann werden Sie bei dem Versuch, sich selbst zu schützen, steckenbleiben. Sie können sich nicht gleichzeitig öffnen, um zu lernen und sich vor Ihrem Schmerz zu schützen.

Oft sind wir nicht einmal bereit, zur Kenntnis zu nehmen, daß wir früher schmerzliche Erfahrungen gemacht haben. Wenn Sie an dem Glauben festhalten, daß Sie eine ideale Kindheit hatten, wenn Ihre Familie Ihnen beibrachte, Geheimnisse zu bewahren, dann glauben Sie vielleicht, daß es falsch sei, sich der Wahrheit bewußt zu werden. Bis Sie erkennen, daß die Wahrheit wichtiger ist als das Verstecken und ein Leben in der Verleugnung, werden Sie steckenbleiben. Die meisten von uns werden tiefen Kummer spüren, wenn sie mit dem Verlust ihrer idealisierten Eltern und ihrer idealisierten Kindheit konfrontiert werden. Wenn wir nicht bereit sind, diese Schmerzen und diesen Kummer zu durchleben, dann ist keine Heilung möglich. Es gibt keinen Weg an dem Schmerz, der Angst und dem Kummer vorbei. Wir müssen durch diese Gefühle hindurch, um zu heilen.

Der tiefste Schmerz, mit dem wir uns auseinandersetzen müssen, ist das Alleinsein, die Einsamkeit und die erschütternde Erfahrung der Machtlosigkeit im Hinblick auf jene Gefühle, die wir in unserer Kindheit erlebten. Unsere gesamte Verrücktheit wird dadurch verursacht, daß wir uns weigern, diese Gefühle zu erleben. Alle unsere Ego-Schutzmaßnahmen entstehen aus dieser Angst vor jenem Schmerz. Es folgt ein Gedicht, das Erika schrieb, als sie sich mit der Einsamkeit als Kind auseinandersetzte:

Einsamkeit ist der einzige wahre Schmerz.
Jeder andere Schmerz wird daraus geboren.
Sie allein bringt
all unsere Schutzmaßnahmen hervor.
Wir zucken zusammen,
wenn sie nur erwähnt wird.
Sie ist die furchtbarste
Isolation der Seele von den Mitmenschen.
Wir haben Angst, dieses Gefühl nicht zu überleben,
denn es ist *die* Verletzung,
die wir nicht allein heilen können.
Einsamkeit ist ein Riß im Herzen, der nur
durch einen anderen überbrückt werden kann.
Wir fügen ihn zu, verachten ihn und verleugnen ihn
und merken nicht,
daß wir gezwungen sind,
trotz dieses schrecklichen Schmerzes
uns weiter vorwärts zu bewegen ...
Einsamkeit ist das Buch,
das zu lesen
wir uns weigern ...

Unsere tiefste Einsamkeit, die nur »durch einen anderen überbrückt werden kann«, vermag nicht zu heilen, bevor wir nicht die Brücke in uns selbst bauen, die Verbindung zwischen unserem Erwachsenen und unserem Kind. Die Liebe eines anderen kann erst in unser Herz gelangen, wenn es offen dafür ist. Bis Sie sich mit Ihrem Schmerz konfrontieren, werden Sie sich gegen ihn schützen, und Ihr Herz wird solange vermauert sein.

Sich mit dem Schmerz der eigenen Einsamkeit, des Alleinseins und der Machtlosigkeit zu konfrontieren, bedarf großen Mutes und kann erst geleistet werden, wenn es eine feste Verbindung zwischen Ihrem inneren Erwachsenen und Ihrem inneren Kind gibt. Ihr Kind wird Sie diesen Schmerz erst fühlen lassen, wenn es darauf vertraut, daß Sie nicht davor wegrennen, daß Sie dableiben werden und es liebevoll dabei unterstützen, von diesem Schmerz zu lernen und durch ihn hindurchzugehen.

Erika verwendete eine Metapher, um die Erfahrung zu beschreiben, wie sie sich diesem Schmerz öffnete:

Es war, als ob ich in meinem Boot zu einer sehr tiefen Stelle des Ozeans hinaussegeln und dort ins Wasser springen würde. Die meisten Menschen versuchen ihr ganzes Leben lang verzweifelt, an der Oberfläche zu bleiben, weil sie Angst haben, wenn sie sich einmal treiben ließen, würden sie untergehen. Oder sie liegen ruhig auf dem Rücken an der Oberfläche, als ob sie tot wären, in einem Zustand der Depression, um nicht mit ihren Ängsten vor dem Schmerz konfrontiert zu werden. Sich mit dem Alleinsein zu konfrontieren ist, als würde man sich auf den Boden des Meeres sinken lassen. Sie gehen langsam unter. Zuerst halten Sie den Atem an, aber dann finden Sie heraus, daß Sie unter Wasser atmen können. Sie wissen nicht, wann der Boden endlich erreicht ist, so daß Sie einfach weitermachen müssen im Vertrauen darauf, daß alles in Ordnung sein wird. Schließlich sind Sie am Boden angelangt, sehen sich um und erkennen, was Sie Ihr ganzes Leben lang zu fühlen und kennenzulernen fürchteten. Sie verweilen dort vielleicht ein wenig, vielleicht einen Monat, bis Sie alles gelernt haben, was zu lernen ist, und dann beginnen Sie, sich leichter zu fühlen. Langsam kommen Sie wieder an die Oberfläche. Es wird vielleicht noch weitere Phasen in Ihrem Leben geben, in denen Sie wieder loslassen und untergehen müssen, aber es wird nicht mehr so lange dauern, und Sie werden keine Angst mehr davor haben. Sie werden wahrscheinlich nie wieder die ganze Strecke bis auf auf Grund hinuntersinken müssen.

Der Widerwille, den Schmerz, den unser Kind in sich trägt, zu fühlen und zu erleben – das ist einer der Hauptgründe, warum Menschen steckenbleiben. Solange es wichtiger ist, sich selbst vor den eigenen Gefühlen und der Verantwortung dafür zu schützen, solange wir uns weigern, etwas über die Überzeugungen und Erfahrungen zu lernen, die unsere Schmerzen verursacht haben und auch weiterhin verursachen, solange werden wir nicht in der Lage sein zu lernen.

Sogar wenn der Erwachsene beschlossen hat, sich zu öffnen, um etwas über die Wut und den Schmerz des Kindes zu erfahren, hat die betreffende Person gelegentlich noch immer das Gefühl, steckengeblieben zu sein. Vielleicht deshalb, weil das innere Kind Angst hat, der Erwachsene würde seine Wut und seinen Schmerz verurteilen. Wenn das der Fall ist, wird das innere Kind weiter schweigen, bis es das Gefühl hat, daß es sich wirklich darauf verlassen kann, daß der innere Erwachsene es liebt.

Die Angst, vom Kind kontrolliert und verraten zu werden

Wer schon in der Kindheit lernte, Widerstand zu leisten, um sich davor zu schützen, von einem Elternteil, Großelternteil oder einem der Geschwisterkinder kontrolliert zu werden, wird dieses Verhalten auch als Erwachsener übernehmen. In diesem Fall sind Sie so darauf konditioniert, allem und jedem und vor allem den Wünschen eines anderen Widerstand entgegenzusetzen, daß Sie unbewußt auch die Wünsche und Bedürfnisse Ihres eigenen inneren Kindes abblocken. Ihr inneres Kind wünscht und braucht Ihre Aufmerksamkeit, Ihre Liebe und Bestätigung, genauso wie Ihre Absicht, mit ihm und von ihm zu lernen, sowie Ihre Sorge um sein Wohlergehen, seine Sicherheit und Freude. Es wünscht und braucht diese Dinge von Ihnen *in jedem Augenblick*. Wenn Sie zu den Menschen gehören, die immer Widerstand leisten, ertappen Sie sich vielleicht einmal dabei, wie Sie unbewußt zu Ihrem inneren Kind sagen: »Ich muß nicht alles machen, was du willst. Daß du etwas willst, heißt noch lange nicht, daß ich es dir geben muß. Suche dir jemand anderen, der dir das geben kann.«

Es folgt ein Ausschnitt aus einer Sitzung von Margie mit Dean. Dean entdeckte, daß er in einem Machtkampf mit seinem inneren Kind steckengeblieben war:

Deans Erwachsener: Was möchtest du jetzt?

Deans Kind: Ich möchte, daß du mir Aufmerksamkeit schenkst. Ich möchte, daß du mit mir sprichst. Ich möchte, daß du mir zuhörst und mich nicht ignorierst – wenn das nicht zuviel verlangt ist (verärgertes Seufzen). Ich bin wütend auf dich, weil du sagst, daß du all diese Dinge tust, was aber in Wirklichkeit gar nicht der Fall ist. Ich habe es satt, wie du mich behandelst, und ich fühle mich so allein und von dir abgeschnitten. Wann wirst du endlich die Entscheidung treffen, wann wirst du es endlich ändern? (Wirklich wütend.)

Margie: Geh wieder zurück (in die Erwachsenenrolle).

Deans Erwachsener: (Seufzer) Es ist so leicht zu sagen: »Ich weiß nicht, wann ich es ändern werde«, und es einfach wieder aufzuschieben und immer wieder aufzuschieben. Ich habe die Entscheidung nämlich noch nicht getroffen. Es ist schwierig, sich für das, was du insgeheim zurückhältst und zurückgehalten hast, zu öffnen, weil ich dir nicht erlaubt habe, es herauszulassen. Und ich bin mir wirklich nicht sicher, ob ich diese Verpflichtung dir gegenüber eingehen soll. Ich weiß, daß ich nie in der Lage war, das zu tun. Ich habe immer jemand anderem dafür die Schuld gegeben; ich habe nie die Verantwortung dafür übernommen. Und ich sehe wohl, wie deswegen alles immer schlimmer wird. Ich bin immer noch nicht sicher, ob ich es tun soll.

Margie: Komm wieder hierher zurück.

Deans Kind: Du machst es schon *wieder*! Du bist dasselbe dumme Arschloch, das du schon immer gewesen bist. Du hast mal wieder nur Ausreden. Wenn du so bist, möchte ich am liebsten überhaupt nicht mit dir reden, weil es gar keinen Sinn hat. Du hörst mir nicht zu, und ich fühle mich dann am Ende schlecht, und es wird immer schlimmer und schlimmer. Und ich bin hier drinnen einfach gefangen. Es ist, als ob du überhaupt nie irgend etwas dagegen tun wirst. Du wirst mich einfach hier drinnen lassen, und ich werde nie etwas anderes tun können oder etwas anderes sein als das, was ich schon bin. Wenn du nichts dagegen unternehmen willst, was soll dann das Ganze?

Margie: Gehe nun in deinen Erwachsenen zurück ... Dein Kind sagt dir, daß du es mißhandeln würdest, und es meint, es habe keinen Sinn, so zu leben. Aber du mußt natürlich weiterhin Widerstand leisten, damit du nicht von ihm kontrolliert wirst.

Deans Erwachsener: Tue ich das?

Margie: Auf mich macht es den Eindruck eines Machtkampfes. Ich habe den Eindruck, es ist ein intensiver innerer Machtkampf. Das Kind wünscht sich das so sehr von dir, und du willst es ihm nicht geben. Du möchtest nicht von deinem Kind kontrolliert werden. Es scheint, als würdest du ein Lippenbekenntnis ablegen. Du sprichst darüber. Du tust, als wärst du dir all dieser Dinge bewußt und so weiter, aber die ganze Zeit geht es dir im Grunde darum, Widerstand zu leisten, sich nicht einzulassen, es nicht zu tun, einfach hart zu bleiben gegen das, was es sich von dir wünscht.

Dean: Es scheint, als könnte ich nicht einmal die Worte finden, um *auszusprechen, daß ich mich einlassen kann.*

Margie: Ich weiß. Deswegen habe ich ja den Eindruck, daß es ein Machtkampf ist.

Dean: Es fühlt sich an wie ein Jo-Jo. Es fühlt sich an, als ob ich dasselbe Ding immer vor- und zurückhüpfen lasse.

Margie: Ja. Kannst du deinen Widerstand fühlen?

Dean: Mhm.

Margie: Gut, dieser Widerstand ist der Machtkampf in dir selbst. Dein kleiner Junge wünscht sich so sehr, daß du ihm Aufmerksamkeit schenkst, und du wirst es nicht tun, weil du ihm nicht nachgeben möchtest.

Dean: Es fühlt sich so an, als würde ich nachgeben, wenn er es möchte, daß ich etwas tue und ich es dann wirklich tue.

Margie: Ja, so fühlt es sich an; wenn du es tust, gibst du nach.

Dean: Ja.

Margie: Bei deinem Bemühen, nicht von deinem Kind kontrolliert zu werden, wirst du total kontrolliert, weil du nicht unabhängig entscheidest, was du willst. Kannst du ganz ehrlich zu mir sagen: »Ich möchte kein liebevoller Mensch sein?«

Dean: Nein.

Margie: Gut, wenn das also nicht die Wahrheit ist und du ein liebevoller Mensch sein möchtest ...

Dean: ... warum tue ich es dann nicht?

Margie: ... dann triffst du nicht diese unabhängige Entscheidung. Es fühlt sich eher an wie ein Nachgeben als wie eine unabhängige Entscheidung.

Dean: Mir selbst nachgeben ...

Margie: Ja.

Dean: Meinem Kind nachgeben.

Margie: Richtig. Das ist richtig.

Dean: Ich nehme an, das ist der elementarste Machtkampf, nicht wahr?

Nach dieser Sitzung ließ sich Dean auf den Dialog mit seinem Kind ein und begann, echte Fortschritte zu machen.

Oft werden die Machtkämpfe, die in der Kindheit begannen, auf einen Partner, das eigene Kind oder sogar auf den eigenen Therapeuten projiziert. Bob und Rachael kamen zur Eheberatung, weil sie das Gefühl hatten, keinen Kontakt zueinander zu haben. Sie stritten sehr viel und schliefen nicht miteinander, was Bob sehr unglücklich machte. Bob glaubte, daß mit Rachael etwas nicht stimme, weil sie meistens ärgerlich oder wütend war und an Sex kein Interesse hatte. Auf der anderen Seite war Rachael wütend auf Bob und glaubte, die Probleme würden allein von ihm verursacht werden.

Zu Beginn der Therapie schien es so, als ob Bob eine sehr offene Persönlichkeit wäre. Er wirkte sanft und zart und schien fähig zu sein, sich selbst glücklich zu machen. Er hatte eine Menge Hobbys, denen er aber kaum nachging, weil Rachael sich zurückgesetzt fühlte, wenn er nicht seine ganze Freizeit mir ihr verbrachte. Rachael war immer wütend auf Bob und gab ihm beständig die Schuld für ihr Unglücklichsein. Während einer dieser Sitzungen wurde sie so wütend und verleugnete derart heftig ihre Absicht, sich zu schützen, daß die Therapeutin ihr sagte, die Sitzungen würden ihr nicht helfen, wenn sie sich nicht entscheiden könne zu lernen. Sie schrie, daß sie sehr wohl lernen wolle und beendete dann die Therapie. Bob kam noch zu einigen weiteren Sitzungen. Er hatte gerade begonnen, sich seines inneren Kindes und der heftigen Wut seines Kindes über die mütterliche Kontrolle bewußt zu werden, als er ebenfalls ganz abrupt mit der Therapie aufhörte. In der darauffolgenden Woche erschien Rachael zu seiner Therapiestunde. Sie wirkte sehr resolut, setzte sich hin und sagte: »Sie hatten recht. Ich war sehr wütend und hatte zugemacht, und das macht mich sehr unglücklich. Ich möchte nicht mehr länger unglücklich sein. Ich bin bereit zu arbeiten.« Kein Wunder, daß die Therapeutin über diese Entwicklung sehr überrascht war.

In den nächsten sechs Wochen machte Rachael unglaubliche Fortschritte. Sie führte ihre Dialoge mit aller Sorgfalt und versuchte vor allem, die Verbindung zu ihrem inneren Kind herzustellen. Als sie anfing, klar zu erkennen, wie sie ihr inneres Kind glücklich machen und es schaffen könnte, das Verhalten anderer Menschen nicht persönlich zu nehmen, schmolz ihre Wut, und sie begann, sich heiter und ausgeglichen zu fühlen.

Aber je glücklicher sie wurde, um so wütender wurde Bob. Ihre Beziehung wurde immer schlechter. Die Therapeutin bat Rachael, zusammen mit Bob zu kommen, wenn er dazu bereit sei.

Zur nächsten Stunde brachte Rachael Bob mit, aber er war sehr angespannt, kalt und distanziert. So wie auch Rachael es noch wenige Wochen zuvor getan hatte, verleugnete er seine Absicht, sich gegen seine Angstgefühle schützen zu wollen. Wann immer sie versuche, so erzählte dagegen Rachael, Bob von der Arbeit mit ihrem inneren Kind zu erzählen und ihn wissen zu lassen, wie sehr ihr diese Arbeit helfe, würde er wütend werden. Die Therapeutin fragte Bob, wie es ihm mit Rachaels Veränderung ginge. Er antwortete, er habe in die ganze Entwicklung kein Vertrauen. Plötzlich beschuldigte er sie auf dieselbe wütende Art, wie sie ihn zu beschuldigen pflegte. Mittendrin platzte er heraus: »Ihr zwei verbündet euch gegen mich! Ihr seid genau wie meine Mutter. Ihr wollt mich kontrollieren und mich dazu bringen, alles so zu machen, wie ihr es wollt. Man kann die Dinge auch anders machen. Meine Art unterscheidet sich von eurer, und ich muß es nicht so machen wie ihr.« Die Therapeutin wies ihn darauf hin, daß er einen Machtkampf gegen sie und Rachael führe und fragte: »Fühlt es sich so an, als würdest du kapitulieren, nachgeben, verlieren, kontrolliert werden, wenn du dich öffnest, um etwas über dein inneres Kind zu lernen?« »Ja«, antwortete er mit weit aufgerissenen Augen. »Genauso fühlt es sich an. Genau das ist es, was passiert.«

Zu erkennen, daß er in einem Machtkampf steckte, hieß für Bob noch lange nicht, daß er sich daraus befreien konnte. Er blieb stecken, bis er bereit war, seine Angst zu spüren: die Angst davor, sich selbst zu verlieren und von Rachael und der Therapeutin kontrolliert zu werden, wenn er sich öffnete, um mit und von seinem inneren Kind zu lernen.

Uns ist aufgefallen, daß Klienten, die sich gegen ihre innere Arbeit sträuben, die nicht mit ihrem inneren Kind lernen und keine Verantwortung dafür übernehmen wollen, oft folgendes sagen:

»Diese Therapie ist wirklich blöd.«
»Die Theorie ist zu simpel.
»Wer sagt, daß Sie recht haben?«

»Ich kaufe Ihnen diesen Erwachsenen-Kind-Quatsch nicht ab. Glauben Sie vielleicht, ich bin schizophren?«
»Ich habe jede Menge verschiedener Therapien und Workshops besucht. Nichts hat geholfen. Warum sollte es hier anders sein? Was soll's also? Es wird auch nicht helfen.«
»Ich bin ratlos.«

Viele von uns haben falsche Vorstellungen davon, wer das innere Kind überhaupt ist, weil wir nur das ungeliebte und verlassene Kind kennen. Sie glauben vielleicht, Ihr Kind sei ein Störenfried, wild und nicht zu bändigen, nicht bereit, irgendwelche Regeln einzuhalten. Sie sind vielleicht davon überzeugt, daß es Sie nur kontrollieren möchte und daß Sie die Kontrolle über ihr Leben verlieren würden, wenn Sie sich Ihrem Kind öffneten.

Thomas, einer unserer Klienten, hat einen autoritären inneren Erwachsenen, der sein inneres Kind genauso behandelt, wie er von seinen Eltern behandelt wurde. Thomas hat immer alle Regeln befolgt. Eine davon lautet, daß er nie bei der Arbeit fehlen dürfe, selbst wenn er krank sei. Thomas hatte Angst, die Verbindung mit seinem inneren Kind aufzunehmen, weil er befürchtete, sein Kind würde ihn dazu bewegen, die Regeln zu brechen und dadurch Chaos in sein Leben bringen. Sein Kind möchte in der Tat einige Regeln brechen, aber das würde keinesfalls Chaos verursachen. Thomas führte in unserer Praxis den folgenden Dialog mit seinem Kind. Es war ein kalter und regnerischer Tag, und Thomas, der gerade von der Arbeit gekommen war, hatte eine Erkältung.

Erwachsener: Warum haßt du den Regen?
Kind: Ich hasse ihn einfach. Ich hasse ihn. Ich hasse die Kälte. Ich fühle mich dann so allein.
Erwachsener: Der Hauptgrund, warum du den Regen haßt, ist also die Kälte und das Gefühl des Alleinseins? Wie kann ich dir helfen?
Kind: Halte mich warm. Laß mich manchmal von der Arbeit fernbleiben, wenn es regnet, vor allem wenn ich krank bin.

Thomas wollte nicht wissen, daß sein Kind sich so fühlte, und führte keine Dialoge mehr mit ihm. Er hatte Angst, daß sein

Kind die Kontrolle übernehmen könnte, wenn er ihm zuhörte, und daß er dann schließlich zu einer verantwortungslosen Person werden würde. Thomas wird steckenbleiben, bis er die Wahrheit wissen und wirklich lernen will.

Viele Menschen befürchten, daß sie dann, wenn sie sich ihrem inneren Kind öffnen, nicht mehr arbeiten wollten, daß sie faul und träge werden könnten und sich vor ihrer Verantwortung drücken würden. Sie glauben, daß das Kind die ganze Zeit nur spielen oder sich verstecken oder kämpfen oder weinen möchte. Das mag zutreffen, wenn Sie Ihr Kind verlassen haben, aber es trifft keinesfalls zu, wenn Ihr Kind sich von Ihnen geliebt fühlt. Wahrscheinlich befürchten Sie jedoch, daß Sie schließlich von Ihrem ungeliebten Kind kontrolliert würden, daß Sie alles verlieren könnten, wenn Sie sich öffneten, um es kennenzulernen. Diese Überzeugung ist falsch. Wir haben das nicht ein einziges Mal erlebt, wenn sich Menschen ihrem inneren Kind öffneten. Tatsächlich haben wir das Gegenteil erfahren. Sobald man mit der Lebendigkeit des inneren Kindes in Kontakt kommt und ihm hilft, seine Angst und seinen Schmerz zu heilen, wird man produktiver und kreativer. Vielleicht durchlebt man zu Anfang eine Zeit der Verwirrung, des Widerstands und ein Nachlassen der Leistungsfähigkeit, aber das ist nur vorübergehend. Sie werden das jedoch nur dann herausfinden, wenn Sie bereit sind, mit Ihrem inneren Kind zu lernen, indem Sie Ihren Ängsten nachspüren.

Dieser Mangel an Vertrauen in das Kind wurde in einer Sitzung mit Shelly, einer neunzehnjährigen Studentin, deutlich. Am Ende der vorangegangenen Sitzung war es offensichtlich geworden, daß Shelly einige Schwierigkeiten hatte, was die Gefühle zu ihrem Vater anbetraf. Die Therapeutin hatte Shelly aufgefordert, zu Hause mit ihrem Kind darüber zu sprechen, aber Shelly blieb stecken aus Angst, die Kontrolle zu verlieren, und führte deshalb den Dialog nicht. Shelly fürchtete, daß ihr Kind überhaupt keine Zeit mehr mit ihrem Vater verbringen wolle, und die erwachsene Shelly glaubte, daß sie ihrem Kind nachgeben müsse, wenn es so fühlte. Als sie in der Sitzung dann den Dialog hielt, wurde es klar, daß ihr Kind überhaupt nicht so fühlte – daß die kleine Shelly nur nicht wollte, daß die große Shelly sie im Zusammensein mit ihrem Vater im Stich ließ. Aber selbst wenn ihr Kind nicht mit dem

Vater zusammensein wollte und die erwachsene Shelly diesen Wunsch deutlich wahrnahm, hieße das nicht, daß die erwachsene Shelly von ihrem Kind kontrolliert werden müßte. Es hieße, daß Shelly sich öffnen müßte, um zu erfahren, warum sich ihr Kind so fühlte und wie sie ihm helfen könnte, sich in der Situation besser zu fühlen. Shelly lernte in dieser Sitzung, daß sie eine Menge Vermutungen über die Gefühle ihres Kindes hat, aber nicht wissen möchte, wie diese Gefühle wirklich aussehen (und daß sie sich auch im Umgang mit anderen Menschen so verhält). Sie erkannte, daß sie ihr Kind als ein forderndes, tyrannisches, schwieriges Geschöpf ansieht, so wie ihre Eltern sie sahen, und nicht als ein Kind, dem man zuhören und das man verstehen muß.

Unser Ego möchte immer die Kontrolle behalten und hat beständig Angst davor, sie zu verlieren. Es sagt uns, daß wir die Kontrolle verlieren würden, wenn wir uns dem Kind öffneten. Das ist für die meisten Menschen eine entsetzliche Vorstellung, deshalb möchte der lieblose Erwachsene unter allen Umständen die Kontrolle über das Kind behalten. Im Gegenzug möchte das ungeliebte Kind andere Menschen und deren Gefühle kontrollieren. Als Kinder hatten wir das Gefühl, ganz und gar ohne Kontrolle zu sein. Wir konnten nicht laufen oder sprechen oder irgend etwas tun, um unsere Bedürfnisse selbst zu befriedigen, und wenn niemand uns weinen gehört und man uns alleingelassen hätte, hätten wir sterben können. Da wir nun erwachsen sind, sagt uns das Ego, daß wir sterben könnten, wenn wir die Kontrolle verlören, besonders die Kontrolle darüber, nicht verlassen zu werden und nicht im Leid zu versinken. *Die Angst davor, die Kontrolle über die Menschen und Ereignisse, die Schmerz verursachen und ebenso über das Empfinden von Schmerz zu verlieren, ist eines der größten Hindernisse auf dem Weg des Lernens und der Erkenntnis.* Erst wenn wir bereit sind, unseren Schmerz zu fühlen, werden wir aufhören, uns selbst, andere Menschen und die Folgen der Ereignisse kontrollieren zu wollen. Viele Menschen sind *süchtig* nach Kontrolle und glauben irrtümlicherweise, daß Kontrolle auszuüben und Widerstand gegen Kontrolle von außen zu leisten sie glücklich machen würde. Um zu lernen, müssen wir diese Kontrolle unserem höheren Selbst *überlassen*, und an diesem Punkt bleiben so viele Menschen stecken. Wir können nicht in unser höheres Selbst gelangen, wenn wir uns unserem inneren Kind nicht öffnen, und für viele Menschen bedeutet das, ihr Leben und ihre Gefühle nicht mehr unter Kontrolle zu haben – etwas, was sie mehr als alles andere fürchten. Erst wenn Sie es wirklich riskieren, Ihrem höheren Selbst die Kontrolle zu überlassen, werden Sie weiterkommen.

Es folgt ein Ausschnitt aus einer Sitzung mit Ed:

Ed: Wenn ich mit meinem Kind rede, fühlt es sich an, als ob mein Erwachsener nicht nur zuhört und redet, sondern kontrolliert, kritisiert und dergleichen. Ich bin nicht ganz sicher, wie ich es anstellen soll, zwischen meinem Erwachsenen und meinem Kind im Dialog hin und her zu gehen, es fühlt sich nämlich so an, als ob er . . . Ich weiß nicht, wie ich das in Worte fassen soll. Ich glaube, ich fühle mich nicht wohl dabei, wenn mein Kind meinen Erwachsenen berät. Es ist, als würde ich einen Ratschlag von meinen Kindern annehmen! Ich traue ihm wirklich nicht! Ich habe das Gefühl, daß mein Erwachsener den Dialog alleine führt. Mein Erwachsener spricht zu meinem Erwachsenen anstatt zu meinem Kind.

Therapeutin: Das hört sich so an, als wolltest du es kontrollieren, anstatt von ihm zu lernen.

Ed: Ja. Es völlig ruhigstellen. Das sehe ich auch.

Therapeutin: Du fühlst dich also außer Kontrolle, wenn du dich von deinem höheren Selbst führen läßt.

Ed: Oh. Man *wird geführt*, man führt nicht selbst?

Therapeutin: Richtig. Du übernimmst die Information, die das geliebte Kind dir übermittelt, von deinem höheren Selbst. Dein Ego hat keine Kontrolle darüber.

Ed: Das macht mich ganz nervös. In der Tat ist das eines der Probleme, wenn ich mit meinem Kind spreche, ich habe das Gefühl . . . *Ich möchte das nicht wissen!!!*

Therapeutin: Also besteht ein Konflikt zwischen deinem Ego und deinem höheren Selbst. Dein Ego möchte Kontrolle.

Ed: Und ich habe ein sehr starkes Ego.

Therapeutin: Ja. Dein Ego möchte die Kontrolle nicht aufgeben und geführt werden. Um dich für dein Kind zu öffnen, mußt du bereit sein, die Ego-Überzeugung, daß das Ego weiß, was für dich oder für irgend jemanden sonst richtig sei,

loszulassen. Du mußt bereit sein, dich der universellen Liebe und Führung, die dir durch das Kind angeboten werden, zu öffnen. Ich sehe da einen enormen Konflikt in dir, den du noch nicht bewältigt hast. Dein Ego sagt: »Ich werde es *selbst* machen. Sag mir nicht, was ich tun soll. Ich weiß, was richtig ist. Ich weiß, was das beste ist, und ich werde es selbst machen, verdammt nochmal ... *und wenn es mich umbringt!!!*«
Ed: Es ist wie ein störrisches kleines Kind.
Therapeutin: Aber du hast die Macht, eine andere Entscheidung zu treffen. Dein Erwachsener ist die Entscheidungsinstanz. Dein Erwachsener hat dein Ego deinem höheren Selbst vorgezogen.
Ed: Mhm. Immer und immer wieder.
Therapeutin: Warum? Wovor hast du Angst, wenn du dich darauf einläßt, dich führen zu lassen? Was könnte passieren? Was fürchtest du zu verlieren?
Ed: Ich nehme an ... gut, zum einen Bestätigung von meiner Familie und Freunden.
Therapeutin: Was noch?
Ed: Ich fühle, glaube ich, den Druck, dem Bild einer glücklichen, vierköpfigen Familie zu entsprechen, in einem Haus zu leben und Geld zu verdienen.
Therapeutin: Du hast tatsächlich vor dem Angst, was dein inneres Kind sich wünscht. Du schließt es aus, weil du nicht weißt, was es will. Du denkst, daß es sich etwas Unheimliches, Bedrohliches, Wildes, Verrücktes wünscht, und das versetzt dich in Panik.
Ed: Ich bin nicht einmal sicher, ob ich Angst vor dem habe, was es sich wünscht, weil ich nicht weiß, was das ist.
Therapeutin: Aber du kannst es erst wissen, wenn du kein Urteil mehr fällst und wenn du bereit bist, auf Bestätigung zu verzichten. Es wird dir nichts sagen, wenn es fühlt, daß du vor dem, was es sagen wird, Angst hast. Wenn du nicht bereit bist zu sagen: »Ich werde geführt werden, egal wie hoch der Verlust ist. Um mich selbst zu gewinnen, bin ich bereit, alles zu verlieren, was ich verlieren muß. Aber ich möchte mein Selbst auf eine reine und liebevolle Art gewinnen. Und ich bin bereit, alles zu verlieren, was ich verlieren muß, um es zu bekommen.« Erst wenn du diese Entscheidung getroffen hast, hast du die Kontrolle aufgegeben.

Ed: Gut, ich weiß, was es mir gesagt hat. Es war nicht sehr viel, aber alles, was es mir gesagt hat, war stimmig und hat sich wirklich gut angefühlt.
Therapeutin: Ja. Siehst du, die Führung ist unfehlbar.
Ed: Ja.
Therapeutin: Was dir in deinem Leben wirklich Freude machen würde, könnte dich vielleicht überraschen. Aber du wirst nicht wissen, was es ist, bis du bereit bist, dich führen zu lassen und die Kontrolle aufzugeben. Das ist es, worum es bei den Selbsthilfegruppen mit ihren Zwölf-Schritte-Programmen geht: die Kontrolle abgeben. Du kannst es nicht allein schaffen. Du mußt dich einer höheren Instanz anvertrauen.
Ed: Ich habe Angst davor, richtige Angst.
Therapeutin: Was befürchtest du? Bis jetzt war das Schlimmste, womit du dich befassen mußtest, wahrscheinlich die Mißbilligung deiner Familie. Wovor hast du sonst noch Angst?
Ed: Also, ich nehme an, ich habe Angst, alles zu verlieren. Darauf läuft es wohl hinaus. Ich habe Angst davor, daß ich Rebecca nicht liebe, daß ich nicht bei meinen Kindern sein möchte, daß ich nach Afrika auswandern werde ... weißt du, daß ich etwas Wildes mache, wie mit den Eingeborenen zu leben und ihnen zu zeigen, wie man Häuser baut oder so etwas Ähnliches. Ich bezweifle, daß so etwas passieren würde, aber ich nehme an, das ist die wirkliche Angst. Daß es *so* lebensverändernd sein würde ...

Erst wenn Ed bereit ist, sich einzulassen und mit seinem Kind zu lernen, wird er herausfinden, was ihm wirklich Freude macht.

Die Angst, für sich selbst verantwortlich zu sein

Die meisten Menschen schrecken vor nichts zurück, um Liebe und Bestätigung von anderen zu bekommen oder um ihre Mißbilligung zu vermeiden, weil sie (irrtümlicherweise) glauben, daß die Bestätigung sie glücklich machen würde und daß sie irgendwie kontrollieren könnten, diese Bestätigung zu bekommen und Mißbilligung zu vermeiden. Vielleicht glauben auch Sie, daß es wichtiger sei, geliebt zu werden als zu lieben, gesehen zu werden, anstatt zu sehen, daß nur die Liebe und Bestätigung von anderen wirklich zählen würden. Viele Menschen glauben fälschlicherweise, daß ihre besten Gefühle daraus gespeist würden, daß sie etwas von einem anderen bekommen – Kontakt, Aufmerksamkeit, Sex, Bestätigung, Verständnis, Akzeptanz, Liebe –, anstatt zu erkennen, daß ihre besten Gefühle daraus resultieren, daß sie Liebe geben und sich selbst und andere verstehen. Sie glauben, daß ihre besten Gefühle von außen und nicht von innen kämen. Wenn Sie dieser Überzeugung sind, werden Sie entdecken, daß Sie immer mehr und mehr von einer Substanz oder von einem Menschen möchten – mehr Sex, Zuwendung, Aufmerksamkeit, Bestätigung oder Zeit mit jemandem, oder mehr Essen, Drogen, Alkohol, materiellen Besitz, Geld oder Macht –, und Sie werden nie das Gefühl haben, genug zu bekommen. Die Meinung, daß die guten Gefühle von außen erzeugt würden, ist die Kernüberzeugung der Sucht und der Co-Abhängigkeit.

Es gibt Zeiten, in denen ein Mensch nicht weiterkommt, weil er von einem anderen Menschen völlig abhängig ist. Er glaubt im Grunde seines Herzens, seine guten Gefühle seien von diesem anderen Menschen abhängig. Er kann sich nicht vorstellen, solche Gefühle selbst herzustellen. Er glaubt vielleicht, daß es nicht seine Aufgabe sei, emotional für sich selbst zu sorgen, daß *eigentlich* dieser andere Mensch das tun müsse. Einer unserer Klienten entdeckte diese Überzeugung, als er sich zu seinem inneren Kind sagen hörte: »Ich will nicht diese Aufgabe übernehmen. Das ist nicht meine Sache. Das ist Tessas Sache. Sie muß es tun. Deswegen bin ich mit ihr zusammen.« Wenn das der Fall ist, müssen Sie vielleicht die Beziehung aufgeben und eine Weile allein bleiben um weiterzukommen. Genauso wie ein Alkoholiker sich vom Alkohol fernhalten muß, um zu gesunden, muß ein Beziehungssüchtiger sich von Beziehungen fernhalten. Die Suche nach einer anderen Beziehung wird in derselben Sucht enden, wenn Sie sich nicht entscheiden, daß es Ihre eigene Verantwortung ist zu lernen, tief und liebevoll mit Ihrem inneren Kind Kontakt aufzunehmen und Gefühle zu erleben, die *besser* sind als jene, die andere Menschen in Ihnen hervorrufen können. Erst dann können Sie die wirklich wunderbaren Gefühle erleben, die daraus resultieren, Ihre Liebe mit einem anderen Menschen zu *teilen*, anstatt nur Liebe von einem anderen Menschen zu bekommen.

Einige Menschen kommen nicht weiter, weil sie ständig bei anderen die Liebe suchen, die sie nie von ihren Eltern erhalten haben. Stacy, eine unserer Klientinnen, sagte in einer Sitzung: »Ich sehne mich danach, von einem anderen Menschen das zu bekommen, was ich nicht von meinen Eltern bekommen habe. Ich bin ständig auf der Suche nach jemandem, der mir nachträglich das gibt, was ich immer vermißt habe. Es scheint mir nicht fair zu sein, daß ich mir das selbst geben soll. Ich möchte das nicht tun. Wenn ich es für mich selbst mache, werde ich immer schlechter wegkommen, als wenn jemand anders es für mich macht.« Stacy weigert sich zu akzeptieren, daß die Liebe eines anderen nicht einmal von ihr *erfahren* werden kann, wenn sie sich nicht öffnet und sich nicht selbst liebt. Ihr liebloses Verhalten gegen sich selbst, durch das sie ihr Herz verschließt, blockiert die Liebe, die von anderen zu ihr kommen könnte.

Vielleicht verhalten Sie sich nur liebevoll, *nachdem* Sie die Liebe und Bestätigung eines anderen erfahren haben. Sie versuchen, sich selbst davon zu überzeugen, daß Sie Liebe verdienen und daß andere Ihre Liebe nicht verdienen würden, bis diese beweisen, daß sie Sie lieben. Vielleicht glauben Sie, daß Sie schon liebevoll seien und daß das nicht das Problem sein könne – es wäre nicht Ihr Problem, sondern das der anderen. Sie sehen sich selbst vielleicht als so liebevoll, daß alles in Ordnung wäre, wenn nur Ihr Partner es zulassen würde, daß Sie ihn lieben. Viele Menschen, bei denen die innere Verbindung abgeschnitten ist, sehen sich selbst nie als lieblos. Deshalb stecken sie fest. Sie demonstrieren ihren Charme und ihre Freundlichkeit, so daß die anderen denken, sie seien liebevoll, aber die wichtigsten Menschen in ihrem Leben fühlen sich von ihnen nicht geliebt. Sie stecken fest, weil sie sich über ihre Absicht, *Liebe erst zu bekommen, bevor sie sie geben wollen*, selbst belügen. Sie verhalten sich liebevoll, um Liebe zu bekommen. Die eigentliche Absicht ist immer noch, Liebe von anderen zu bekommen, anstatt sie sich selbst und anderen zu geben, und je elender sie sich fühlen, desto mehr Liebe fordern sie.

Hinter diesem Verhalten steckt die Angst, Verantwortung für sich selbst zu übernehmen. Diese wird aus der von den Eltern übernommenen Überzeugung gespeist, daß sie nicht in der Lage seien, für sich selbst zu sorgen und sich selbst glücklich zu machen. Manchmal sind solche Menschen sich überhaupt nicht bewußt, daß sie einen Erwachsenen haben, der die Verantwortung abgibt. Sie sagen oft: »Ich habe kein kleines Kind *in* mir – ich *bin* das Kind.« Der Erwachsene hat sich so gründlich von der Verantwortung losgesagt, daß das Kind sich völlig verlassen fühlt und glaubt, es gebe überhaupt keinen Erwachsenen. Diese Menschen sagen oft als Antwort auf die Frage, warum sie keinen Dialog führen: »Ich kann nicht. Ich weiß nicht wie.« Hier spricht das verlassene Kind, das wirklich den Dialog nicht beginnen kann, das wirklich ratlos ist. Erst wenn der Erwachsene seine eigene Existenz entdeckt und erkennt, daß er die Wahl hat, ein liebloser Erwachsener zu sein und die Verantwortung für die Gefühle und Bedürfnisse des inneren Kindes abzulehnen, oder wenn er andererseits seine Macht erkennt, eine andere Wahl zu treffen, kommt dieser Mensch weiter. Erika erzählt von einigen Klienten, die auf diese Weise feststeckten:

> Ich habe eine Spanielhündin namens Chi, die manchmal eine großartige Lehrerin für steckengebliebene Menschen ist. In den Sitzungen ist Chi häufig bei mir. Sie kann wunderbar dazu beitragen, daß das innere Kind der Klienten sich wohl fühlt, indem sie bedingungslose Liebe in Form von Anschmiegen und zärtlichem Schnuppern anbietet.
>
> Mir ist aufgefallen, daß die Reaktion der Menschen auf Chis Zuwendung sich oft von ihrem Verhalten ihrem inneren Kind gegenüber unterscheidet. Es ist verblüffend, daß dieselben Menschen, die Chi mögen, mit ihr spielen und sie liebkosen, selbst so feststecken, daß sie sich mir zuwenden und sagen: »Aber ich weiß einfach nicht, wie ich mein inneres Kind lieben kann!« In solchen Augenblicken kann Chi helfen, diese falsche Überzeugung anzuschauen. Eine liebevolle Einstellung dem inneren Kind gegenüber ähnelt dem liebevollen Verhalten, das sie Chi gegenüber zeigen. Meine Klienten wissen also bereits, wie sie sich verhalten müssen – es ist nur eine Frage der Entscheidung. Die Überzeugung, daß man nicht wisse, wie man liebevoll fühlt und sich liebevoll verhält, ist eine der größten Lügen des Ego.

Oft lassen Menschen mit diesen falschen Überzeugungen ihr lebenslustiges Kind nur herauskommen, wenn sie sich sicher und bestätigt fühlen oder wenn sie versuchen, Bestätigung zu bekommen, indem sie den Clown spielen. Wenn sie sich auch nur ein bißchen bedroht fühlen, wird das wütende, verletzte, verlassene Kind ohne den inneren Erwachsenen zurückgelassen, der ihm helfen könnte, die Dinge nicht persönlich zu nehmen, oder es daran hindern könnte, wütend, rachsüchtig, gewalttätig oder selbstzerstörerisch zu agieren. Der lieblose Erwachsene hält das Abgetrenntsein aufrecht, indem er dem verlassenen Kind Vorwürfe macht, weil es sich bedroht fühlt und entsprechend agiert.

Dorothy ist eine sehr attraktive Frau von Ende vierzig. Sie ist verheiratet und hat zwei erwachsene Söhne. Sie versorgte die Kinder, bis diese das Haus verließen und nahm dann eine Arbeit als Sekretärin an. Sie kam zur Therapie, weil sie herausgefunden hatte, daß ihr Ehemann Paul ihr untreu ist. Paul ist Rechtsanwalt und hat eine Affäre mit einer Kollegin, Pamela, einer intelligenten, interessanten Frau. Paul hat Dorothy ganz klar gesagt, daß er nicht die Absicht habe, die Affäre zu beenden. Er betonte, daß er sie immer noch liebe, aber ihre Versuche, ihn zu kontrollieren und ihn für ihre Gefühle verantwortlich zu machen, satt habe. Er sagte ihr, daß ihn ihre Unfähigkeit, interessante und intelligente Unterhaltungen zu führen, langweile und daß ihn ihr mangelndes Interesse an ihrer inneren Entwicklung störe.

Dorothy ist eine sehr kluge Frau, und es gibt keinen Grund, warum sie nicht lernen und sich weiterentwickeln könnte – außer der Tatsache, daß sie glaubt, sie könne es nicht. Sie glaubt, sie sei sehr beschränkt. Sie versteht, was »Absicht zu lernen« heißt, und sie hat gelernt, den Dialog zwischen ihrem Erwachsenen und ihrem Kind zu führen, aber sie tut es nicht. Statt dessen behauptet sie hartnäckig, sie sei glücklich. Mindestens einmal in der Woche wird sie über Paul schrecklich wütend und droht, ihn zu verlassen, aber sie tut es nicht. Sie versucht ständig, ihn zu manipulieren, damit er ihr mehr Aufmerksamkeit schenkt. Paul fühlt sich immer stärker von Dorothy unter Druck gesetzt; seine liebevollen Gefühle für sie schwinden rapide. In der Zwischenzeit wird seine Beziehung zu Pamela immer enger. Er sagt, er genieße es, mit Dorothy zusammen zu sein, wenn sie spielerisch ist, aber er habe ihr verlassenes Kind satt, das versuche, ihn dazu zu bewegen, die Verantwortung für sie zu übernehmen. Er möchte diese Verantwortung nicht mehr länger tragen. Er möchte eine gleichwertige Partnerschaft mit einer Frau, die mit ihm eine Beziehung auf der Erwachsenen- und auf der Kindebene haben kann. Immer häufiger denkt er daran, sich von Dorothy zu trennen.

Sogar angesichts des drohenden Verlustes von Paul, den sie zu lieben behauptet, weigert sich Dorothy, sich mit ihrer Angst vor der Verantwortung für sich selbst auseinanderzusetzen. Sie behauptet, sie sei »unfähig«, für ihr verlassenes Kind eine liebevolle Erwachsene zu sein und weigert sich, die innere Verbindung herzustellen. Sie macht sich sogar selbst vor, sie führe Dialoge, aber sie schreibt nur von der Position ihres Kindes aus. Sie hat Angst davor, die Überzeugung, daß sie unfähig sei, ein verantwortungsvoller Erwachsener für ihr inneres Kind zu sein, zu überprüfen, und sie weigert sich, sich mit dieser Angst auseinanderzusetzen und macht statt dessen immer wieder Versuche, Paul zu kontrollieren. Dorothy steckt fest. Sie wird erst wieder weiterkommen, wenn sie sich darauf einläßt, trotz ihrer Ängste und Überzeugungen die gesamte Verantwortung für sich selbst zu übernehmen und in ihrem eigenen Interesse zu handeln. Das wird wahrscheinlich erst dann passieren, wenn sie ganz auf den Grund absinkt. Menschen in Dorothys Lage schaffen selten eine Veränderung, es sei denn, ihr Leben würde aus den Fugen geraten und ihre Schutzmechanismen versagen.

Die Angst, Ihr innerster Kern könnte nicht liebenswert sein.

Vielen Menschen wurde in ihrer Kindheit nicht nur *gesagt*, daß sie schlecht seien – einige von ihnen haben auch wirklich schlimme Dinge *getan*. Vielleicht haben Sie sich als Kind sehr ungezogen benommen, andere Kinder geschlagen, gestohlen, gelogen, Feuer gelegt, oder Sie waren sonstwie unausstehlich. Wenn Sie sich ungeliebt und verlassen fühlen, sind Sie vielleicht wirklich so. Aber das ist nicht Ihr eigentliches Ich, das, was Sie sind, wenn Ihr inneres Kind sich geliebt fühlt. Aber wenn Sie glauben, daß Sie in Wirklichkeit schlecht seien, dann haben Sie vielleicht Angst davor, etwas über Ihr inneres Kind zu erfahren und die Wahrheit herauszufinden. *Unser innerer Kern ist niemals schlecht*, aber Sie werden das erst wirklich erfahren, wenn Sie es riskieren, sich für das Lernen, für das Fühlen des Schmerzes und für die Erinnerung zu öffnen. Solange Sie Angst davor haben, etwas über sich selbst herauszufinden, werden Sie feststecken.

Viele von uns wachsen in dem Glauben auf, daß sie es eigentlich *gar nicht wert sind, erkannt zu werden.*

Wenn Ihre Eltern überhaupt kein Interesse daran hatten, Sie kennenzulernen, etwas über Ihre Ängste und Wünsche, Ihre Freuden und Ihren Schmerz zu erfahren, dann sind Sie vielleicht der Überzeugung, daß Ihr inneres Kind es einfach nicht wert sei, erkannt zu werden, und machen sich deshalb nicht die Mühe, mit ihm zusammen zu lernen. Wenn Sie dieser Überzeugung sind, dann versuchen Sie vielleicht, andere davon zu überzeugen, daß sie Sie erkennen sollten, weil Sie glauben, Sie seien es nur wert, erkannt zu werden, wenn andere Menschen Sie erkennen wollen. Sie werden feststecken, bis Sie bereit sind, Ihr inneres Kind kennenzulernen und bis Sie herausfinden, daß Ihre Überzeugung, nichts wert zu sein, in der Tat falsch ist.

Wir empfinden Scham, wenn wir glauben, unser Innerstes oder irgend etwas sonst an uns sei schlecht. Unsere Gefühle der Scham werden erst geheilt, wenn wir uns dafür öffnen, unser inneres Kind zu lieben und zu entdecken, wie wahrhaft liebenswert wir – unter der harten Schale unserer Schutzmechanismen – in Wirklichkeit sind. Wenn wir befürchten, schlecht zu sein, dann befürchten wir natürlich auch, daß unsere Mitmenschen uns als schlecht oder untauglich ansehen könnten. Die Angst davor, daß andere meinen könnten, wir hätten *unrecht*, hindert uns oft daran, von anderen zu lernen. Wenn wir glauben, unser inneres Kind sei schlecht, dann glauben wir, daß wir unser Kind im Zusammensein mit anderen kontrollieren müßten, damit wir nicht abgelehnt werden, und wir verschließen uns den Rückmeldungen anderer, da wir irrtümlicherweise glauben, daß wir uns dadurch schützen könnten, in den Augen anderer im Unrecht zu sein.

Wenn Sie sich für Ihr Kind öffnen, so befürchten Sie vielleicht, werden Sie herausfinden, daß es Dinge möchte, die Ihr Erwachsener nicht notwendigerweise auch möchte, oder daß es sich etwas wünscht, was im Gegensatz zu den Wünschen des Erwachsenen steht. Vielleicht möchte Ihr Kind zur Ruhe kommen und eine Familie haben, aber Ihr Erwachsener möchte all seine Zeit darauf verwenden, Karriere zu machen. Vielleicht möchte Ihr Erwachsener Zeit mit Menschen verbringen, die Ihr Kind nicht um sich haben mag. Vielleicht haßt Ihr Kind Ihre Arbeit oder es spürt, daß diese mit unehrlichen und betrügerischen Machenschaften verbunden ist, oder es haßt die vielen Überstunden, aber der Erwachsene möchte aus ökonomischen Gründen so weitermachen wie bisher. Vielleicht möchte Ihr Kind in Therapie gehen, und Ihr Erwachsener denkt, das sei Zeitverschwendung. Wie immer, wenn es zwischen zwei Personen zu einem Konflikt kommt, kann auch dieser gelöst werden, wenn der Erwachsene sich für das Lernen entscheidet. Aber Sie haben vielleicht Angst, daß einer der beiden Partner gewinnen und der andere verlieren könnte, wenn Sie sich Ihrem Kind öffnen. Dr. John K. Pollard beschreibt in seinem Buch *Self-Parenting* ein wunderbares Beispiel eines inneren Konflikts und zeigt, wie er gelöst wurde. In diesem Fall wollte der Erwachsene zu einem beruflichen Fortbildungsseminar gehen, aber das Kind wollte nicht sieben Tage hintereinander arbeiten. Statt dessen wollte das Kind an diesem Wochenende Skilaufen gehen. Pollard weist darauf hin, daß das Kind, wenn es vom Erwachsenen ignoriert wird, die Entscheidung wahrscheinlich boykottieren wird, indem es den Erwachsenen krank macht, so daß er krank zu dem Seminar gehen oder es gänzlich streichen müßte. Dann könnte das Kind auf wundersame Weise genesen und würde schließlich doch bekommen, was es sich wünscht. Aber als der Erwachsene entschied, das Problem gemeinsam mit dem Kind zu regeln, entdeckte er, daß er gar nichts dagegen hatte, sich Donnerstag und Freitag freizunehmen und Skilaufen zu gehen, so daß er am Wochenende das Seminar besuchen konnte. Es gibt immer eine Möglichkeit, um den inneren Konflikt zu lösen, aber wenn Sie befürchten, es würde immer zu einer Gewinner-Verlierer-Situation kommen, und wenn Sie nicht bereit sind, diese Befürchtung zu überprüfen, dann werden Sie weiterhin feststecken.

Regina, eine Buchhalterin, kam in die Therapie, weil sie sehr deprimiert war. Sie hatte aufgehört, sich mit ihren Freunden zu treffen und saß schließlich jeden Abend nur noch allein zu Haus. Sie konnte nicht herausfinden warum. Als wir miteinander sprachen, wurde offensichtlich, daß sie zwar sehr gerne Buchhalterin war, daß ihr Kind aber ihre augenblickliche Arbeitsstelle haßte, weil es das Gefühl hatte, Regina müßte Dinge tun, die nicht wirklich legal und in Ordnung waren. Aber Regina hatte gerade ein neues Haus gekauft, und ihr Erwachsener machte sich Sorgen, daß sie bei einem Arbeitsplatzwechsel nicht mehr genug Geld verdienen würde, um das Haus zu halten. Als sie erkannte, daß ihr Kind die Depression verursacht hatte, entschied sie, einen Teil des Hauses zu vermieten und den Arbeitsplatz zu wechseln. Als das Kind merkte, daß es von ihr gehört worden war, verflüchtigte sich die Depression.

Clinton, ein Geschäftsmann, kam ebenfalls zur Therapie, weil er deprimiert war. Es stellte sich heraus, daß sein Kind unglücklich war, weil er nur arbeitete und sein Kind nie zum Spielen kam. Als dieser Mann erkannte, daß seine Depression durch den Wunsch seines Kindes nach Zeit zum Spielen und zum Zusammensein mit Freunden verursacht wurde, brach er die Therapie ab. Er wollte sich mit dem inneren Konflikt nicht befassen. Er hatte immer geglaubt, daß es ihn glücklich machen würde, eine Menge Geld zu verdienen, und er war nicht bereit, sich mit der Wahrheit zu konfrontieren.

Oft wird die Lernabsicht durch die Angst verhindert, herauszufinden, wie man sich wirklich im Hinblick auf eine bestimmte Sache fühlt. Das Wissen, daß man vielleicht etwas ändern muß, wenn man die Wahrheit erfährt, erscheint bedrohlich. Es wirkt dann vielleicht einfacher und sicherer, sich nicht bewußt zu machen, was man wirklich möchte, besonders wenn es bedeutet, ein Risiko einzugehen.

Carol kam in die Therapie, weil sie sehr depressiv war. Sie beklagte sich, daß sie sich müde und abgeschlagen fühle und ständig krank sei. Sie hatte Rückenprobleme und war bei einem Körpertherapeuten gewesen. Sie war seit zwanzig Jahren verheiratet und glaubte, sie führe eine gute Ehe, obwohl sie sexuell an ihrem Mann kein Interesse hatte und es ihr nicht wirklich

Freude machte, mit ihm ihre Zeit zu verbringen. Sie hatte jahrelang versucht, eine emotionale Verbindung zu ihm aufzubauen, aber er war die meiste Zeit kalt und distanziert, besonders wenn sie sich ihm sexuell verweigerte.

Die Therapeutin brachte Carol bei, wie man den Dialog führen mußte und schlug vor, daß Carol ihr Kind fragen solle, wie es sich gegenüber dem Ehemann fühle. Das Kind antwortete: »Ich möchte nicht, daß diese Ehe zu Ende geht.« Der Erwachsene antwortete: »Ich auch nicht.« Carol verbrachte die nächsten Monate damit, mehr über ihre Co-Abhängigkeit zu erfahren. Sie lernte, nicht mehr so fürsorglich zu sein, aber sie fühlte sich überhaupt nicht besser. Die Therapeutin ermutigte sie, mit ihrem Kind im Gespräch zu bleiben, aber jede Woche fand sie einen anderen Grund, warum das nicht möglich sei. Es wurde offensichtlich, daß sie feststeckte. Sie wollte ihr Kind nicht kennenlernen.

Ein paar Monate nachdem sie mit der Therapie begonnen hatte, schlug die Therapeutin Carol wieder vor, ihr Kind zu fragen, welche Gefühle es dem Ehemann gegenüber habe. Diesmal sagte das Kind: »Ich hasse ihn! Er ist so gemein. Er liebt mich nicht. Er hat mich nie geliebt. Er möchte nur, daß ich ihn liebe. Ihm ist es immer egal, wie ich mich fühle. Er möchte mich nur für den Sex, und ich hasse es, wenn du ihn mich benutzen läßt.« Carol war fassungslos. Dies war die Wahrheit, die sie so beharrlich nicht hatte erfahren wollen. Da sie sich nicht mit ihrer Angst, diese Ehe zu beenden, konfrontieren wollte, hatte sie nicht wissen wollen, wie sie sich wirklich fühlte. Sie konnte erst weiterkommen, als sie bereit war, die Wahrheit zu erfahren und sich ihre Ängste anzuschauen.

Manchmal vermeiden wir es, uns einen inneren Konflikt anzuschauen in der Annahme, schon zu wissen, was unser Kind fühlt und wünscht. Ihr liebloser Erwachsener nimmt eine arrogante und kontrollierende Haltung ein und sagt: »Ich weiß schon, was mein Kind fühlt, warum soll ich es also fragen?« So kann der Erwachsene die Entscheidungen treffen, ohne je das Kind zu befragen, und der innere Konflikt wird vermieden. Aber er kann nicht ewig vermieden werden. Schließlich wird das Kind sich ausagieren, indem es eine Depression oder Krankheit verursacht.

Die Angst zu scheitern

Viele Menschen sind ohne das Gefühl, ein inneres Kind zu haben, aufgewachsen, und sie glauben nicht daran, daß in ihnen ein Kind lebt, das ihnen etwas zu sagen hat. Wenn man sie fragt, warum sie keinen Dialog führen, sagen sie, sie hätten Angst, daß sie der Aufgabe nicht gewachsen seien, weil »das Kind wahrscheinlich überhaupt nicht auftaucht« oder weil »das Kind überhaupt nichts zu sagen hat« oder weil »es kein Kind gibt. Ich bin innen einfach leer.« Solange es ihnen wichtiger ist, sich vor der Möglichkeit des Scheiterns zu schützen, anstatt die Gültigkeit ihrer Ängste und Überzeugungen zu überprüfen, werden sie in ihrer Furcht feststecken. Wir haben schon an anderer Stelle darauf hingewiesen: Viele Menschen glauben, sie hätten keinen Erwachsenen und seien deshalb nicht in der Lage, für ihr Kind zu sorgen. Sie befürchten, es würde kein Erwachsener erscheinen, wenn sie den Dialog versuchen. Deswegen umgehen sie ein mögliches Scheitern, indem sie nichts tun.

Die Angst, aus einer Beziehung hinauszuwachsen

Wenn Sie beabsichtigen, mit Ihrem Kind zu lernen, werden Sie wachsen. Sie werden stärker, sicherer, lebenslustiger und liebevoller werden. Wenn Sie in einer Beziehung leben und Ihr Partner entscheidet sich nicht dafür, diese innere Arbeit ebenfalls zu leisten, werden Sie wahrscheinlich aus dieser Beziehung hinauswachsen und schließlich sehr unzufrieden mit ihr sein. Je mehr Sie mit sich selbst in Kontakt sind, desto weniger werden Sie wünschen, mit jemandem eine Beziehung zu haben, der mit sich selbst nicht in Kontakt ist und somit auch nicht mit Ihnen.

Viele Menschen verhindern ihr eigenes Wachstum genau aus diesem Grund. Wenn es für Sie wichtiger ist, Ihre Beziehung zu schützen, als in sich selbst ganz zu werden, werden Sie in der Angst, aus der Beziehung hinauszuwachsen, steckenbleiben. Sie müssen bereit sein, alles zu verlieren, bevor Sie alles gewinnen, und diese Bereitschaft für sich selbst zu erkämpfen, das ist nicht einfach. Viele Menschen verhindern dieses Wachstum, wenn ihre Kinder noch klein sind, weil sie nicht riskieren möchten, daß die Familie auseinanderbricht. Das ist gewiß verständlich. Es ist jedoch wichtig für diese Menschen zu erkennen, daß sie keine adäquaten Rollenvorbilder für ihre Kinder schaffen, und das gehört zu dem Wichtigsten, was sie ihren Kindern anbieten können.

Es gibt jedoch auch immer die Möglichkeit, daß Ihr Partner es als so schmerzlich empfindet, verlassen zu werden, wenn Sie sich für das Wachstum entscheiden, daß er sich öffnet, aber es gibt keine Garantie dafür. Wenn Sie entdecken, daß Sie feststecken, müssen Sie vielleicht sich selbst fragen: »Bin ich bereit, mich selbst zu opfern, um die Beziehung zu erhalten, oder ist es an der Zeit, nach meiner inneren Ganzheit zu streben, selbst auf die Gefahr hin, meine Beziehung zu verlieren?«

Die Bereitschaft, sich mit Angst und Schmerz auseinanderzusetzen

Es scheint, daß es auf der Welt zwei verschiedene Kategorien von Menschen gibt: die, die bereit sind, persönliche Verantwortung für ihr eigenes Glück und Unglück zu übernehmen, die bereit sind zu lernen, sich mit ihrer Angst und ihrem Schmerz zu konfrontieren und die Gültigkeit ihrer Überzeugungen zu überprüfen, und jene, die nicht bereit sind, persönliche Verantwortung zu übernehmen und die entschieden haben, sich von ihren Ängsten und falschen Überzeugungen beherrschen zu lassen. Mit anderen Worten: Es gibt Menschen, die sich darauf einlassen, zu lernen und persönlich verantwortlich zu sein, und Menschen, die daran festhalten, sich gegen persönliche Verantwortung zu schützen. Natürlich ist jeder manchmal bereit zu lernen und manchmal auch nicht. Es ist wichtig zu erkennen, daß Sie kaum Fortschritte machen werden, wenn Sie weniger als 50 Prozent der Zeit bereit sind zu lernen, weil der Schaden, den Sie anrichten, wenn Sie nicht in Kontakt mit sich sind, sehr leicht das Gute, das passiert, wenn Sie offen dafür sind, mit Ihrem Kind zu lernen, zunichte machen kann.

Was heißt es, bereit zu sein? Vergleichen wir das Ganze einmal mit einer Skipiste. Sie haben vor kurzem gelernt, Ski zu laufen, und Ihr Lehrer nimmt Sie mit auf die Spitze des Hügels. Für Sie sieht der Abhang von hier aus beängstigend steil aus, aber Ihr Lehrer versichert Ihnen, daß Sie sicher hinunterkommen werden. Natürlich gibt es keine Garantien. Es gibt immer die Möglichkeit, daß Sie sich ein Bein brechen. Sie schauen den Hang hinab und haben schreckliche Angst. Sie sind der Überzeugung, Sie könnten es nicht schaffen. Was tun Sie? Gehen Sie das Risiko ein, Ihre Überzeugung in Frage zu stellen, und fahren den Hang hinunter? Oder setzen Sie sich in den Sessellift?

Menschen, die Skifahren gelernt haben, entscheiden sich, sich mit ihrer Angst auseinanderzusetzen. Wären sie nicht bereit gewesen, sich mit Ihrer Angst zu konfrontieren, hätten sie sich nicht dafür entschieden, Ski zu fahren, dann hätten sie nie gelernt, wie es geht. Den Sessellift hinunter ins Tal zu nehmen, das ist das Bild für unsere Abhängigkeiten, das heißt, einen anderen Menschen oder etwas anderes dazu zu benutzen, unsere Angst zu beseitigen. Viele von Ihnen waren auf dem Skihang vielleicht bereit, sich mit ihrer Angst zu konfrontieren, aber wie oft haben Sie den Sessellift zurück ins Tal genommen? Wie oft haben Sie sich entschieden, sich zu schützen anstatt zu lernen? Je mehr Sie bereit sind, sich mit Sorgen, Einsamkeit, Alleinsein, Angst, Verletzung, Schmerz, Langeweile, Enttäuschung oder anderen unangenehmen Gefühlen auseinanderzusetzen, desto schneller werden Sie beim Hindurchgehen durch diese Gefühle Fortschritte in Richtung auf Ihre Freude machen. Je rigoroser Sie die Verbindung zu diesen Gefühlen abschneiden, das heißt je öfter Sie den Sessellift hinunter ins Tal nehmen, anstatt sich mit Ihren Gefühlen zu konfrontieren und von ihnen zu lernen, um so länger werden Sie feststecken.

Es ist sehr schmerzhaft, eine Beziehung zu jemandem zu haben, der feststeckt. Es ist, als würde man einer Kindesmißhandlung zuschauen. Allerdings ist das Kind, das mißhandelt wird, in diesem Fall das innere Kind. Es ist hart, jemanden zu sehen, der sich leer, unsicher, verletzt, wütend, depressiv oder krank fühlt und zu wissen, daß dieser Mensch diese Gefühle in sich selbst verursacht, indem er lieblos zu sich selbst ist. Wir wollen ihm helfen, aber wir können nichts tun. *Wir können die Entscheidung eines anderen Menschen nicht kontrollieren oder ändern.* Solange es wichtiger für ihn ist, sich gegen seine Angst zu schützen, als seine Ängste und Schmerzen anzuschauen, wird er feststecken, und niemand kann etwas dagegen tun.

Es ist hart, mit anzuschauen, wie Familien auseinanderbrechen, weil ein Partner oder alle beide sich weigern, ihre innere Arbeit zu leisten. Jeden Tag beobachten wir als Therapeuten, wie Menschen auf ihr inneres Kind einschlagen und sich weigern zu lernen. Die Gefühle, die dadurch hervorgerufen werden, sind zutiefst schmerzlich. Wir tun unser Bestes, um unseren Klienten zu helfen, den Mut zu finden, sich mit ihrer Angst und ihrem Schmerz auseinanderzusetzen, aber wenn es offensichtlich wird, daß sie feststecken und nicht bereit sind, etwas dagegen zu tun, müssen wir sie gehen lassen.

Warum sind manche Menschen bereit, sich mit ihren Ängsten und Überzeugungen und mit ihrem tiefsten Schmerz auseinanderzusetzen, während andere in ihrem lieblosen Verhalten steckenbleiben? Die Antwort hat etwas mit den Prioritäten zu tun, die ein Mensch für sich selbst setzt. Wenn es Ihre höchste Priorität ist, liebevoll zu sein, *wenn es Ihr größter Wunsch ist, für sich selbst und andere ein liebevoller Mensch zu sein, und wenn Sie glauben, daß es möglich ist, das zu erreichen*, dann sind Sie auf dem richtigen Weg. Die beiden Grundelemente, auf denen Sie aufbauen können, sind die *Sehnsucht* und die *innere Überzeugung*. Wenn Ihnen jedoch der Selbstschutz wichtiger ist, dann werden Sie weiterhin feststecken, egal wie viele Bücher Sie lesen und wie viele Workshops Sie besuchen. Als Therapeuten kennen wir viele Menschen, die unzählige Selbsthilfebücher lesen, zur Therapie gehen und zahllose Workshops besuchen und die aus ihrem Selbstschutzverhalten nicht hinausgefunden haben. Das kommt daher, *daß ihre Angst größer ist als ihre Sehnsucht* und daß ihre Schutzmechanismen immer noch wirksam sind und sie daran hindern, ganz auf den Grund zu kommen. Wenn sie schließlich dann doch tief auf den Grund sinken und all den Schmerz, die Angst, das Alleinsein und das Scheitern, die sie mit ihren Schutzmechanismen vermeiden wollten, erfahren, dann beginnen sie vielleicht zu lernen. Viele Menschen müssen zuerst ganz tief absinken, bevor die Sehnsucht voranzukommen größer ist als die Sehnsucht, Schmerz, Angst, Einsamkeit und Fehlschläge zu vermeiden. Die innerlich wachsenden Menschen sind diejenigen, deren Wunsch, ganz zu werden, lieben zu können und fröhlich zu sein, so groß ist, daß sie *wirklich bereit* sind, sich auf den Wachstumsprozeß einzulassen. Es reicht nicht aus, sich etwas zu wünschen. Wir werden nichts bekommen, wenn wir nur sagen, daß wir es uns wünschen. Wir müssen uns darauf einlassen, es zu bekommen und bereit sein, auf dem Weg zum Erfolg Fehler zu machen. Jeder von uns hat die Fähigkeit zu wählen, was für ihn am wichtigsten ist – Schmerz und Scheitern zu vermeiden oder ganz zu werden und zu wachsen und lieben zu können. Durch die Wahl, die wir treffen, wird alles andere bestimmt.

Kapitel 10

Hilfe beim Entwicklungsprozeß: das Bemuttern

> Wenn unser nährender, rezeptiver und intuitiver Teil sich entwickelt und wenn wir es zulassen, daß diese Tiefe der inneren Verbindung sich auf einen anderen Menschen ausdehnt, dann tun wir das, was zu tun wir hierher gekommen sind.
>
> *Partner auf dem Wege der Liebe*
> Joyce and Barry Vissell

Entgegen der allgemeinen Überzeugung, daß wir in der Lage sein sollten, aus eigener Kraft gesund zu werden, können wir das in Wirklichkeit nicht allein schaffen. Wir sind auf die Rückmeldung anderer angewiesen, um uns selbst klar zu sehen, und wir brauchen andere Menschen, die uns durch unsere Angst und unseren Schmerz begleiten. Obwohl es uns jetzt vielleicht sehr viel besser gelingt, unser inneres Kind zu lieben, ist der Schmerz unseres Kindes immer noch sehr häufig so groß, daß wir allein damit nicht fertig werden können. Manchmal müssen wir einfach in den Arm genommen werden, wenn wir durch unseren Schmerz gehen. Manchmal brauchen wir vielleicht andere Menschen um uns, die uns wissen lassen, daß wir in unserem Kampf nicht allein dastehen. Manchmal müssen wir uns vielleicht führen lassen, um zu lernen, wie wir zu unserem inneren Kind liebevoll sein können.

Es ist wichtig, den Unterschied zwischen *Bedürfnis* und *Bedürftigkeit* zu kennen. Wir alle brauchen die Hilfe anderer, um zu lernen und zu wachsen. Wir sind jedoch bedürftig, wenn wir unser inneres Kind verlassen und erwarten, daß andere für unsere Gefühle sorgen – unseren Schmerz, die Einsamkeit und Angst von uns nehmen und uns glücklich machen. Bedürfnis also bedeutet, Hilfe von anderen zu bekommen, während Bedürftigkeit bedeutet zu erwarten, daß andere es für uns machen.

In den nächsten drei Kapiteln befassen wir uns mit verschiedenen Möglichkeiten, Hilfe von anderen zu bekommen. Es ist sehr wichtig zu erkennen, daß *andere uns nicht helfen können, wenn wir uns nicht dafür entscheiden zu lernen, ein liebevoller Erwachsener zu werden und uns selbst zu helfen.* Uns kann nicht geholfen werden, wenn wir die Verantwortung für unsere Gefühle an jemand anderen abgeben und uns von unserer eigenen Verantwortung unserem Kind gegenüber lossagen. Andere können uns lieben, uns trösten und uns durch unseren Lern- und Heilungsprozeß führen, aber sie können es nicht stellvertretend für uns machen. Wie viele andere Menschen auch immer uns lieben und helfen mögen, sie können unsere alten Wunden nicht heilen. Unsere Wunden können nur geheilt werden, indem wir lernen, uns selbst zu lieben und durch unsere Angst, unseren Kummer und Schmerz hindurchzugehen.

Bemuttern

Wir verwenden den Begriff *Bemuttern*, um damit eine Haltung und eine bestimmte Seinsweise zu beschreiben. Frauen und Männer können das gleichermaßen tun, aber in unserer Kultur wurde diese Aufgabe leider nur den Frauen zugewiesen. Es scheint jedoch so, als ändere sich das in dem Maße, wie immer mehr Männer von ihrem liebevollen Erwachsenen aus mit ihrem inneren Kind Verbindung aufnehmen und ihre Sehnsucht entdecken, zu lieben und andere zu stärken und zu nähren.

Wir brauchen das Bemuttern vielleicht, wenn wir nicht liebevoll genug von unserer Mutter oder unserem Vater gehalten wurden. Um uns mit den Traumata aus unserer Kindheit zu konfrontieren, müssen wir uns ausreichend sicher fühlen. Manchmal ist der Schmerz des inneren Kindes so groß, daß sogar unser liebevoller Erwachsener vielleicht einen weiteren liebevollen Erwachsenen bei sich haben muß, um von ihm gehalten zu werden.

Wenn wir verletzt sind oder uns allein fühlen oder Angst haben, stellen wir uns manchmal in unserer Phantasie vielleicht die perfekte Mutter oder den perfekten Vater vor, jemanden, der genau weiß, wie er uns trösten muß. Er oder sie schenkt uns bedingungslose Liebe und weiß immer ganz genau das Richtige zu sagen. Wenn wir uns vorstellen, bemuttert zu werden, denken wir daran, gehalten zu werden und das kleine Kind sein zu dürfen. Unsere Mutter oder unser Vater, der versöhnlich und einfühlsam ist, steht uns zur Seite, um uns zu schützen und um dafür zu sorgen, daß wir unseren Schmerz an einem sicheren Ort kennenlernen und durch ihn hindurchgehen können. Es ist heilsam, gehalten, berührt und gestreichelt zu werden.

Wenn wir an das Bemuttern denken, dann kommt uns eine Mutter mit ihren Kindern in den Sinn. In Wahrheit brauchen wir es ab und zu alle, bemuttert zu werden, gleichgültig wie alt wir sind. Viele von uns haben vielleicht eine besondere Fähigkeit, andere zu umsorgen und zu unterstützen, aber sie erkennen nicht, daß sie manchmal auch selbst Unterstützung brauchen. Männer werden oft von ihren Ehefrauen oder ihren Freundinnen bemuttert, aber viele Frauen umsorgen ihre Männer oder ihre Liebhaber, ohne diese Fürsorge zurückzubekommen. Auch Frauen brauchen die Zärtlichkeit und Freundlichkeit des Bemutterns, aber oft haben sie Schwierigkeiten, dieses Bedürfnis erfüllt zu bekommen. Einige Männer, diejenigen nämlich, die selbst liebevolle Erwachsene für ihr inneres Kind sind, wirken weich und zärtlich und wirklich fähig, zu umsorgen und zu unterstützen, und die glücklichen Frauen, mit denen sie zusammen sind, können sich von ihnen bemuttern lassen, wenn sie es brauchen. Aber die Männer, die ihr inneres Kind verlassen haben, möchten oft nur bemuttert *werden*.

Viele der Frauen, mit denen wir arbeiten, haben ihr Bedürfnis, bemuttert zu werden, ignoriert, oder sie sind sich überhaupt nicht dessen bewußt, weil sie keine Möglichkeit sehen, es erfüllt zu bekommen. Ständig bedrängen sie die Männer in ihrem Leben, ihnen doch diese Art der Fürsorge zu schenken, scheitern aber immer wieder bei diesem Versuch. Manchmal verschieben Frauen das Bedürfnis nach Bemutterung auf die sexuelle Ebene und glauben, es durch Sex mit ihrem Ehemann oder Liebhaber erfüllt zu bekommen. Andere Frauen versuchen, dieses Bedürfnis vielleicht durch Sex mit Frauen zu stillen und entscheiden sich dann irrtümlicherweise für eine lesbische Beziehung.

Als wir die Idee des Bemutterns einer unserer Gruppen vorstellten, waren einige Frauen sehr dagegen und meinten, Erwachsene sollten aus dem Bedürfnis nach Bemutterung hinauswachsen, um wirklich erwachsen zu werden. Einige erkannten schnell die Heilkraft des Bemutterns und wandten sie in ihrem Leben an. Eine Frau, eine sehr ernsthafte Persönlichkeit von Mitte dreißig, fühlte sich durch dieses Thema besonders berührt. Sie arbeitete an den Themen Leere und Alleinsein und führte Dialoge mit ihrem inneren Kind, aber sie merkte, daß sie manchmal einfach nur im Arm gehalten werden wollte. Ihr Ehemann fand es schwierig, sie nur zu halten, ohne daß Sex dabei herauskam. Sie wußte nicht, wie sie ihr Bedürfnis erfüllt bekommen konnte und ertappte sich dabei, wie sie ihren Mann und ihre Tochter statt dessen bedrängte, ihr Bestätigung zu geben. Als wir ihr von unseren eigenen Erfahrungen mit Bemutterung und unterstützender Fürsorglichkeit erzählten, füllten sich ihre Augen mit Tränen. Sie sagte, sie sei als Kind nie von ihrer Mutter gehalten worden; sie habe sich diesen Trost immer sehr gewünscht, aber nie gewußt, wo sie ihn finden könnte. Die anderen Frauen in der Gruppe waren von ihrer Offenheit und Traurigkeit zutiefst berührt. Sie stellten sich in einem Kreis um sie herum auf und schenkten ihr Unterstützung und Liebe, indem sie sie hielten. Innerhalb weniger Wochen öffnete sie sich ihrem inneren Kind sehr viel stärker und entdeckte, daß ihr Kind sich mehr Freunde wünschte, mit denen es spielen konnte. Sie nahm mit ihren Freundinnen Verbindung auf und begann, mehr Zeit mit ihnen zu verbringen, um sich selbst kennenzulernen und zu wachsen. Sie gab sich die Erlaubnis, ein kleines Mädchen zu sein, zu spielen und bisweilen gehalten zu werden. Sie wurde sensibler für die Bedürfnisse ihrer Tochter, und es gelang ihr besser, mit ihr zu spielen. Sie lernte, deren Bedürfnisse zu erkennen und sie zu erfüllen, anstatt sie zu verurteilen. Wenig später verkündete sie der Gruppe, sie habe das Gefühl, es nun geschafft zu haben. Bemuttern war zu ihrem Kernthema geworden. Sie war wütend und unerfüllt gewesen, weil sie die Tatsache geleugnet hatte, daß ihr inneres Kind sich Bemutterung wünschte. Als sie sich der Wahrheit öffnete, stand ihr die ganze Welt offen. Sie bedrängte nicht länger ihre Familie und bekam in dem Maße, wie sie selbst liebevoller wurde, immer mehr Liebe. Sie hatte keine Angst mehr davor, kindisch oder unreif zu sein, wenn sie gehalten werden wollte.

Als wir einige Frauen in unseren Gruppen baten, uns mitzuteilen, was Bemutterung für sie bedeutete, beschlossen Kathy und Gwen, ihre Berichte auf Tonband aufzunehmen. Im folgenden geben wir eine Niederschrift der Tonbandaufzeichnung wieder:

Kathy: Ich traf Gwen in Margies und Erikas Frauengruppe. Ihr leuchtendes, hübsches Gesicht und ihr wunderbares Lachen erschienen mir sofort attraktiv. Ich hatte wahrscheinlich das erste Mal seit der Schulzeit das Gefühl, mir wie ein sehr junges Mädchen zu wünschen, jemanden kennenzulernen und zur Freundin zu haben. Ich erinnere mich daran, wie ich nach der Stunde zu ihr hinlief, um herauszufinden, ob sie mit mir befreundet sein wollte.
Gwen: Als ich Kathy erstmals traf, habe ich mich geradezu in sie verliebt. Sie war so hübsch, und ihre Augen waren so strahlend und voller Lebensfreude. Ich wußte, daß ich ihre Freundin sein wollte. Ich begann sogar, im Zusammenhang mit ihr sexuelle Phantasien zu entwickeln. Margie sprach ihre Vermutung aus, daß ich mein Bedürfnis nach Bemutterung sexualisierte. Ich hatte keine Ahnung, was sie meinte. Bemutterung? Meine Mutter war ein kalter und furchteinflößender Drachen.
Kathy: *Bemutterung* ist ein so seltsames Wort. Immer wenn ich es höre, kommen mir Bilder von meiner Mutter in den Sinn, wobei in Wirklichkeit echtes Bemuttern, wie ich es erfahren habe, meist überhaupt nichts mit dem zu tun hat, was ich in meiner Kindheit und Jugend erlebte. Sooft ich von meiner Mutter gehalten und getröstet wurde, fühlte es sich überhaupt nicht tröstlich, sondern vielmehr erdrückend an, als ob sie die Gelegenheit nutzte, mich zu manipulieren, zu beeinflussen, zu belehren oder zu besitzen. Das war so verwirrend! Auf der einen Seite versuchte sie zu »helfen«, denn schließlich war sie ja meine Mutter; aber im Grunde hatte ich kein gutes Gefühl dabei. Ich konnte fühlen, wie ich in mir selbst Wände aufrichtete.
Gwen: Es gibt zwei Dinge zu meiner Mutter zu sagen. Zum einen wollte sie meinen Schmerz, meine Unsicherheiten, meine Ängste und meine Einsamkeit nicht wahrhaben. Zum anderen konnte sie es kaum ertragen, mich in den Armen zu

halten. Ich habe einige Frauen dabei beobachtet, wie sie einander in der Gruppe hielten. Sie waren so zärtlich, sanft und liebevoll. Ich wünschte mir das für mich selbst so sehr, daß es mir fast das Herz brach. Ich erkannte, daß ich ein großes Bedürfnis danach hatte, gehalten zu werden. Es war hart für mich, darum zu bitten, aber es machte es mir um so vieles leichter, mich den Gefühlen meines inneren Kindes zu öffnen, als Kathy mich hielt. Es linderte meinen Schmerz und besänftigte meine Verwirrung auf eine zärtliche und liebevolle Weise. Danach hielt ich Kathy, während sie weinte.

Kathy: Von Gwen gehalten zu werden, war eine völlig neue Erfahrung. Es ist so wundervoll, im Arm gehalten zu werden, wenn man leidet und bei den eigenen Gefühlen bleiben zu dürfen, einfach als Mensch mit seinen Gefühlen angenommen und geliebt zu werden ohne die Erwartung, sich zu ändern oder die Lektion eines anderen lernen zu müssen – von jemandem gehalten zu werden, der sich mit meinem Schmerz nicht unbehaglich fühlt. Ich erlebe echtes Bemuttern, wenn Gwen mir erlaubt, die Gefühle meines inneren Kindes zu erleben und mich zu heilen. Da gibt es keine Beeinflussung. Es entsteht ein Energiekreis, der heilsam und stärkend ist.

Gwen: Wenn Kathy mich bemuttert, fühlt sich mein Kind sicher, geliebt und beschützt. Ich öffne mich und spüre die unglaubliche Kraft meiner eigenen Liebesfähigkeit und meiner Fähigkeit, mich selbst zu heilen. Als Kathy und ich Freunde wurden, wurden wir auch zu Spielkameraden, fast wie Heranwachsende. Wir besuchten Disneyland ohne unsere Kinder, so daß wir selbst die Kinder sein konnten. Wir telephonierten jeden Abend miteinander.

Kathy: Was mit stundenlangen täglichen Telephongesprächen begann, in denen wir Geheimnisse über uns austauschten, einander zuhörten und uns trösteten, wenn in unserem Leben Probleme aufgetaucht waren, entwickelte sich zu einer echten seelischen Verbundenheit, einem Weg gemeinsamen persönlichen Wachstums. Selbst am Anfang gerieten unsere Unterhaltungen nie zu Klagesitzungen. Der einen wie der anderen ging es darum, zuzuhören und zu helfen und aus der jeweiligen Situation, in der wir waren, zu lernen.

Dadurch wurde diese Beziehung zu etwas ganz Besonderem. Es geht nicht darum, zu jammern und zu klagen oder den Ehemann oder das Kind zu beschuldigen; es geht darum, daß wir selbst Verantwortung übernehmen, indem wir unser eigenes Glückspotential erkennen.

Gwen: Unsere Beziehung begann als eine verspielte, energievolle Verbindung. Wir konnten zusammen Kinder sein und unbefangen wie Kinder füreinander sorgen. Daraus wurde Bemutterung, Halten, Sorgen und Besänftigen, wenn eine von uns beiden litt und wenn ihr Kind gehalten werden mußte.

Kathy: Unsere Freundschaft hat von der Beziehung zu meinem Mann eine ganze Menge Druck genommen. Ich erkannte, daß all die Dinge, die ich unbedingt von ihm wollte – Kontakt, gemeinsames Wachstum und Spaß –, nicht ausschließlich von ihm kommen mußten. Daß er mir das nicht die ganze Zeit geben wollte hieß nicht, daß ich es nicht haben konnte, wenn ich es brauchte.

Gwen: Wir unterstützen uns gegenseitig bei unserer inneren Arbeit, um glückliche, liebevolle Menschen zu werden. Wir unterstützen uns darin, unseren Schmerz zu heilen und unsere Freude zu entwickeln. Wir helfen einander bei den Themen, die in unserem Leben anstehen, und erforschen die Prozesse, die wir beieinander auslösen. Zu glauben, daß Kathy mich ohne zu urteilen bedingungslos lieben kann, ist für mich wahrscheinlich eines der bedeutendsten Ereignisse meines Lebens. Das ist wirkliches Bemuttern, genau das.

Kathy: Es ist mir wichtig geworden, mir immer wieder ins Gedächtnis zu rufen, was Bemuttern für mich jetzt, wenn ich mich mit meiner zwölfjährigen Tochter befasse, bedeutet. Ich weiß jetzt, daß sie das auch braucht. Ich weiß, daß sie ihre eigenen Antworten finden wird, wenn sie bedingungslose Liebe und Vertrauen erfährt.

Bei diesem Stand unserer Beziehung finde ich es aufregend, daß wir einen Bereich haben, in dem wir an den Kernüberzeugungen unserer Egos arbeiten können, an den falschen Überzeugungen, die unserem Wachstum und unserem Glück unser ganzes Leben lang im Wege standen. Manchmal hilft eine der anderen, sich einer dieser Überzeugungen bewußt zu werden. Ich denke, das ist dann eine gute Gelegenheit, über die anstehenden Themen zu reden. Ein sehr wichtiger Aspekt hat mit unseren eigenen Müttern zu tun. Bei mir ist es: »Oh Gott, ich werde verschlungen.« Und wenn Gwen mich hält, habe ich panische Angst davor, sie könnte meine »alte«, nicht meine »neue« Mutter sein.

Gwen: Eines der Themen, die in meinem Leben anstehen, ist die Angst, nicht liebenswert, sondern abscheulich zu sein, so schrecklich, daß mich niemand ertragen kann. Wenn diese Angst auftaucht, während ich mit Kathy zusammen bin, wenn zwischen uns der heilsame Strom liebevoller Energie fließt, kann ich mich damit befassen – sie hört dann auf, bedrohlich zu sein.

Kathy: Ohne Gwen hätte ich niemanden, um an diesen Themen zu arbeiten – niemanden, der sie an die Oberfläche bringen oder mir helfen könnte, sie zu erkennen. Wir arbeiten diese Dinge zusammen durch, weil sie uns in unserem Leben im Weg stehen.

Gwen: Es ist komisch. Anfangs haben wir vor allem die Probleme durchgearbeitet, die durch andere Menschen, mit denen wir zu tun hatten, ausgelöst wurden. Jetzt arbeiten wir tatsächlich an den Themen, die in unserer eigenen Beziehung auftauchen. Unsere Beziehung wirkt für solche Themen wie eine Art Lupe. Wenn wir uns so nahe sind und so fest entschlossen zu lernen, erkennen wir, wie mächtig sogar die kleinsten Probleme sind. Wir erkennen deren gefährliches Potential, unser Glück zu untergraben.

Kathy: Das ist richtig. Ich möchte nur noch hinzufügen, daß das für mich ein wirklich aufregender Teil unserer Beziehung ist, weil diese uralten Themen mir in meinem Leben immer sehr im Wege standen. Wenn sie während unseres Zusammenseins an die Oberfläche kommen, ist das eine Chance, sie wirklich anzuschauen, von ihnen zu lernen und schließlich mit ihnen fertig zu werden.

Cheryls Mutter starb, als Cheryl zehn Jahre alt war. Cheryl schrieb folgendes über ihre Erfahrung mit Bemutterung.

Ich hatte immer ambivalente Gefühle, was Berührung und Umarmen anbetraf. Ich wünschte mir diese Erfahrung sehr, und doch konnte ich sie nicht ganz und gar zulassen. Ich sah immer wieder Eltern, besonders Mütter, die ihre Kinder an der Hand hielten, und ich spürte Wut und Sehnsucht zugleich. Ich hatte noch immer eine große Sehnsucht nach meiner Mutter, obwohl schon dreißig Jahre vergangen waren, seitdem sie gestorben war. Ich hatte nie eines dieser Gefühle mit dem starken Bedürfnis nach Bemutterung in Verbindung gebracht, bis zu dem Abend, als wir in der Gruppentherapie über Bemutterung redeten. Erika erzählte, wie sie und ihre Freunde sich gegenseitig bemuttern. Zuerst schien es mir seltsam, daß eine Frau sich das immer noch wünschen konnte, daß sie es immer noch brauchte. Gleichzeitig erkannte ich, daß ich ebenfalls nach diesem Kontakt hungerte. Die Bemutterung fehlte in meinem Leben, seitdem meine Mutter gestorben war und mein Vater hintereinander zwei gewalttätige Frauen geheiratet hatte. Nach einer bestimmten Zeit weigerte ich mich, mein Bedürfnis überhaupt noch wahrzunehmen. Es war fast so, als hätte ich beschlossen, daß sie mich nicht verletzen könnten, wenn ich sie nicht brauchte. So wußte ich nicht, daß das kleine Mädchen in mir noch immer Bemutterung brauchte.

Als Erika zu mir herüberschaute und meine Hand berührte, schien es mir, als ob sie wüßte, was ich denke, und daß das in Ordnung sei. In dem Augenblick beschloß ich, nach meinem Gefühl zu handeln, also kuschelte ich mich in ihre Arme. Plötzlich kam der Schmerz aus all den Jahren der Verleugnung hoch, und ich begann zu weinen. Als ich weinte, erkannte ich, daß mir die Verleugnung mehr Schmerz verursacht hatte, als ein Ausstrecken der Hände, ein Hilferuf es getan haben könnte.

Charles kam wegen seiner Abhängigkeit vom Sex in Therapie. Immer wenn er sich ängstlich fühlte, wollte er mit seiner Frau schlafen. Wenn sie nicht da war, ging er häufig in Pornoläden und schlief gelegentlich auch mit anderen Frauen. Während der Therapie erinnerte sich Charles daran, von seiner Mutter mißbraucht worden zu sein, und ihm wurde klar, daß sie ihn nie auf nichtsexuelle Weise gehalten hatte. So verschmolzen Liebe, Bestätigung und Sex in seinem Bewußtsein zu ein und derselben Sache, und immer wenn er sich allein fühlte, benutzte er den Sex, um sich zu trösten. Abby, Charles Frau, kämpfte mit ihren eigenen Gefühlen des Alleinseins und ihren Erinnerungen daran, niemals von ihrer Mutter liebevoll umarmt worden zu sein. Als sowohl Charles wie auch Abby ihr Bedürfnis nach Bemutterung erkannten und begannen, mehr Zeit darauf zu verwenden, sich nur in den Armen zu halten und miteinander zu reden, anstatt immer miteinander zu schlafen, löste sich Charles sexuelle Obsession langsam auf.

William kam zur Therapie, weil er Hilfe brauchte, um seine sexuelle Identität zu finden. Er fühlte sich zu Männern hingezogen, wollte aber heiraten und eine Familie haben. Er mochte Frauen, fand sie aber sexuell nicht attraktiv. Als er begann, sich an seine Kindheit zurückzuerinnern, erkannte er, daß er von einer extrem kalten und kontrollierenden Mutter erzogen worden war, die sich verdeckt verführerisch verhielt. Williams Vater, ein weicher und fürsorglicher Mann, war gestorben, als William fünf Jahre alt war, und so war William seiner Mutter auf Gedeih und Verderb ausgeliefert gewesen. William erkannte, daß das Verdrängen seiner sexuellen Reaktion auf Frauen für ihn damals die einzige Möglichkeit gewesen war, sich vor seiner völlig beherrschenden Mutter zu schützen.

William akzeptierte das Bemuttern seitens der Therapeutin und suchte Bemutterung auch bei anderen Frauen. In dem Maße, wie bei diesem Prozeß seine Angst vor Frauen schwindet, wird er in der Lage sein, zwischen Homo-, Bi- oder Heterosexualität zu wählen. Wenn er sich für die Homosexualität entscheidet, dann deshalb, weil er dort sein Glück findet, und nicht, weil er Angst vor Frauen hat.

Genauso wie Frauen Bemutterung von anderen Frauen brauchen, brauchen Männer Bemutterung von anderen Männern. Nur wenige Männer wurden von ihren Vätern genügend umarmt, und deswegen brauchen die meisten Männer Zuwendung und Unterstützung von anderen Männern. Es gibt in dieser Hinsicht jedoch sogar noch mehr Tabus zwischen Männern als zwischen Frauen. Es ist traurig, daß unsere Kultur ein Bedürfnis nach Gehaltenwerden, Berührung, Behaglichkeit, Zuwendung und Unterstützung meist sofort sexuell interpretiert.

Berührung

Einige Menschen haben Angst davor, zu berühren oder berührt zu werden. Für sie bedeutet Berührung, daß man etwas von ihnen fordert. Sie assoziieren Berührung mit Selbstaufgabe, mit Nachgeben und sexuellem Kontakt oder damit, die eigenen Gefühle zu unterdrücken.

Es gibt viele Arten von Berührungen, und manche fühlen sich durchaus nicht gut oder tröstlich an. Wenn wir einen Menschen berühren, um Liebe zu geben, dann wird er die Berührung gerne annehmen, weil sie sich heilsam anfühlt. Wenn die Berührung sexuell und verführerisch ist, dann ist sie vielleicht nicht willkommen. Sie können jemanden aus Ihrem höheren Selbst heraus berühren, um etwas zu geben, oder Sie können jemanden aus Ihrem Ego heraus berühren, um etwas zu bekommen.

Berührung aus dem Ego heraus

Die verführerische Berührung
sagt: »Ich möchte durch Sexualität Bestätigung von dir. Ich berühre dich nicht, um dir Liebe zu geben, sondern um etwas von dir zu bekommen – deine sexuelle Reaktion. Wenn du auf mich sexuell reagierst, dann weiß ich, daß ich in Ordnung bin.« Eltern, die ihre Kinder verführerisch berühren, schaffen ihnen dadurch enorme Probleme. Das Kind ist gefangen zwischen dem Wunsch nach der Liebe der Eltern und der Angst vor Vergewaltigung. In dieser Zwangslage versuchen Kinder, sämtliche Reaktionen zu verdrängen, um sich vor dem Übergriff, den sie befürchten, zu schützen.

Auch Erwachsene fühlen sich im allgemeinen vergewaltigt, wenn die Absicht der Berührung darin liegt, Sex zu bekommen anstatt Liebe zu geben. Eine solche Unklarheit kann, wie wir schon früher sagten, verrückt machen, besonders wenn die berührende Person hartnäckig behauptet, daß sie nur liebevoll sei. Die Berührung fühlt sich nicht gut an, die andere Person verleugnet jedoch ihre eigentliche Absicht. Viele Menschen, mit denen wir gearbeitet haben, klagen darüber, daß ihre Männer oder Frauen nur liebevoll seien, wenn sie Sex haben wollen.

Sie sagen, diese Art der Zuwendung fühle sich nicht gut, sondern manipulativ an.

Die erstickende Berührung
Manche Menschen berühren und umarmen andere, um sie zu beherrschen und ihre Aufmerksamkeit, Liebe oder Zuwendung zu bekommen, als ob sie einen kleinen, zappelnden Welpen in der Hand hielten. Die Bedürfnisse des Menschen werden über das Wohlbefinden des Tieres gestellt. Dasselbe geschieht oft bei kleinen Kindern, und die Folgen sind katastrophal. Lynn, eine Frau in einer unserer Gruppen, hatte offensichtlich Angst davor, berührt zu werden, besonders von Frauen. Als wir diesem Problem nachgingen, sagte sie, sie habe das Gefühl, berührt zu werden sei lebensgefährlich, und sie würde dabei möglicherweise nicht nur ihre Individualität verlieren, sondern auch ihr Leben. Wir durften sie in den Arm nehmen, und dabei begann sie, sich an ihre Mutter zu erinnern. Sie erinnerte sich in allen Einzelheiten daran, wie ihre Mutter sie in ihren Armen fast erdrückt hatte. Wieder und wieder hatte die Mutter zu dem kleinen, zappelnden Kind gesagt: »Aber ich liebe dich.« Die kleine Lynn fühlte sich jedoch nicht geliebt; sie fühlte sich gefangen und benutzt. Daher konnte sie sich nicht erlauben, berührt zu werden oder Nähe zu genießen.

Die erdrückende Berührung sagt: »Du bist kein freies Individuum. Dein Körper ist mein Eigentum. Deshalb habe ich das Recht, dich im Arm zu halten, dich zu berühren, dich zu kneifen, wann immer ich will. Dein Lebenssinn liegt darin, mir Liebe zu geben, mich gut fühlen zu lassen. Es ist mir egal, was du willst. Es ist vielmehr deine Aufgabe, dich um meine Wünsche zu kümmern. Ich habe ein Recht darauf, mich dir aufzudrängen, und wenn du mich liebst, wirst du es zulassen, daß ich dich auf diese Weise beherrsche.« Menschen, die andere mit ihrer Berührung erdrücken, denken gern, sie seien sehr liebevoll und merken nicht, daß sie in Wirklichkeit die Grenzen eines anderen verletzen.

Margie erinnert sich an eine solche Erfahrung:

> Ich hielt einmal vor einer Gruppe von Geistlichen eine Rede. Nach der Rede kamen viele von ihnen zu mir, um mich liebevoll zu umarmen und mir zu sagen, wie gut ihnen meine

Rede gefallen habe. Einer der Männer jedoch schlang seine Arme um mich und hielt mich fest. Als ich versuchte, mich ihm zu entziehen, umklammerte er mich noch fester. Die Botschaft war: »Wenn du dich entziehst, fühle ich mich beleidigt.« Natürlich empfand ich seine Umarmung nicht als liebevoll. Als ich es endlich geschafft hatte, mich aus seinem Griff zu befreien, schaute er mich mit einem selbstzufriedenen Grinsen an, offensichtlich überzeugt, er sei der liebevollste Mann im Raum.

Die beschwichtigende Berührung
sagt: »Ganz ruhig, nicht weinen. Sei nicht verletzt, weil ich damit nicht umgehen kann.« Eltern berühren oder umarmen ihre Kinder oft auf diese Weise, anstatt sie einfach zu trösten, während sie durch ihren Schmerz hindurchgehen. Sie übermitteln ihren Kindern die Botschaft, daß sie – da sie in den Arm genommen worden sind – keinen Schmerz mehr fühlen sollten. Eine solche Botschaft ist allerdings verwirrend und doppeldeutig. Die offene Botschaft lautet: »Ich liebe dich.« Die verdeckte Botschaft lautet: »Meine Liebe ist an die Bedingung geknüpft, daß du deinen Schmerz unterdrückst.« Das Kind fühlt sich manipuliert und elend dabei. Eltern, die schlechte Eltern zu sein glauben, wenn ihr Kind leidet, werden versuchen, das Kind dazu zu bringen, mit dem Weinen aufzuhören, damit sie, die Eltern, sich nicht schlecht fühlen müssen. Wenn das Leid des Kindes Erinnerungen an das eigene Leid in der Kindheit auslöst und die Eltern sich damit nicht konfrontieren wollen, werden sie alles daran setzen, um das Leiden des Kindes zu beenden und dabei sogar emotionale und physische Gewalt anwenden.
Auch die Partner in einer Paarbeziehung berühren sich oft auf diese Weise. Sie versuchen, nett zu sein, indem sie den anderen tätscheln, aber in Wirklichkeit bedeuten ihre Berührungen: »Sei nicht traurig (oder weine nicht), weil ich nicht damit umgehen kann.« Die beschwichtigende Berührung fühlt sich eher bevormundend als tröstend an.

Die nichtfordernde Berührung des höheren Selbst ist die Essenz des wahren Bemutterns. Es ist eine bedingungslos liebevolle Berührung, die sagt: „Ich bin für dich da. Ich bin bei dir in deiner Traurigkeit, deiner Angst, deinem Kummer, deinem Schrecken, deiner Qual, deinem Leid, deiner Freude. Ich habe keine Erwartungen, die du erfüllen mußt. Ich liebe dich so wie du bist, und ich stehe dir zur Seite, wie immer du dich auch fühlen magst. Diese Berührung spendet Trost; sie ist voller Liebe und Zärtlichkeit. Diese bedingungslos liebevolle Berührung kann helfen, die verzweifelte Einsamkeit und das Alleinsein des inneren Kindes zu heilen. Die Verzweiflung und der quälende Schmerz können in der Gegenwart eines anderen liebevollen Menschen erlebt werden, so daß wir uns nicht allein fühlen müssen, wenn wir den alten Schmerz unseres verlassenen Kindes erleben. Erika beschreibt ihre Erfahrung als Therapeutin mit der nichtfordernden Berührung:

> In den traditionellen Therapien wird gefordert, daß die Klienten nie berührt werden. Dafür gibt es verschiedene unerfreuliche und unbewiesene Gründe: Die Berührung könnte vielleicht als sexuell interpretiert oder der Klient könnte zu abhängig werden oder sie könnte das Problem der Übertragung verursachen. Ich glaube, ich habe noch nie mit einem Klienten gearbeitet, den ich nicht wie ein Kind im Arm gehalten oder berührt hätte. Oft fällt es Menschen schwer, in Kontakt mit ihrem inneren Kind zu kommen und ihre Gefühle zu artikulieren, und sie brauchen Zeit, um einfach nur zu fühlen. Wenn ich sie im Arm halte, können sie ihre Gefühle erleben. Die Berührung schafft auch eine zusätzliche Form der Kommunikation. Ich kann so die Energie meiner Klienten fühlen, und sie können meine fühlen. Wenn sie sich mit sehr schmerzvollen Themen konfrontieren, ermöglicht ihnen meine Umarmung, geschützt durch den Schmerz zu gehen. Männer, Frauen und Heranwachsende reagieren auf Liebe und Freundlichkeit. Ich habe noch nie die Erfahrung gemacht, daß Klienten dadurch faul und abhängig geworden wären oder meine Umarmung als ein Pflaster, das die Wunde nur zudeckt, benutzt hätten. Im Gegenteil, ich habe herausgefunden, daß dann, wenn ich ein sicheres, liebevolles Umfeld schaffe, ein Klient eher die Kraft hat,

auch tiefe, schmerzhafte Verletzungen zu spüren und sie zu heilen. Der Weg scheint für sie einfacher und leichter zu sein als für die, die ihn allein gehen müssen, ohne die Liebe und Bemutterung eines anderen.

Offenes und verschlossenes Leid

Wir möchten nicht automatisch jeden Menschen, den wir weinen sehen, in die Arme nehmen. Unser Wunsch, jemanden in die Arme zu nehmen, hängt davon ab, worauf das Leid abzielt. Es gibt zwei verschiedene Arten von Leid: offenes und verschlossenes Leid. Offenes Leid ist der Schmerz durch Verlust und Trauer und das Annehmen der Wunden. Diesen Schmerz fühlen wir, wenn wir offen sind, von unserem Kind zu lernen. Es ist ein heilsamer Schmerz, der dazu führt, zu verstehen und eine Wahl zu treffen. Verschlossenes Leid ist das Leid des Verlassenseins, das daher rührt, daß wir den Kontakt zu unserem inneren Kind abschneiden und ein Opfer unserer eigenen Entscheidungen werden. Es ist das ewige, leidvolle Jammern: »Ich Arme(r)«, »Ich bin ein Opfer«, das Menschen dazu benutzen, andere dazu zu bringen, sich um sie zu kümmern, wenn sie sich entschieden haben, sich nicht selbst um sich zu kümmern.

Wenn wir jemanden in offenem Schmerz erleben, sind wir von ihm berührt. Er ist offen für seine eigene Erfahrung und gibt niemandem dafür die Schuld. Er möchte sich nur sicher fühlen, um den Schmerz durchleben zu können. Solchen Menschen wenden wir uns fast immer zu und bieten ihnen Trost an. Menschen mit verdecktem Schmerz sind ganz anders. Ihre Tränen berühren uns nicht, und wir fühlen uns von ihnen manipuliert. Wenn Sie jemals einen Menschen weinen sehen und nicht davon berührt sind, ist es wahrscheinlich, daß er sich schützen möchte und die Verantwortung abgegeben hat. Er möchte, daß jemand anders den Schmerz für ihn beseitigt. Er möchte nicht lernen; er möchte befreit werden. Ein Opfer im Arm zu halten, fördert dessen Wachstum nicht und hilft ihm auch nicht, sein inneres Kind zu heilen. Statt dessen fördert es seine Abhängigkeiten, indem es lernt, daß es als Opfer bekommt, was es sich wünscht, zumindest im Augenblick.

Nicht alle Menschen reagieren positiv auf eine liebevolle Berührung. Manche Menschen fühlen sich dabei zu verletzlich: Sie haben Angst davor, allzu bedürftig zu sein, oder sie fürchten, etwas zu rasch wieder zu verlieren, das sich so gut anfühlt und nach dem sie sich so lange gesehnt haben. Für jene, die in ihrer Kindheit nur wenig Liebe erfahren haben, kann sich bedingungslose Liebe überwältigend anfühlen. Aber bedingungslose Liebe ist so heilsam, daß die meisten Menschen sich ihr am Ende öffnen.

Es wird Zeiten in Ihrem Leben geben, in denen Sie starke mütterliche Gefühle gegenüber einem anderen Menschen haben werden. Es wird auch Zeiten geben, in denen Sie selbst bemuttert und in den Arm genommen werden wollen. Sie werden nie ein erfülltes Leben leben und niemals Ihre Bedürfnisse erfüllt bekommen, ohne daß Sie das Risiko eingehen, um das, was Sie haben möchten, zu bitten und das zu geben, was Sie geben möchten. Wir hoffen, daß Sie sich erlauben werden, zu umarmen, zu halten und zu lieben, denn das ist es, was Ihr inneres Kind sich wünscht und was es auch verdient.

Kapitel 11

Selbsthilfegruppen, Zwölf-Schritte-Programme

> Der allgemeinen Hoffnungslosigkeit wird durch die zwölf Schritte der Heilung auf elegante, einfache Weise begegnet. Die Prinzipien, die darin enthalten sind, sind möglicherweise universal. Sie sind nicht ursprünglich von den Anonymen Alkoholikern erarbeitet worden, sondern sind in jeder bedeutenderen Religion und Philosophie enthalten.
>
> *Sex and Love Addicts Anonymous*
> The Augustine Fellowship

Zwölf-Schritte-Programme werden von Männern und Frauen befolgt, die, wie es bei den Anonymen Alkoholiker heißt, sich treffen, um »ihre Erfahrung, Stärke und Hoffnung untereinander auszutauschen, damit sie ihr gemeinsames Problem vielleicht lösen und anderen helfen, vom Alkoholismus loszukommen« - oder von jeder anderen Sucht. Sich auf ein Zwölf-Schritte-Programm einzulassen, ist oft ein wesentlicher Bestandteil der Heilung eines Menschen. Vom Suchtverhalten loszukommen ist ein sehr schwieriger Prozeß. Das Zwölf-Schritte-Programm liefert einen unschätzbar wertvollen Rahmen, um zu lernen und zugleich die oft sehr notwendige Unterstützung zu bekommen und ein Gemeinschaftsgefühl zu entwickeln. Die Menschen fühlen sich bei ihren Bemühungen und Kämpfen oft völlig allein, aber als Mitglied einer Selbsthilfegruppe ist man nie allein. Es ist unglaublich hilfreich, andere Menschen offen über Dinge reden zu hören, die Sie selbst Ihr ganzes Leben lang geheimgehalten haben. In den Selbsthilfegruppen treffen Sie Menschen in den verschiedenen Stadien der Genesung, und Sie können, während jeder Teilnehmer über seinen Schmerz und sein Wachstum berichtet, ebenfalls lernen und gesunden. Darüber hinaus sind solche Selbsthilfegruppen oftmals ein Ort, an dem man gleichgesinnte Menschen trifft, Menschen, die wachsen möchten und die sich um ihre Heilung bemühen. Wenn Sie sich entscheiden, an einer Selbsthilfegruppe teilzunehmen, dann ist es wichtig, eine Gruppe zu finden, in der Sie sich wohl fühlen. Nicht alle Gruppen sind gleich, und es ist wichtig, Menschen zu finden, zu denen Sie leicht Kontakt knüpfen.

Zwölf-Schritte-Programme gibt es für fast jede Form des Suchtverhaltens, für Abhängigkeit von Substanzen ebenso wie für Abhängigkeit von Prozessen. Die Anonymen Alkoholiker, die Anonymen Rauschgiftsüchtigen, die Anonymen Eßsüchtigen und die Anonymen Sex- und Liebessüchtigen gehören dazu.

Die Zwölf-Schritte-Programme haben bei der Arbeit mit Abhängigkeiten von Suchtstoffen bereits große Erfolge gebracht, und sie sind ebenso hilfreich bei Bestätigungs-, Liebes-, Sex- und Affärensüchtigen. Zusätzlich gibt es Zwölf-Schritte-Programme für die Angehörigen der Süchtigen. Auch Inzestopfer und mißbrauchte Frauen haben sich zu Selbsthilfegruppen zusammengeschlossen.

Wenn Sie sich mit keiner der oben genannten Gruppen identifizieren können, aber wissen, daß etwas in Ihrer Partnerschaft nicht stimmt, dann gehen Sie einfach einmal zu einer Selbsthilfegruppe von Co-Abhängigen. Unserer Erfahrung nach steht hinter jedem Suchtverhalten das Problem der Co-Abhängigkeit. Wir treffen oft auf sehr viel Widerstand, wenn wir einem Klienten raten, zu einer solchen Selbsthilfegruppe zu gehen. Der Widerstand fällt gewöhnlich in eine von drei Kategorien:

1: Ich möchte mich nicht mit einem Haufen Verlierer zusammentun.
2: Ich kann mich mit diesem spirituellen Kram, wo von Gott oder einer höherer Macht die Rede ist, nicht identifizieren.
3: Ich kann es allein schaffen.

Auf den ersten Einwand antworteten wir mit: »Ja, einige der Menschen, die an diesen Programmen teilnehmen, sind Verlierer, aber gewiß nicht alle, nicht einmal die meisten. An diesen Selbsthilfegruppen nehmen Menschen in allen Lebenslagen teil. Probieren Sie verschiedene Gruppen aus, bis Sie Menschen finden, zu denen Sie eine Beziehung aufbauen können, die Sie bewundern und respektieren. Sie werden sie dort finden.«

Auf den zweiten Einwand antworteten wir so: »Sie können Gott oder eine höhere Macht sehen, wie Sie wollen. Es muß nicht eine Quelle außerhalb Ihrer selbst sein. Die höhere Macht kann Ihr eigenes höheres Selbst sein.« Wir haben herausgefunden, daß Menschen, wenn sie sich ihres höheren Selbst bewußt werden und es entwickeln, ganz natürlich die universelle Liebe erfahren, die die wahre Quelle der Heilung ist, besonders der Heilung ihres Alleinseins. Je mehr wir uns aus der Position des liebevollen Erwachsenen mit dem Alleinsein unseres inneren Kindes konfrontieren, desto deutlicher erfahren wir, daß wir in Wahrheit nicht allein sind.

Auf den dritten Einwand reagierten wir mit der Antwort: »Nein, Sie können es nicht allein schaffen, sonst hätten sie es bereits erreicht. Eine der Lügen, die das Ego uns erzählt, damit es die Kontrolle über uns behält, ist, daß wir es allein schaffen könnten oder daß wir es allein schaffen sollten. Niemand heilt von allein.«

Jede Gruppe paßt das Zwölf-Schritte-Programm so an, daß es sich in ihr individuelles Programm einfügt. Wir zählen nun die zwölf Schritte auf, die wir jeder der Selbsthilfegruppen vorschlagen:

1. Wir haben zugegeben, daß wir in unserem Ego-Zustand – nichtliebender Erwachsener und verlassenes Kind – machtlos über unsere Süchte waren, daß unser Leben nicht mehr zu bewältigen war.
2. Wir haben eingesehen, daß es unsere Gesundheit wiederherstellen konnte, wenn wir unsere Ego-Kontrolle aufgeben und sie unserem höheren Selbst/unserer höheren Macht überlassen und von unserem höheren Selbst lernen, wie wir unserem inneren Kind ein liebevoller Erwachsener sein können.
3. Wir haben die Entscheidung getroffen, unser Leben unserem höheren Selbst zu übergeben, indem wir von unserem inneren Kind lernen.
4. Wir haben eine ehrliche Aufstellung gemacht von den Wegen, die wir gewählt hatten, um uns zu schützen, und

von den Glaubenssystemen und unverheilten Wunden hinter diesen Verteidigungsstrategien.

5. Wir haben unserer höheren Macht, uns selbst und mindestens einer anderern Person die gesamte Geschichte unserer Selbstschutzmechanismen, Verletzungen und Glaubenssysteme anvertraut, die uns dazu gebracht haben, unser inneres Kind zu verlassen.
6. Wir haben uns entschlossen, uns unserer höheren Macht/unserem höheren Selbst gegenüber zu öffnen und auf den Schutz des Ego zu verzichten, indem wir Verantwortung für unser eigenes inneres Kind übernommen haben.
7. Wir haben unsere Ego-Kontrolle aufgegeben und auf liebevolle Weise Führung durch unsere höhere Macht gesucht, um den Bedürfnissen und Gefühlen unseres inneren Kindes zu entsprechen.
8. Wir haben eine Liste von all dem zusammengestellt, womit wir unser inneres Kind und andere verletzt haben, und wir sind bereit, daran zu arbeiten.
9. Wir haben uns auf den Prozeß eingelassen, uns selbst zu vergeben und uns unserem inneren Kind und anderen gegenüber, die wir verletzt haben, freundlicher zu verhalten, es sei denn, dies wäre nicht liebevoll.
10. Wir fuhren fort, den Bedürfnissen und Gefühlen unseres inneren Kindes größte Aufmerksamkeit zu schenken und uns sofort wieder zu verbinden, wenn wir den Kontakt verloren hatten.
11. Wir haben durch Meditation und schriftlichen und mündlichen Dialog die Verbindung zu uns selbst, zu anderen und zum Universum verbessert.
12. Da wir durch diese Schritte spirituell erwachten, wandten wir uns mit Liebe und Aufmerksamkeit unseren Mitmenschen zu.

Es ist unmöglich, auch nur damit zu beginnen, in Kontakt mit dem inneren Kind zu kommen, wenn Sie als Süchtiger weiterhin Alkohol oder Drogen konsumieren. Wir nennen diese Suchtmittel »Ego-Nahrung«, da sie Sie in Ihrem Ego halten und Sie daran hindern, mit Ihrem Selbst in Kontakt zu kommen. Innere Dialoge zu führen oder auch eine Therapie zu beginnen, wird Sie nirgendwohin bringen, wenn Sie nicht Abstinenz üben. Aber die meisten Menschen können das nicht allein schaffen. Wir nehmen Alkoholiker oder Drogenabhängige solange nicht in Therapie, bis sie sich verpflichten, an einer Selbsthilfegruppe teilzunehmen. Wenn sie nicht in einer Selbsthilfegruppe sind, dann ist die Therapie Zeitverschwendung.

Wir wollen Sie dazu ermutigen, von der Unterstützung und dem Lernangebot, die Sie in den Selbsthilfegruppen finden können, Gebrauch zu machen.

Kapitel 12

Entwicklungsprozesse in der Therapie

> Wenn wir die Gelegenheit haben, Zeuge eines Heilungsprozesses zu sein ... dann erscheint es ein wenig so, als würden wir bei einer Geburt helfen. Es ist ehrfurchtgebietend, mit dem Wunder des Lebens so nahe in Berührung zu kommen.
>
> *Trotz - allem. Wege zur Selbstheilung sexuell mißbrauchter Frauen*
> Ellen Bass und Laura Davis

Es ist sehr wohltuend, wenn wir mit einem Therapeuten zusammenarbeiten, der uns helfen kann zu erfahren, was es heißt, ein liebevoller Erwachsener für unser inneres Kind zu sein. Er unterstützt den Patienten, wenn er sich mit seinem Schmerz und Kummer auseinandersetzt, und hilft ihm, den falschen Überzeugungen nachzugehen, die ihn in der Angst und im Schmerz feststecken lassen. Kein Therapeut, mag er auch noch so tüchtig sein, kann Ihnen die Arbeit abnehmen, aber ein fähiger Therapeut kann unschätzbar hilfreich sein, um zu lernen, den eigenen Schmerz zu heilen. Viel zu oft kommen Menschen jedoch in die Therapie in der Hoffnung, der Therapeut sei eine Art Zauberer und könne sie heilen, ohne daß sie eigene Arbeit leisten müßten. Dies kommt aus der Überzeugung, daß andere Menschen uns glücklich machen könnten, daß wir uns gut fühlen und geheilt werden könnten, wenn der Therapeut uns nur genug liebte und akzeptierte. Ein guter Therapeut sorgt, wenn nötig, für Bemutterung; er wertet nicht und ist offen zu lernen, aber er bietet die Wahrheit an, wie er oder sie sie sieht, und spricht diese mit Einfühlungsvermögen aus, anstatt den Klienten blind zu bestätigen.

Viele Menschen fühlen sich in der Therapie nicht sicher, nicht notwendigerweise deshalb, weil der Therapeut sich wartend verhält, sondern weil der innere Erwachsene das innere Kind verlassen hat, das nun die Bestätigung des Therapeuten braucht, um sich gut zu fühlen. Wenn Klienten Bestätigung der Wahrheit vorziehen, werden sie sich bei Therapeuten, die nicht co-abhängig sind und die die Co-Abhängigkeit ihrer Klienten nicht fördern, nicht sicher fühlen. Co-abhängige Therapeuten geben Sympathie und Bestätigung in der Hoffnung, die Bestätigung ihrer Klienten zu gewinnen. Sie befürchten, daß ihre Klienten wütend werden könnten, wenn sie ihnen die Wahrheit, so wie sie sie sehen, sagen würden. Die Wahrheit zu sagen könnte heißen, zu einem Klienten zu sagen: »Ich habe den Eindruck, Sie geben Ihrem Ehemann die Schuld für Ihr Leid, anstatt sich mit dem Schmerz, der aus Ihren eigenen Entscheidungen resultiert, auseinanderzusetzen« - anstatt nur Verständnis zu zeigen. Wenn Klienten wirklich lernen wollen, werden sie solche Einsichten zu schätzen wissen. Aber wenn sie nur hören wollen, daß sie recht haben, oder wenn sie nur Sympathie und Bestätigung erhalten wollen, werden sie sich unsicher fühlen und werden vielleicht weggehen, um einen »angenehmeren« Therapeuten zu suchen. Ein Therapeut verhält sich nicht liebevoll, wenn er die Sucht eines Klienten mit Bestätigung füttert. Das soll nicht heißen, daß der Therapeut Bestätigung verweigern soll, aber er oder sie sollte Bestätigung nicht als Mittel verwenden, die Abhängigkeit des Klienten vom Therapeuten zu fördern.

Die Aufgabe des Therapeuten ist es, einem Klienten dabei zu helfen, für seinen eigenen Schmerz und seine Freude die Verantwortung zu übernehmen. Das heißt, dem Klienten dabei zu helfen, das innere Kind wirklich zu lieben, indem er lernt, den alten Schmerz und Kummer des Kindes zu akzeptieren und die falschen Glaubensmuster aufzudecken, die den Schmerz verursachen, und auf das innere Kind zu hören und im Interesse der Wünsche und Bedürfnisse des Kindes zu handeln. Der Therapeut kann als Rollenvorbild für liebevolles Verhalten dienen, indem er seine Absicht zu lernen demonstriert und indem er dem Klienten hilft, sich bewußt zu werden, wie lieblos, autoritär oder nachlässig er mit sich umgeht. Darüber hinaus kann der Therapeut dann, wenn der Klient das innere Kind ist, helfen, indem er die Rolle des liebevollen Erwachsenen des Klienten spielt, vor allem wenn das innere Kind des Klienten sich verlassen fühlt. Oder der Therapeut spielt die Rolle des inneren Kindes des Klienten, und er läßt den Klienten üben, liebevoll zu sein oder sich bewußt zu werden, auf welche Weise er sich lieblos verhält. Wir nennen diese Therapie *Inner Bonding Therapy*.

Der Therapeut kann dem Klienten liebevolle Unterstützung geben, um ihm zu helfen, Wut und Schmerz zu fühlen. Wenn die tiefsitzenden Kindheitserinnerungen hochkommen und die Angst und der Schmerz sehr intensiv sind, kann der Therapeut, wenn nötig, für Bemutterung sorgen, um dem Klienten beim Durchleben dieser Gefühle Beistand zu leisten. Erinnerungen an emotionale, physische und sexuelle Mißhandlung sind extrem schmerzhaft; es ist sehr hilfreich, einen liebevollen Therapeuten zu haben, der für eine sichere Umgebung sorgt, um diese tiefen Gefühle zu erleben und durchzuarbeiten.

Es ist extrem wichtig für den Therapeuten, den Klienten bei dem Prozeß der Selbständigkeit und des selbständigen Arbeitens zu unterstützen. Viel zu oft werden Klienten vom Therapeuten abhängig und unterlassen es, zwischen den Sitzungen selbst weiterzulernen. Ein- oder zweimal in der Woche einen Therapeuten aufzusuchen, reicht nicht aus, um gesund zu werden. Sie müssen bereit sein, die Arbeit mit Ihrem inneren Kind jeden Tag auch allein fortzusetzen. Ein Grund, warum Menschen so lange Zeit zur Therapie gehen, liegt darin, daß sie ihre Arbeit nur in der Praxis des Therapeuten machen und daß sie deshalb nur wenig vorankommen. Langzeittherapie kann so in der Tat zu einer weiteren Sucht werden.

Es folgt ein Beispiel einer Sitzung, in der die Klientin Jessica mit Hilfe ihrer Therapeutin sehr viel eigene Arbeit leistet:

Jessica: Ich habe meine Brüder besucht, die beide in der Nähe von San Diego leben. Ich wohnte bei meinem älteren Bruder Richard und seiner Freundin Margo. Sie ist eine wirklich bemerkenswerte Frau. Sie ist beträchtlich älter als er – er ist siebenunddreißig und sie ist wahrscheinlich fünfzig. Sie ist eine kleine, sanfte Frau mit weißblondem Haar, und sie ist wirklich cool. Ich liebe sie, und ich liebe meinen Bruder. Einmal ging ich in ihr Schlafzimmer, weil ich sie etwas fragen mußte. Sie waren zusammen im Bett, und plötzlich spürte ich einen so heftigen Ekel, daß mir schlecht wurde – obwohl die beiden zwei Menschen sind, die ich liebe und deren Beziehung ich wirklich für gut und gesund halte. Ich möchte unbedingt an dem Thema Sex weiterarbeiten, bis so etwas nicht mehr passiert. Als ich mich fragte, woher meine Gefühle kamen, merkte ich, daß das Problem darin lag, daß Richard sie nicht heiraten wollte. Sie kann keine Kinder haben, und er sagt, er möchte einmal Kinder haben. Deswegen glaube ich, der Ekel kam daher ... Ich bin mir nicht ganz sicher. Es kann sein, daß das Gefühl etwas mit Überzeugungen zu tun hat, die ich noch aus meiner Kindheit habe (und die offensichtlich jetzt noch gegenwärtig sind), daß eine Frau so etwas nur tun darf, wenn sie verheiratet ist. Und ich nehme an, ich habe die Vorstellung, daß eine Frau, die mit einem Mann schläft und nicht mit ihm verheiratet ist, wirklich *dumm* ist. Gott, ich bin nervös. Es macht mich nervös, über dieses Thema zu reden. Aber ich bin noch ganz und gar im Kopf. Ich schaffe es einfach nicht, in den Bauch zu kommen.

Therapeutin: Warum fragst du nicht dein Kind, welche Gefühle es dabei hat?

Jessica: Oh. (Spricht zur Puppe) Was geschah mit uns, als das passierte? (Sie wechselt auf den Stuhl mit der Puppe, hält die Puppe und spricht mit einer Kleinmädchenstimme.)

Jessicas Kind: Wir hätten nicht dort sein sollen. Wir hätten überhaupt nicht dort sein dürfen. Wir hätten überhaupt nicht in dieses Zimmer gehen dürfen. Das war ihr privater Ort, und wir hätten überhaupt nicht dort sein dürfen. Ich wünschte, wir hätten sie nicht so gesehen. (Sie beginnt zu weinen.) Ich wollte sie überhaupt nicht so sehen. Es war schlecht, das zu tun. Wir hätten nicht hineingehen dürfen.

Jessicas Erwachsene: Warum glaubst du, daß es schlecht war? Sie sagten, wir sollten hereinkommen. Sie sagten, es sei in Ordnung.

Jessicas Kind: Aber das stimmt nicht. Es war nicht in Ordnung. *Sie waren nicht angezogen*. Sie waren nicht angezogen. Und es war *eklig*!

Jessicas Erwachsene: Du meinst also, sie hätten uns nicht hereinbitten dürfen? Weil sie nicht angezogen waren? (Zur Therapeutin) Gott, ich weiß nicht , wohin das führt . . .
Therapeutin: Frag sie, ob sie sich an etwas erinnert fühlt, das dir als kleines Mädchen passierte.
Jessica: Okay. Erinnert dich das an etwas, was dir passierte, als wir noch klein waren?
Jessicas Kind: Gut, alles was mir dazu einfällt, ist, daß ich Vater einmal im Badezimmer sah, aber das ist es nicht. Mhm. (Pause) Ich erinnere mich daran, einmal in Mamas und Papas Schlafzimmer gegangen zu sein. Ich klopfte an die Türe, weil so komische Geräusche herausdrangen, aber es war abgeschlossen . . . (Längere Pause)
Jessicas Erwachsene: Warum glaubst du, daß es falsch war?
Jessicas Kind: (Geknickt) Weil ich nicht hineingehen wollte. Weil ich nichts sehen wollte. Ich möchte sie nicht anschauen. Ich möchte sie nicht sehen. Ich möchte so etwas nicht mit ansehen. Ich möchte Richard so etwas nicht tun sehen. Es macht mich krank.
Jessicas Erwachsene: Warum denkst du, daß Richard wie Papa ist? Er behandelt Margo nicht wie Papa Mama behandelt hat, oder?
Jessicas Kind: Nein . . ., aber irgendwie doch, weil er sie nicht genug liebt, um sie zu heiraten und . . . Es gibt eine Seite in ihm, die denkt, sie sei zu alt oder nicht hübsch genug oder nicht schlau genug oder so etwas, und dasselbe machte Papa mit Mama. Es ist *dasselbe*. Es ist dieses beschissene: »Sie ist nicht gut genug!« Genau das macht er mit *ihr*. Weil er sie nicht heiraten wird. Er liebt sie nicht wirklich. Er denkt, er wäre Gottes Geschenk an die Frauen. Er ist genauso arrogant wie Papa. Und mir wird schlecht davon. Weil ich nicht möchte, daß er wie Papa ist. (Zur Therapeutin, immer noch weinend) Das ist es, worauf es hinausläuft.
Therapeutin: Es scheint also, daß es sich bei der Übelkeit um eine Projektion der wirklich tiefen Gefühle, die dein Kind gegenüber deinem Vater hat, auf Rich handelte.
Jessica: Ja, ganz genau.
Therapeutin: Möchtest du deinem kleinen Mädchen jetzt gleich eine Stimme geben und versuchen, mit deinem Vater zu reden und deinen Ekel auszudrücken?

Jessica: Ja.
Therapeutin: Setz deinen Vater dorthin.
Jessicas Kind: Du bist schrecklich. Du bist so gemein zu Mama. (Weinend) Du bist so gemein zu ihr. Und du bist so gemein zu Donnie. Und ich vertraue dir überhaupt nicht. Du behandelst Mama schlecht. Du behandelst dich selbst schlecht. Du beschuldigst alle, und du bist gemein, und du haßt alle.
Therapeutin: War es nicht die Sexualität, vor der du dich geekelt hast?
Jessicas Kind: (Wieder weinend) Ja. Ja. Ich glaube, du hast mit jeder Kellnerin im Restaurant gevögelt. (Ihr Vater besaß ein Restaurant.)
Therapeutin: Was ist mit deinem Ekel?
Jessicas Kind: Und mir wird *übel* davon!!! Mir wird übel im Magen davon! Und ich habe Lust, dich zu treten und zu schlagen und deinen Penis abzuschneiden und ihn durch einen Fleischwolf zu drehen und dich zu verprügeln und dir die Augen auszustechen, dir die Zunge herauszureißen und deine Lippen abzuhacken und dir ins Gesicht zu treten und dich in den Magen zu schlagen. Und ich habe Lust, auf dich drauf zu kotzen! Und es tut mir leid für alle, die du hereingelegt hast!!! Und ich bin wütend auf Mama, weil sie bei dir geblieben ist. Und als du zurückkamst, als du in San Francisco warst und ... und ihr beide ... Ihr gingt für Stunden ins Schlafzimmer, und sie kam heraus und konnte nicht einmal mehr gerade *gehen* ... Das machte mich auch *krank*. Es machte mich *krank*!!! Eure Ehe war nämlich in einem so schlechten Zustand, und ihr beiden habt nicht einmal darüber gesprochen. Ihr seid einfach ins Schlafzimmer gegangen und habt gevögelt. Ihr habt nie geredet. Und sie machte es einfach mit! Es machte mich krank!!! Es machte mich krank!!! Ich habe euch gehaßt!«
Therapeutin: Möchtest du deine Mutter dorthin setzen?
Jessicas Kind: Du machst mich auch krank! Du stehst nie für dich ein! Du sagst nie nein zu ihm! Du sagst ihm nie, daß er einfach *abhauen* soll!!! Du hast ihm nie gesagt, was du wußtest! Du hast ihm nie gesagt, er solle damit *aufhören*, und du hast ihm nie gesagt, wie sehr es dich *verletzt hat*! Du hast ihn auf dir herumtrampeln lassen und dich von ihm als Türmatte

benutzen lassen! Er hat sich die Füße an dir abgeputzt! Du hast einfach behauptet, es sei alles in Ordnung ... (Lange Pause) Ich wollte, du hättest ihn einfach rausgeschmissen. Ich wünschte, du hättest ihm gesagt, er solle zur Hölle gehen und hättest uns alle von ihm entfernt. Du warst lieb, und er war ein gemeiner Scheißkerl! Und ich wünschte, du hättest eine Arbeit gehabt, so daß wir ihn hätten verlassen können. Ich wollte, ich hätte dir das gesagt.

Therapeutin: Gibt es noch mehr, was du ihnen sagen möchtest?

Jessicas Kind: Ja, ihr beide wart *schrecklich* zusammen. Ihr hättet nie heiraten sollen. Mama, du hättest dich nicht immer von ihm runtermachen lassen dürfen. Du hast das nicht verdient. Und Papa, du bist ein arroganter Scheißkerl, und du hättest ihr das nicht antun dürfen, nur weil sie nicht so gut hörte. Sie war eine nette Frau und das war ihr größter Fehler. Zu *dir* war sie zu nett. Ich glaube, du hättest jemanden gebraucht, mit dem du hättest kämpfen können. Ich wollte, sie hätte sich von dir scheiden lassen, als ich vielleicht zwei war!!! Ich wollte einfach, ihr wäret beide glücklich gewesen, aber ihr wart beide so unglücklich. (Pause, dann neue Tränen) Und da ist noch etwas, das ich meinem kleinen Bruder Donnie sagen möchte. Es tut mir *wirklich leid*, Donnie, daß Papa auch zu dir so gemein war und daß ich deswegen nichts zu ihm sagte und ihm auch nicht sagte, er solle seinen Mund halten. Es tut mir wirklich leid, wirklich, wirklich unendlich leid, Donnie. Es tut mir wirklich leid. (Lange Pause) Es tut mir leid wegen Mama, und es tut mir deinetwegen leid. Es tut mir auch leid, daß ich Papa nicht stellvertretend für dich die Wahrheit gesagt habe. Und es tut mir leid, daß ich die Wahrheit für mich auch nicht sagte.

Therapeutin: Bist du wütend auf deinen Erwachsenen, daß er dir keine Stimme verliehen hat? Daß er dir nicht erlaubt hat, die Wahrheit zu sagen?

Jessica: Nein, denn ich glaube, er hätte uns geschlagen, wenn ich irgend etwas gesagt hätte, als er so wütend war. Ich glaube nicht, daß wir hätten irgend etwas sagen können. Er hat uns nie geschlagen, aber wahrscheinlich nur, weil wir in seiner Nähe so vorsichtig waren. Und ich glaube, etwas Schreckliches hätte passieren können, wenn wir ihn noch mehr gereizt

hätten. Aber ich nehme an, du hast recht – ich glaube, ich bin sauer auf mich, weil ich wünschte, wir hätten es wenigstens versucht. Wir hätten es versuchen und dann wegrennen können. Wir hätten etwas anderes versuchen können. Es tut mir leid, daß wir nicht etwas anderes versucht haben. Aber ich bin nicht wirklich wütend, es tut mir nur leid, daß wir nichts anderes versucht haben. (Pause) Ich bin immer noch sauer auf meinen Vater. Ich bin immer noch sauer auf ihn. Ich bin nicht so wütend auf meine Mutter, aber ich bin immer noch wütend auf ihn. (Lange Pause) Ich bin immer noch wirklich wütend auf ihn, weil er all die Kellnerinnen im Restaurant gevögelt hat. Es ist komisch, aber es ist so, als hätte er mich dadurch persönlich verletzt. Weißt du, ich hatte das Gefühl, als würden wir ihm nicht genügen und als würde ich ihm nicht genügen. Ich nehme an, die Überzeugung, die dahinter steht, ist, daß er mit den Kellnerinnen vögelte, weil wir ihm nicht genügten, und das hieß, daß ich ihm nicht genügte.
Therapeutin: Warum sagst du das nicht jetzt deinem kleinen Mädchen?
Jessicas Erwachsene: Oh. (Zu ihrem Kind, im Flüsterton) Es ist nicht, daß du nicht *gut genug warst*. Das ist es überhaupt nicht. Es ist nicht, daß du nicht *gut genug warst* ... Du hättest vielleicht nicht ... Du warst ihm wahrscheinlich nicht genug. Ich weiß nicht, was er gesucht hat; er hat es nie gefunden. Aber das heißt nicht, daß du nicht *gut genug warst*. Du bist in Ordnung. Du bist wundervoll. Und weißt du was? Ich glaube, Papa wäre schrecklich traurig gewesen, wenn er gewußt hätte, wie wir seine Taten interpretiert haben. Er wollte wahrscheinlich überhaupt nicht, daß wir uns so fühlten. Aber der Kernpunkt ist, daß es nicht daran lag, daß du nicht gut genug warst. Du bist einfach wunderbar. (Beginnt zu weinen, die Schwache tröstet die Schwache.) Du bist ein wunderschönes kleines Mädchen. Und du sorgst dich um andere Menschen, und du bist lustig und süß, und du versuchst, so viel zu geben, wie du kannst, und du bringst die Leute zum Lachen und Lächeln. Du bist ein wunderbares kleines Mädchen. Du bist ein *wunderbares* kleines Mächen. Es war nicht deine Schuld, daß Papa das alles machte. Es war nicht deine Schuld. Es war nicht deine Schuld, daß Papa all diese Dinge machte. Es war nicht deine Schuld ...

Therapeutin: Jessica, ich möchte, daß du versuchst, mit ihr aus einer etwas erwachseneren Position heraus zu sprechen. Ich weiß nicht, ob sie, in der Position, in der du jetzt bist, dich hören und dir glauben kann.

Jessicas Erwachsene: (Sammelt sich, hört auf zu weinen) Weißt du, es war nicht deine Schuld.

Therapeutin: Versuch, eine Position zu finden, von der aus du dich stärker und überzeugender fühlst.

Jessicas Erwachsene: Und nicht eine, in der du schwach und verletzlich bist. Okay. (Zum Kind, festere Stimme, wie eine Erwachsene, die versucht, einem Kind seine Gefühle auszureden.) Weißt du, es war nicht deine Schuld. Es war nicht deine Schuld, daß Papa tat, was er tat. Du hattest in der Tat überhaupt nichts mit dem zu tun, was er sich zu tun entschied. Du hattest nichts damit zu tun. (Zur Therapeutin) Oh je, ich glaube das selber nicht.

Therapeutin: Deshalb hast du es ihr von der Position des verlassenen Kindes aus erzählt. Wenn du es ihr aus der Wahrheit und Überzeugung des Erwachsenen heraus sagen kannst, dann wird sie beginnen, es zu fühlen. Sie wird es erst *fühlen*, wenn du diese Wahrheit kennst.

Jessica: Weißt du, für mich ist eines wahr: Wenn ich ehrlicher gewesen wäre, wenn ich ihm meine Wahrheit gesagt hätte ... Ich habe das Gefühl, als hätte ich dazu beigetragen, was er zu tun beschloß, weil ich zu der ganzen Unehrlichkeit meinen Teil beitrug.

Therapeutin: Du sprichst aus einer falschen Überzeugung heraus.

Jessica: Gut. Welche ist es?

Therapeutin: Daß es irgend etwas gab, was du hättest sagen oder tun können, um die Dinge zu ändern.

Jessica: Das ist die gleiche Sache, um deretwegen ich auch mit Jack (ihrem Arbeitgeber) aneinandergeraten bin.

Therapeutin: Ja. Es ist wirklich ein Kontrollthema. Du glaubst, daß du etwas hättest ändern können, wenn du ehrlicher gewesen wärest, wenn du deine Wahrheit gesagt hättest. Der einzige Unterschied, den es ausgemacht hätte, betrifft dich. Es hätte für dein inneres Kind einen Unterschied bedeutet, eine Stimme zu haben. Aber es hätte nichts an dem geändert, was er getan hat. Weil die Wahrheit eines anderen nicht die Menschen ändert. Nur ihre eigene Wahrheit ändert sie.

Jessicas Erwachsene: Ja. (Zu dem Kind, sie versucht es noch einmal.) Wir hatten keine Gewalt über ihn. Wir hatten keine *Zaubergewalt* über ihn. (Etwas hat sich in ihr geändert, sie hört sich ihrer Sache sicher und endlich tröstend an.) Egal, wie ehrlich wir sind, wir hatten keine Zauberkraft, um sein Gehirn oder sein Herz zu ändern. Wir konnten es nicht tun. *Wir konnten es nicht*. Wir haben unser Bestes getan. Wir haben unser Bestes getan, um zu lieben. Wir haben unser Allerbestes getan, um ein gutes Mädchen zu sein, und wir haben unser Allerbestes getan, um in seiner und in Mamas Nähe glücklich zu sein, und wir haben unser Allerbestes getan, um auch sie glücklich zu machen. Und weißt du was? Wir hatten nicht die Macht! Wir hatten sie einfach nicht.

Therapeutin: Nicht nur das, sondern du hast auch keine Möglichkeit zu wissen, was passiert wäre, wenn du deine Wahrheit gesagt hättest. Er wäre vielleicht sogar noch schlimmer geworden!

Jessicas Erwachsene: Das stimmt! Wenn wir unsere Wahrheit gesagt hätten, hätte es sogar noch schlimmer sein können.

Therapeutin: Wir haben in unserer Kindheit nicht gelernt, unsere Wahrheit zu sagen, weil es die Dinge oft noch schlimmer machte, nicht besser.

Jessicas Erwachsene: (Zu ihrem Kind:) Weißt du, wenn Papa wirklich Veränderungen in seinem Leben gewollt hätte, hätte er nach der Wahrheit gesucht. Er hätte nach anderen Seinsmöglichkeiten gesucht. Er hätte in sich gesucht, er hätte mit anderen Menschen gesprochen, wie er anders hätte sein können, er hätte vielleicht einen Psychologen aufgesucht, er hätte alles Mögliche anders gemacht. Aber er hat sich eben anders entschieden. Weißt du, er hatte die Macht, er hatte das Geld, er hatte die Zeit, er hatte die Fähigkeit, diese Entscheidungen zu treffen, und, aus welchem Grund auch immer, hat er sie nicht getroffen. Und das war nicht unsere Schuld. Wir haben unser Allerbestes getan. Was wir nun tun müssen, ist, Papa loszulassen und ... Was auch immer er verdient hat und mit welchen Herausforderungen auch immer er nun fertigwerden muß, wir müssen das ihm überlassen, er muß sich damit konfrontieren, und es ist nicht unsere Sache. Wir müssen nur wissen, daß wir unser Allerbestes getan haben. Wir haben keine Zauberkraft, um Menschen zu ändern. Die einzige Zauberkraft, die wir haben, ist, uns selbst zu ändern, so wie jetzt zu reden und uns zu ändern. Das ist unsere Zauberkraft! *Das* ist unsere Zauberkraft. Und ich liebe dich. (Zur Therapeutin) Das fühlt sich gut an. Diese Zauberkraft . . .Ich nehme an, ich habe noch nie, außer jetzt, die Überzeugung aufgegeben, daß ich diese Zauberkraft tatsächlich habe. Es fühlt sich an, als hätte ich eine ganze Menge losgelassen. Ich fühle keine Wut mehr auf ihn, weil er Kellnerinnen gevögelt hat.

Therapeutin: Das war gute Arbeit.

Jessica: Danke.

Arbeit mit besonderen Störungen

Einige Störungen sind gegen jegliche Therapie sehr resistent. Oft gehen Menschen, die darunter leiden, von Therapeut zu Therapeut, ohne Fortschritte zu machen. Wir werden im folgenden eine Reihe dieser Störungen beschreiben und zeigen, wie durch die Methoden der *Inner Bonding Therapy* eine Heilung erfolgen kann. Wir möchten jedoch nochmals darauf hinweisen, daß keine Störung geheilt werden kann, wenn der Klient nicht *gewillt* ist, die innere Arbeit zu leisten.

Persönlichkeitsstörungen

Leider sind Persönlichkeitsstörungen ziemlich verbreitet. Sie verursachen mäßige bis schwere Beeinträchtigungen im sozialen und Arbeitsbereich und in Beziehungen. Nach Aussage der *American Psychiatric Association* sind die verbreitetsten Persönlichkeitsstörungen Borderline (ein Krankheitsbild zwischen Neurose und Psychose), Hysterie, Narzißmus, Abhängigkeit, zwanghaftes Verhalten und die schizoide Persönlichkeitsstörung.

Unsere Erfahrungen mit Klienten, die an Persönlichkeitsstörungen leiden, haben gezeigt, daß diese Störungen in einer tiefen und beständigen Abgetrenntheit zwischen dem inneren Erwachsenen und dem inneren Kind wurzeln. Diese Menschen haben entweder einen extrem rigiden autoritären Erwachsenen, der alles allein übernimmt und das Kind völlig ausschließt, wie bei der Zwangsneurose. Oder, was weiter verbreitet ist, sie haben einen extrem nachgiebigen Erwachsenen, der im wesentlichen nicht vorhanden ist. Das verlassene Kind wird dann völlig allein gelassen, um mit den Dingen fertig zu werden, wie es bei Borderline, Sucht sowie hysterischen, narzistischen und schizoiden Störungen der Fall ist.

Weil die Abgetrenntheit so tief ist, braucht die Heilung viel länger, als es bei jenen Menschen der Fall ist, bei denen Erwachsener und Kind zumindest auf manchen Gebieten in Verbindung stehen. Bei vielen Menschen verläßt der Erwachsene das Kind nur, wenn bestimmte Bereiche berührt werden. Persönlichkeitsstörungen stellen jedoch eine allgemeine Abgetrenntheit dar, so daß diese Menschen es sowohl mit ihrer Arbeit als auch mit ihren Beziehungen schwer haben.

Persönlichkeitsstörungen sind schwer zu behandeln, weil es nicht einfach ist, überhaupt Kontakt mit dem Erwachsenen herzustellen. Dieser muß vor allem bereit sein zu lernen. Aber wir haben herausgefunden, daß Fortschritte möglich sind, wenn ein Klient sich wenigstens auf eine halbe Stunde mündlichen und schriftlichen Dialog pro Tag einläßt. Das Kind kann dabei nicht helfen, aber es wird anfangen, sich besser zu fühlen und durch den Dialog allmählich heilen. Wenn der Klient sich weigert, diese Verpflichtung einzugehen, ist kein Fortschritt möglich, es sei denn, er kommt mindestens dreimal in der Woche zur Therapie und hält die Dialoge laut in der Praxis des Therapeuten, wobei der Therapeut als Rollenvorbild für den liebevollen inneren Erwachsenen dient und auch die Rolle des verlassenen Kindes spielt.

Eßstörungen

Eßstörungen wie *Anorexia nervosa*, Bulimie und Übergewicht sind in unserer Zivilisation sehr weit verbreitet, und Menschen mit solchen Störungen finden immer häufiger den Weg in die Praxis des Therapeuten. Bei einem Menschen mit Anorexie handelt es sich im allgemeinen um eine Heranwachsende oder eine junge Frau, deren Erwachsener und Kind nicht in Kontakt sind und deren Kind sich entschieden hat, mit einer intensiven Angst vor Kontrollverlust durch äußerst kontrollierte Nahrungsaufnahme umzugehen. Dieses Kind, das Angst davor hat, von anderen kontrolliert zu werden, weil es von dem Erwachsenen ernsthaft verlassen worden ist, hat sich für Kontrolle in einem Bereich entschieden, in dem niemand anderes Kontrolle ausüben kann. Niemand kann das junge Mädchen zum Essen bewegen, es sei denn, man würde es ins Krankenhaus stecken und es zwangsernähren. In solchen Fällen läßt es der Erwachsene vielleicht zu, daß das Kind verhungert, anstatt sich zu zeigen und die Verantwortung zu übernehmen.

Junge Frauen, die an Bulimie leiden, erleben eine ähnliche innere Abgetrenntheit. In diesem Fall hat das Kind gelernt, das intensive Gefühl des inneren Alleinseins, das auftritt, wenn der Erwachsene den Kontakt abschneidet oder wenn Einsamkeitsgefühle durch abtrennende Interaktion mit anderen ausgelöst werden, mit Essen zu füllen. Essen wird zu einem Weg, durch den das Kind lernt, für sich selbst zu sorgen, wenn es nicht angemessen vom Erwachsenen umsorgt wird. Es reagiert vielleicht mit Essen, wenn es sich in der Welt außer Kontrolle fühlt. Essen dämpft das Gefühl des Alleinseins, und es lindert die Angst, nicht kontrollieren zu können, wie andere einen behandeln. So ißt das Kind bei seinem Versuch, die ungeheure innere Leere zu füllen und den Schmerz zu lindern, immer mehr. Wenn es so gesättigt ist, daß es nicht mehr essen kann und das Verlangen nach Umsorgtwerden vorübergehend gestillt ist, taucht seine Angst vor Ablehnung auf, weil es fett werden könnte, und es entleert sich durch selbstverursachtes Erbrechen oder durch Abführmittel oder harntreibende Mittel. Es wechselt ständig zwischen Freßanfällen und gewaltsamem Abführen, zwischen Diäten oder Fasten, je nachdem, ob die Leere oder die Angst vor Ablehnung vorherrscht.

Tamira ist eine schöne junge Frau Mitte zwanzig, intelligent und talentiert, eine erfolgreiche Künstlerin. Seitdem sie siebzehn ist, leidet sie an Bulimie. Damals entdeckte sie, daß sie sich willkürlich übergeben kann. Bevor sie mit der Therapie begann, hatte sie in einer Selbsthilfegruppe hart an ihrer Genesung gearbeitet, und sie hatte ein gewisses Maß an Abstinenz erreicht, aber sie war bestürzt, daß es immer noch ein so harter Kampf für sie war.

Bald nachdem sie die Therapie begonnen hatte, fing sie an, sehr sorgfältig mit ihrem inneren Kind zu arbeiten. Zuerst schwieg ihr Kind, aber sie ließ nicht locker, bis es zu ihr sprach, und als es das tat, sprach es Bände. Tamira war erstaunt über die Informationen, die ihr inneres Kind ihr gab. Es sagte ihr, daß es sich so allein fühle, wenn ihr Erwachsener sich weigere, es zu hören und in seinem Interesse zu handeln, und daß es deshalb immer esse, um die Leere zu füllen. Tamira merkte, daß ihre Phasen der Völlerei und des Erbrechens in dem Maße, wie sie in Kontakt mit ihrem inneren Kind blieb, immer seltener wurden. Wie alle anderen psychischen Schwierigkeiten war die Bulimie ein Symptom der inneren Abgetrenntheit.

Tamiras inneres Kind wurde immer zugänglicher, und so erfuhr sie, daß sie sich in ihrer Kindheit sehr einsam gefühlt hatte. Sie hatte ihre Mutter als kalt und distanziert erlebt, und ihr inneres Kind spürte ein großes Bedürfnis nach Bemutterung, das sie oft mit Essen gefüllt hatte. Als Tamira sich an Freunde wandte, um ihr Bedürfnis nach Bemutterung zu stillen, bekam sie allmählich das Gefühl, die Bulimie besser kontrollieren zu können. Dann wurde ihr bewußt, wie sehr sie sich von ihrem Vater, der sie verlassen hatte, als sie noch klein war, immer abgelehnt fühlte und daß das alle ihre Beziehungen zu Männern beeinflußte. Zu diesem Zeitpunkt führte sie den folgenden schriftlichen Dialog mit ihrem Kind:

Tamiras Erwachsene: Hallo Kleines.

Tamiras Kind: Mama, ich bin wütend.

Tamiras Erwachsene: Sag mir warum.

Tamiras Kind: Diese Gefühle in Zusammenhang mit Männern machen mich so zappelig und unruhig. Ich fühle mich enorm unwohl. Ich möchte raus – ich habe den ganzen Tag innerlich geweint und geschrien. Ich hasse das. Es tut so weh. Ich wollte unbedingt Gott sein. Ich möchte all das Essen essen und dabei niemals zunehmen. Ich möchte, daß sich alle Gesetze des Universums nicht auf mich anwenden lassen. (Wunsch nach Kontrolle.) Ich fühle mich so unwohl – ich möchte kotzen oder jemanden umbringen oder mir die Gedärme herausreißen. Mama, ich möchte sterben.

Tamiras Erwachsene: Warum, meine Süße?

Tamiras Kind: Weil niemand sich um mich kümmert. Niemand liebt mich. Ich bin ganz allein. Ich fühle mich so allein. Ich konnte keines seiner (ihres Vaters) Bedürfnisse erfüllen – also hat er mich einfach verlassen. Alles, was wir gemeinsam hatten, war für mich etwas ganz Besonderes. Offensichtlich bedeutete es ihm überhaupt nichts – er warf mich raus. Aber wenn er mit Mama kämpfen mußte, warum wurde ich dort hineingezogen? Für was bin ich verantwortlich? Was habe ich getan?

Tamiras Erwachsene: Süße, du hast gar nichts getan. Es hatte nichts mit dir zu tun. (Sie sagt ihrem Kind die Wahrheit.)

Tamiras Kind: Warum hat er mich dann verlassen? Ich habe ihn so geliebt. Er war mein Versorger. Er hat mir Eis gekauft und in der Öffentlichkeit mit mir angegeben. Er war stolz auf mich, wenn andere Menschen dabei waren. Komisch, nicht, wenn er mit mir allein war, nur wenn seine Freunde da waren. Warum, Mama?

Tamiras Erwachsene: Er liebte dich. Er hatte nur zuviel Angst, um allein für dich zu sorgen. Er wußte, daß er sein Trinken nicht kontrollieren konnte, und er schämte sich so sehr für sein Verhalten. Er hatte das Gefühl, du könntest direkt in seine Seele schauen, er könnte die Wahrheit darüber, wer er wirklich war, nicht vor dir verstecken.

Tamiras Kind: Aber ich konnte es tatsächlich, deswegen liebte ich ihn.

Tamiras Erwachsene: Ich weiß, Kleines. Das war das Paradoxe. Er dachte, du liebtest ihn nur, weil du zu jung wärst, ihn zu kennen. Wenn er nur gewußt hätte .... Du hast immer genau das gemacht, wovor er am meisten Angst hatte. Du warst immer da, um ihm zu helfen, seine Schuldgefühle loszuwerden. Du konntest es damals nicht tun – du hattest nicht das Werkzeug. Du bist nicht gescheitert – er konnte dich nicht hören. Er wußte, daß es nicht die Zeit war. Er konnte nicht damit umgehen, obwohl die Antwort genau vor ihm lag. Er hat das Geschenk verschmäht, das du ihm mit deinen liebevoll bewundernden Blicken angeboten hast. Er fühlte sich deiner Anbetung, deines unschuldigen Vertrauens, deiner bedingungslosen Liebe und deiner Ergebenheit nicht wert.

Tamiras Kind: Mama, verlassen einen alle Männer, wenn du ihnen zeigst, wie viel Liebe du in dir hast? Ist es häßlich?
Tamiras Erwachsene: Nein, Liebes. Nur die Männer, die sich selbst nicht genug lieben, um dein Geschenk anzunehmen. Dein Herz ist so groß, daß wir bis jetzt noch keinen Mann gefunden haben, der mit deiner enormen Schönheit umgehen kann. Wenn du sie liebst und sie nicht wiederlieben können, schämen sie sich. Es ist ihre Scham, die sie wegrennen läßt. Nicht du, Liebling.
Tamiras Kind: Mama, danke. Es fühlt sich so gut an zu weinen. Wirst du mir helfen, Freunde zu finden, bei denen ich mich nicht kompromittieren muß und die mich nicht einschränken und ihren Bedürfnissen anpassen? Ich möchte dafür geliebt werden, daß ich ganz und gar ich selbst bin.
Tamiras Erwachsene: Du bist ganz und gar liebenswert, das kann ich dir mit Sicherheit sagen. Ich werde auf dich hören, wenn ich mit Männern zusammen bin, und du sagst mir, was du fühlst, okay?
Tamiras Kind: Okay.
Tamiras Erwachsene: Wie geht es dir jetzt?
Tamiras Kind: Ich fühle mich immer noch etwas voll, und ich habe Angst davor, fett zu werden, aber ich bin jetzt viel sicherer und nicht mehr so wütend. Ich möchte nicht mehr sterben. Als ich klein war, ließ Mama mich nie den Verlust Papas betrauern. Nun muß ich es tun, oder ich höre nie auf, die Eiskönigin zu sein. Sie haben mir beigebracht, meine Gefühle zu beherrschen und zu verleugnen, aber das war nicht ich.
Tamiras Erwachsene: Jetzt wird in dir eine verschüttete Quelle freigelegt. Ich bin so stolz auf deinen Mut.
Tamiras Kind: Vielen Dank, Mama. Ich könnte es nicht ohne dich tun.
Tamiras Erwachsene: Ich liebe dich. Träum süß.
Tamiras Kind: Paß ein bißchen auf mit dem Essen, Mama, bitte.
Tamiras Erwachsene: Okay. Ich liebe dich.

Bei der Fettleibigkeit ist es, ähnlich wie bei der Bulimie, so, daß das innere Kind Essen dazu verwendet, die Leere zu füllen und das Gefühl des Alleinseins zu vermeiden, aber der Unterschied ist, daß das Fett selbst auch einem Zweck dient. Das Kind benutzt das Fett vielleicht dafür, um Menschen fernzuhalten, damit es sich nicht mit der Angst vor Ablehnung oder dem Beherrschtwerden auseinandersetzen muß. Oder das Fett schützt das Kind vielleicht vor schwierigen Gefühlen in Zusammenhang mit der Sexualität. Frauen, die in ihrer Kindheit sexuell mißbraucht wurden, benutzen das Fett vielleicht auf diese Art. Das innere Kind kann viele Gründe dafür haben, fett sein zu wollen, auch wenn die Person bewußt vielleicht sagt, sie möchte dünn sein. Selbst wenn es die Menschen schaffen abzunehmen, nehmen sie im allgemeinen wieder zu und kämpfen weiterhin gegen ihr Gewicht, bis ihr Erwachsener beginnt, die Sorge für das innere Kind zu übernehmen.

Angstneurosen

Angstneurosen wie Panikanfälle mit oder ohne Platzangst und einfache Phobien wie die Angst vor dem Fliegen, vor Höhe, vor Schlangen oder Hunden, sind in unserer Gesellschaft ebenfalls sehr verbreitet. Panikanfälle treten auf, wenn das innere Kind mit einer Situation konfrontiert ist, die Gefühle intensiver Angst oder intensiven Alleinseins auslöst, und wenn es keinen Erwachsenen hat, der für es sorgt, es unterstützt und die Situation in seinem Sinne meistert. Panikanfälle treten oft auf, wenn das innere Kind das Gefühl hat, in der Falle zu sitzen, wenn es sich selbst verrät, um Ablehnung zu vermeiden, oder wenn es sich in einer Situation gefangen fühlt, aus der es glaubt, nicht heil entkommen zu können.

Karen ist eine Frau Anfang vierzig. Sie hat, seitdem sie Anfang zwanzig war und zum erstenmal heiratete, immer wieder unter Panikanfällen gelitten. Nachdem sie sich von ihrem ersten Ehemann hatte scheiden lassen, erlebte sie keine Panikanfälle mehr, bis sie ein paar Jahre später ihren zweiten Mann heiratete. Bruce, ihr derzeitiger Mann, ist ein typischer netter Junge, emotional distanziert, aber fürsorglich. Ihre Familie hat ihr oft gesagt, wie glücklich sie sich schätzen könne, ihn gefunden zu haben. Als sie mit der Therapie begann, verstand sie nicht, warum sie oft Panikanfälle hatte, wenn sie mit ihrem Mann und anderen Menschen ausging. Sie muß häufig Reden halten. Sie hat auch nie verstanden, warum sie manchmal vor einer Rede Panikanfälle hatte.

In der Therapie entdeckte Karen, daß ihr Mann, wenn sie mit ihm und anderen Leuten ausging, oft Dinge zu sagen und zu tun pflegte, die sie in Verlegenheit brachten, aber weil ihr Erwachsener nicht mit der Situation fertig werden konnte, fühlte sich das Kind gefangen und gelähmt und geriet in Panik. Sie entdeckte auch, daß ihr Kind, bevor sie eine Rede hielt, Angst hatte, daß sie ihre Stimme verlieren könnte und daß ihr Erwachsener sie nie tröstete oder ihr die Wahrheit sagte – nämlich daß sie noch nie ihre Stimme verloren hatte und daß selbst dann, wenn sie sie verlöre, nichts Schlimmes passieren würde. Die Leute würden sie nicht hassen, sie würden sie verstehen. Wenn ihr Erwachsener ihr nicht die Wahrheit sagte, fühlte Karens inneres Kind sich mit seiner Angst allein gelassen und geriet in Panik.

In dem Maße, wie Karens liebevoller Erwachsener lernte, ihr inneres Kind zu trösten, legten sich ihre Panikanfälle. Es dauerte eine Weile, weil Karen Angst davor hatte zu erkennen, was ihr Kind gegenüber Bruce fühlte. Sie mußte bereit sein, die Beziehung zu verlieren, bevor sie in der Lage war, ihr Kind zu erreichen. Tatsächlich entdeckte sie, daß sie Bruce im Grunde überhaupt nicht mochte, daß sie von ihm und seiner Unnahbarkeit genug hatte und daß sich ihr Kind in der Ehe gefangen fühlte. Die Panikanfälle ihres Kindes verschwanden, als sie ihm versicherte, daß sie nicht gefangen war, daß sie gehen konnte, wenn es nicht funktionierte. Aber zuerst wollte Karen eine Eheberatung ausprobieren.

Platzangst ist ähnlich begründet. Das innere Kind hat zu viel Angst davor, allein draußen zu sein, besonders unter vielen anderen Menschen. Es hat vielleicht Erinnerungen an Mißbrauch oder Belästigung im Zusammensein mit anderen Menschen verdrängt oder Erinnerungen daran, verlorengegangen oder tatsächlich von einem Elternteil verlassen worden zu sein. Es existieren vielleicht Ängste vor Demütigung und Ängste vor der Panik selbst. Das innere Kind lernt, Angst vor der Angst zu haben, weil es in seiner Angst so allein ist. Wenn der liebevolle Erwachsene eines Menschen lernt, das innere Kind zu trösten, wird es nicht länger Angst vor der Angst haben; es wird auch in der Lage sein, das Trauma zu heilen, das die Angst verursachte.

Als kleine Kinder haben wir uns oft nicht in der Lage gefühlt, unsere Entscheidungen und unser Leben zu kontrollieren. Wenn diese Erfahrung intensiv genug war, kann sie im Erwachsenenleben Phobien zur Folge haben, dann nämlich, wenn der innere Erwachsene nicht in der Lage ist, dem inneren Kind ein Gefühl von Kontrolle über das eigene Leben zu vermitteln. Die Phobien sind eine Projektion der inneren Angst nach außen. Zum Beispiel kann sich die Angst, die Kontrolle zu verlieren, als Angst vor dem Fliegen oder Angst vor dem Fahren auf der Autobahn manifestieren. Eine Angst vor Schlangen kann eine Projektion der Angst vor einem Menschen sein. Eine Frau hat beispielsweise Angst vor Schlangen, wenn die Schlange zum Symbol für einen Vater wurde, der sie sexuell mißbraucht hat. Wenn der Erwachsene fähig ist, dem Kind zu helfen, die Schlangen vom Vater zu trennen, und wenn er dem Kind hilft, seine Angst und seinen Schmerz über den Vater auszudrücken, dann kann die Angst geheilt werden.

Depression

Depression tritt auf, wenn der Erwachsene die Lebendigkeit und die Energie des Kindes unterdrückt, indem er dessen Wünsche und Bedürfnisse nicht berücksichtigt und ignoriert. Ein Mensch ist vielleicht deprimiert über eine Arbeit, die das Kind haßt und die der Erwachsene nicht wechseln möchte. Der Erwachsene handelt so, als ob das Kind nicht existierte, und das veranlaßt das Kind, depressiv zu sein. Ein Mann oder eine Frau ist vielleicht depressiv, wenn er oder sie in einer Beziehung bleibt, in der das Kind nicht sein möchte. Wenn jemand in einer Beziehung bleibt »der Kinder wegen« oder weil er oder sie Angst hat zu gehen, dann fühlt sich das Kind gefangen und depressiv. Es ist erstaunlich, wie schnell Depression verschwindet, wenn der Erwachsene bereit ist, auf das Kind zu hören und in seinem Interesse zu handeln.

Nathan ist ein sehr erfolgreicher Architekt, der immer wieder unter Depressionen leidet, um derentwegen er ins Krankenhaus eingewiesen werden muß. Während Nathan bei seiner Arbeit sehr mit seinem inneren Kind verbunden und deswegen auch so erfolgreich war, ignorierte er das Kind oft in seinem privaten Bereich. Immer wenn er die Signale von seinem Kind ignorierte, rutschte er in eine schwere Depression. Sein Kind hat soviel Angst, wenn der erwachsene Nathan es verläßt, daß die Angst eine chemische Reaktion in Nathans Körper auslöst, die ihn in eine schwere Depression stürzt. Nachdem Nathan es gelernt hatte, auf seine inneren Signale zu hören und dementsprechend zu handeln, verschwanden seine Depressionen.

Gruppentherapie

Sie werden vielleicht feststellen, daß Sie mehr davon haben, in einer Gruppe zu arbeiten als allein. Die Erfahrung, daß andere ihre eigenen Prozesse durchmachen, kann Ihnen helfen, sich der Bereiche bewußt zu werden, in denen Sie arbeiten müssen. Andere dabei zu beobachten, wie sie ihre tiefe Wut, ihren Schmerz und ihre Angst annehmen und wie sie durch sie hindurchgehen, kann Ihnen den Mut geben, dasselbe zu tun. Sie bekommen vielleicht starke Unterstützung von den anderen Gruppenmitgliedern und lernen auch, wie man die Wahrheit sagen kann, wenn Sie sehen, wie es auf liebevolle und mitfühlende Weise geschieht. Gruppentherapie kann helfen, Gefühle der Isolation und des Abgetrenntseins in Gegenwart anderer Menschen zu heilen. Die Ehrlichkeit und die Fürsorglichkeit in einer Gruppe schaffen ein Gefühl von Kontakt mit anderen, das Sie vielleicht noch nie erlebt haben. Gruppentherapie ist leider oft nicht geeignet für Menschen, die an Persönlichkeitsstörungen leiden. Das innere Kind fühlt sich dort so bedroht und verhält sich so störend, daß ihm am besten in einer Einzeltherapie geholfen werden kann.

Das folgende Protokoll wird Ihnen einen Eindruck des Wachstums geben, das in einer Frauengruppe möglich ist. Beachten Sie die Einsichten und Fragen der verschiedenen Frauen und schauen Sie, wie die Beiträge der Gruppe Sarah bei ihrer inneren Arbeit helfen – und wieviel sie von ihrer Arbeit außerhalb der Gruppe in die Gruppe mit einbringt. Therapiegruppen können sehr aufregende Orte des Lernens sein.

Sarah: (Die schwarzhaarige Sarah mit ihren blauen Augen ist Mitte dreißig und sehr klein – vielleicht einsfünfzig groß. Sie hat einen zweijährigen Sohn und wurde vor kurzem geschieden.) Ich möchte über mein Gewicht sprechen. Ich habe dieses Thema bis jetzt noch nicht angesprochen. Ich habe eine Menge zugenommen, als ich mein Baby bekam, und danach hatte ich dann viele körperliche Probleme. Bevor ich mich von Jeremy scheiden ließ, hatte er mir ständig gesagt, ich wäre häßlich und fett und mir vorgeschrieben, ich solle abnehmen. Ich ging in eine Diätgruppe, aber ich nahm nicht ab. Ich gehörte zu jenen Fällen, die aus irgendeinem Grund nicht abnehmen. Obwohl ich Diät hielt und das Programm vorschriftsgemäß befolgte, nahm ich nicht ab. Sie sprachen darüber, wie man sich mental an das Gewicht klammern kann. Als Jeremy und ich meditierten, nahm ich ziemlich viel ab. Ich stelle fest, daß ich einiges wieder zugenommen habe, anstatt weiter abzunehmen. Ich weiß, daß es einen Grund gibt, etwas in mir, mit dem ich wirklich nicht in Berührung bin. Auf dem ganzen Weg hierher sagte ein Teil von mir: »Du solltest darüber reden, du solltest daran arbeiten.« Denn nun möchte ich wirklich daran arbeiten, nun möchte ich wirklich abnehmen. Ich möchte meinen Körper in Form bringen. Ich muß lernen, was mit mir los ist.

Margie: Was fühlt dein Kind?

Sarahs Kind: Ja. Oh, ich brauchte es, um beschützt zu werden. Ich bin so verletzt. Ich brauchte es, um stärker zu sein und nicht so angegriffen zu werden.

Margie: Brauchst du es, um beschützt zu werden, weil die erwachsene Sarah nicht dagewesen ist, um dich zu schützen?

Sarahs Kind: Ich weiß nicht. Ich habe mich einfach nicht stark gefühlt.

Linda: Fühlst du dich allein gelassen?

Sarahs Kind: Ich fühle mich nicht allein. Sie ist da, aber sie war nicht stark genug, um mich zu schützen. Sie versucht, mit soviel zugleich fertig zu werden. Ich dachte einfach, ich könnte nicht mit allem fertig werden. Ich dachte, ich könnte es nicht allein schaffen, wenn ich nicht größer wäre, physisch größer. Und das ist es. Einfach größer. Einfach versuchen . . ., nicht so klein zu sein. Nicht so klein. Ich möchte einfach nicht überrannt werden. Oh. (Ihre Stimme wechselt zu einer tieferen, ruhigeren, sehr weichen erwachsenen Schwingung.) Ich liebe dich.

Julie: Zu wem sagst du: Ich liebe dich?
Sarahs Erwachsene: Zu mir. Ich liebe dich. Ich brauche Trost, und ich tröste mich selbst. Ich bin es – nur größer und stärker.
Margie: Dein Kind glaubt, daß diese Größe physisch ist?
Sarah: Ja.
Margie: Daß sie nicht in deiner emotionalen Stärke liegt?
Sarah: Ja. Ich weiß schon. Ich sehe das. Und ich weiß, daß es nicht stimmt, aber das ist eben gelaufen. Es ist so erstaunlich, wie das an die Oberfläche kommt. Es ist so erstaunlich. Ich hatte einen Geistesblitz, daß ich nicht meine körperliche Stärke, sondern meine energetische Stärke, diesen Kern energetischer Stärke tief in mir, kräftigen muß. Ich habe das noch nie vorher erkannt. Ich habe das noch nie vorher gefühlt. Ich habe vorher noch nie zugenommen, um größer zu werden.
Linda: Vielleicht mußtest du noch nie so stark sein.
Sarah: Nie vorher mußte ich so stark sein ... Das stimmt. Das ist wirklich erstaunlich.
Megan: Hast du das Gefühl, du seist vor Jeremy mehr geschützt, wenn du dieses Gewicht um dich herum hast? Sexuell?
Sarah: Ja.
Susanna: So wie damals, als du schwanger warst?
Sarah: Schwanger zu sein bedeutete tatsächlich eine Sicherheit. Er hat mich nicht belästigt.
Marcia: Hat er dich mißhandelt?
Sarah: Iiihh. Ich möchte darüber nicht reden. Er war ein Sexsüchtiger. Aber ich fühlte mich in der ganzen Zeit, als ich mit Dylan schwanger war, sicher. Wir waren erst so kurz verheiratet, als ich schwanger wurde, wirklich. Und er war bis dahin wirklich sehr verführerisch. So benutzte ich das Gewicht, um mich gegen ihn zu schützen. Und ich nehme an, daß ich das immer noch tue. Nicht sexuell, das nicht. Es ist großartig: Ich lerne, ihn zu konfrontieren, ihm meine Wahrheit darüber zu sagen, was passiert, und diese Wahrheit wirken zu lassen. Meine Wahrheit mich beschützen zu lassen. Und es funktioniert. Ich habe gesehen, daß es funktioniert. Es ist so seltsam. Nun wird er wieder freundlich zu mir. Wißt ihr, er verhält sich wieder verführerisch. Es ist so seltsam. Er war

jetzt schon zweimal so. Ich fühle mich wirklich seltsam dabei. Vielleicht nehme ich deswegen wieder zu.

Megan: Ich wollte dich das gerade fragen.

Sarah: Ich habe das erst eben erkannt! Es ist so seltsam, weil er mich die letzten Male, als ich ihn sah, beinahe geküßt hätte.

Megan: Vielleicht bedeutet, dünn zu sein, für ihn, verletzlich zu sein.

Sarah: Genau.

Margie: Aber das wäre nur wahr, wenn das erwachsene Du das Kind nicht beschützt.

Sarah: Richtig. Und das habe ich erkannt. Ich merke das. Ich habe wirklich das Gefühl, es ist in Ordnung, wenn wir darüber reden, daß Jeremy versucht hat, mir wieder näherzukommen, und ich benutze das als einen Weg, um mich von ihm zu distanzieren und mich vor der Welt zu schützen, weil mein Erwachsener nicht für mich da war.

Margie: Es scheint, als hinge alles damit zusammen, daß der Erwachsene sich nicht um das Kind gekümmert hat und daß das Kind einen Weg finden mußte, um sich sicher zu fühlen. Wenn Jeremy versuchte, dich zu küssen, hätte der liebevolle Erwachsene das Kind sagen hören: »Das fühlt sich nicht gut an«, und er hätte deshalb Jeremy ein *Nein* entgegengesetzt. Aber wenn der Erwachsene das nicht tut, dann muß das Kind sich irgendwie schützen.

Megan: Ja. Dein Fett hilft dir also, nein zu sagen, wenn du es nicht selbst sagst.

Sarah: Ja, das verstehe ich. Und ich glaube, es begann mit dem Verrat, über den wir letzte Woche sprachen, an mir und meinem Kind. Weil ich schon, bevor ich ihn heiratete, wußte, daß diese Beziehung für mich gefährlich und nicht gut war, und ich habe nicht auf mich gehört. Ich war nicht für mich da.

Margie: Bist du darüber wütend?

Sarah: Ich weiß, da ist sicher etwas Wut, aber es fühlt sich eher so an wie das, was wir schon herausgefunden hatten. Das Fett ist ein Mittel, um mich zu schützen, ein Weg, um mich von den Bereichen Sex und Macht zu distanzieren.

Susanna: Ich wurde neugierig, als Margie dich fragte, ob er dich mißhandelte und du sie anfuhrst und sagtest: »Ich

möchte daran nicht arbeiten!« Und nun, als Margie die Wut erwähnt hat, sagst du, daß Wut für dich nicht stimmt . . .
Sarah: Gut, ich habe daheim viel Zeit damit verbracht, und es schien mir nicht zu passen. Versuchst du, mich dahin zu bringen, daß ich mit meiner Wut in Kontakt komme?
Susanna: Erinnerst du dich daran, daß ich letzte Woche sagte, ich wäre auf Jeremy wütend – es ist also vielleicht mein Thema! Er hat dich mißbraucht, und ich bin wütend auf ihn, weil er dich so mißbraucht hat.
Sarah: Ja. Okay. Es gibt da eine Überzeugung. Ich habe gerade eine Überzeugung entdeckt. Ich erkannte, daß ich nicht möchte, daß die Wut mich schwächt. Ich war lange Zeit so wütend, daß es eine schwächende Wirkung auf mich hatte. Ich habe daran gearbeitet, es loszulassen. Ich arbeite jeden Abend daran. Mein kleines Kind und ich sprechen darüber und weinen darüber und versuchen, es rauszulassen. Ich schreibe immer und immer wieder Affirmationen auf, schreibe nieder, wie es möglich sein könnte, diese Wut loszulassen, ohne daß sie mich zerstört.
Susanna: Aber ich habe nie bemerkt, daß du diese Wut gefühlt hättest.
Sarah: Ich habe die Wut gefühlt, aber ich habe es hier nicht mitgeteilt. Sie ist so überwältigend. Es ist wie Schreien. Es *ist* Schreien. (Sie beginnt zu weinen.) Es ist so viel! Es ist so viel!
Margie: Es hört sich an, als würdest du andere Menschen belasten, wenn du sie mit deiner Wut konfrontierst.
Sarah: Ja. Ja, weil es so viel ist!
Margie: Warum möchtest du hier nicht diese Last abschütteln?
Sarah: Ich weiß nicht. Ich möchte sie einfach loslassen.
Megan: Die Last ist das Nichtloslassenkönnen!
Susanna: Erinnert ihr euch daran, wie ich hier in einer früheren Sitzung gearbeitet habe? Es ging um die Überzeugung, die ich hinsichtlich meiner Wut auf Gene (ihr ehemaliger Freund) hatte. Und in der Gruppe lernte ich, daß ich wütend sein müßte und es herauslassen müßte, auch wenn ich Angst davor habe, es alle anderen erleben zu lassen. Ich dachte, es wäre zu unheimlich, oder ich schämte mich zu sehr deswegen. Ich mußte es herauslassen. Ich *mußte* wütend sein. Ich mußte fühlen, was es heißt, dieses Opfer zu sein, bevor ich

mich damit abfinden, damit Frieden schließen konnte. Es ist, als ob du eine Stufe überspringst. Oder du versuchst, es in der Stille deines Hauses, allein im Bett, weinend zu machen.
Sarah: Gut, ich prügele auf irgend etwas ein und so ...
Margie: Ich glaube nicht, daß es dasselbe ist, es allein zu machen.
Julie: Manchmal braucht man einen Zeugen, um wirklich den Wert zu erkennen.
Marcia: Möchtest du es versuchen? (Gibt ihr einen Stock aus Schaumstoff zum Schlagen und um Wut rauszulassen.) Leg ihn auf den Boden.
Sarah: Gut, ich hasse ihn *wirklich*. Ich denke das auch oft, wenn ich mit ihm rede. Ich gehe vom Telefon weg und sage: »Ich kann dich auf den Tod nicht ausstehen, du Arschloch. Du bist beschissen.« Er ist sehr manipulierend. (Sie steht von ihrem Stuhl auf und kniet sich auf den Boden.)
Margie: Stell dir vor, wie er dich lüstern ansieht.
Sarah: Oh Gott, Margie! (Sie weint, sanft und schwach. Die Worte kommen verhalten, zögernd heraus.) Ich hasse dich wirklich, wirklich. Ich hasse dich wirklich. Du hast es nicht einmal versucht, und du hast mich so schlimm verletzt. Und du hast es nicht einmal versucht. Es war dir ganz egal.
Margie: Sarah, fang an, ihn zu schlagen. Fang einfach an. Laß die Stärke hochkommen. Laß die Wut hochkommen.
Sarah: (Ohne sich zu bewegen, vornüber gebeugt.) Ich fühle mich dumm. Ich schäme mich.
Margie: Du gibst deinem Kind nicht einmal eine Chance. Du sagst ihm, es sei dumm.
Sarah: Ich weiß. Ich werde es schon schaffen. Ich werde es schon schaffen.
Margie: Stelle dir vor, dein Sohn wäre wütend und du würdest ihm sagen, er sei dumm, weil er wütend ist.
Sarah: Ich würde das nicht tun.
Margie: Genau das machst du mit deinem Kind jetzt; du sagst ihm, es sei dumm. Es ist enorm wütend und es hat ein Recht darauf. Es braucht eine Stimme, um das auszudrücken. Es ist wütend auf ihn.
Sarah: (Immer noch leise und zögernd) Du hast mich vergewaltigt, und ich hasse dich.
Margie: Fang an zu schlagen.

Sarah: Ich hasse dich. Ich hasse dich. Ich hasse dich.
Margie: Lauter.
Sarah: Ich hasse dich! Ich hasse dich! Ich hasse dich! Ich hasse dich! Ich hasse dich! Ich hasse dich! Ich hasse dich! Ich hasse, was du mir angetan hast! (Sarah beginnt, zu schlagen und ihre Wut zu erleben.) Ich hasse dich!
Margie: Lauter.
Sarah: (Sie wird lauter und investiert sogar noch mehr Energie.) *Ich hasse dich! Ich hasse dich! Ich hasse dich! Ich hasse dich!*.
Margie: (Noch lauter) *Ich hasse dich*!
Sarah: (Sie schreit aus vollem Hals und schlägt rhythmisch, aber ohne Überzeugung, ungefähr einen Schlag in der Sekunde.) Ich hasse dich! Ich hasse dich! Ich hasse dich! Ich hasse dich! (Ihre Kehle zieht sich zusammen, sie nimmt Zuflucht zu wortlosen Lauten, die tief aus ihrem Bauch kommen, während sie auf den Boden hämmert.) Auuuuu (Schlag). Auuuu (Schlag).
Margie: Benutze deinen ganzen Körper. Schlag ihn mit aller Kraft. Spür deine Wut wie eine Eisenstange in dir, und gib es ihm wirklich.
Sarah: (Beginnt zu husten. Sie schlägt drei oder viermal im selben Rhythmus wie ihr Husten zu. Derselbe Rhythmus bei den Schlägen.) Auu (Schlag). Auuu (Schlag. Sie beginnt zu würgen). Oooooh. Ooooooh. Oh Gott. Oooooh.
Margie: Sarah, ich möchte, daß du dir der Blockierung in deinem Husten bewußt bist. Durch den Husten blockierst du den freien Fluß. Es ist, als ob dein Kind unbedingt herausmöchte, aber die Erwachsene sagt: »Nein, es ist zu viel, es ist zu viel.« Du kommst damit nicht weiter, weil du dir immer noch eine Grenze setzt.
Sarah: Ja.
Margie: Du sagst deinem Kind, »Das reicht. Das reicht. Mach damit nicht weiter!«
Sarah: Ich habe wirklich Angst.
Susanna: Warum? Wovor hast du Angst?
Sarah: (Beginnt zu weinen) Ich habe einfach davor Angst, die Dinge nicht mehr in den Griff zu bekommen und nicht in der Lage zu sein, nachher mit Dylan oder irgend etwas fertig zu werden. Ich muß ihn aus der Kinderkrippe abholen und muß okay sein.

Margie: Sarah, jeder hier ist sicher, daß du hier heil und gesund herauskommst, okay?
Sarah: Okay, okay. Ich werde es noch einmal machen.
Margie: Laß dich einfach völlig gehen. Laß es in Ordnung sein, dich völlig gehenzulassen. Gehe ganz auf den Grund.
Sarah: Okay. (Zu Susanna, an ihrer Seite:) Geh besser ein Stück zurück. Gut so. Ich werde meine Uhr ablegen. Okay. Ich habe wirklich Angst.
Margie: Das ist in Ordnung. Sag deinem Kind, daß hier alle möglichen Leute sind, die sich um es kümmern werden. Es ist in Ordnung, wenn es sich gehenläßt.
Sarah: (Zu sich selbst, leise) Es ist in Ordnung. Es ist in Ordnung. Es ist in Ordnung.
Margie: Es kann sich völlig gehenlassen.
Sarah: Okay. Okay.
Linda: Und es kann sagen, daß es Angst hat, sooft es will.
Sarahs Kind: Okay (Sie holt ein paarmal tief Luft und geht ganz in ihre Wut hinein, schlägt kräftiger und schneller zu – ungefähr drei Schläge in zwei Sekunden.) Uhhh. Uuuh. Uuuh. Arrrrrgh! (Ein Urschrei, der von ihren Zehen durch ihren ganzen Körper geht) ARRRRGH! (Ein zweiter Schrei, so tief wie der erste) ICH HASSE DICH! ICH HASSE DICH! ICH HASSE DICH! DU HAST MICH SO SEHR VERLETZT! DU BIST SCHEUSSLICH! DU BIST SCHEUSSLICH! DU BIST SCHEUSSLICH! ICH HASSE DICH! ICH HASSE DICH! DU SCHEISSKERL! DU HAST MICH SO VERLETZT! DU HAST MICH SO VERLETZT! ICH HABE NICHT VERDIENT, WAS DU MIR ANGETAN HAST! ICH HASSE DICH! ICH KONNTE NICHT NEIN SAGEN! ICH ... HASSE ... DICH! ICH HASSE DICH! ICH HASSE DICH! AUUUUUUUGH. AM ANFANG WARST DU NICHT DA: DU WARST NICHT FÜR MICH DA! DU ... WARST NICHT DA ... FÜR MICH! DU WARST NICHT DA ... UND NIEMAND HAT MIR GEHOLFEN! NIEMAND HAT MICH BESCHÜTZT! UND NIEMAND WAR DA FÜR MICH! DU HAST MICH SO SEHR VERLETZT! (Sie beginnt zu weinen.) DU ... HAST MICH ... SO ... VERLETZT ... (Sie schnappt nach Luft, erschöpft. Das Schlagen hört auf, sie bleibt vorn-

über gebeugt, weint und versucht, Atem zu schöpfen.) Ich hasse dich. Ich hasse dich. (45 Sekunden lang schweres Atmen, bis Sarah sich wieder fängt und einordnet, was gerade passiert ist.) Gott. Ich bin so wütend auf mich selbst.
Margie: Setz dich dorthin, um zu schlagen. Setz dein erwachsenes Selbst dorthin und laß das Kind zu ihm sprechen.
Sarahs Kind: Ja. (Ruhig, benommen) Du warst nicht für mich da und hast ihn das alles mit mir machen lassen. Ich hasse dich dafür, daß du das getan hast. Du hast mich nicht geliebt, und du hast mich nie geliebt. Du hast mir immer wehgetan. In all den Jahren und immer. Du hast dir nie etwas aus mir gemacht.
Sarah: Mmh. Ich wußte das nicht. Ich haßte mich.
Margie: Sprich mit deinem Kind.
Sarahs Erwachsene: Ich liebe dich. Es tut mir sehr leid. Ich habe dich verletzt. Ich habe dich verletzt. Ich habe dich verletzt. Ich bin diejenige, die dich verletzt hat. Außer ihm. Ich habe es tatsächlich geschehen lassen und nicht nein gesagt. Ich glaubte, es sei nicht in Ordnung, nein zu sagen. Es tut mir leid. Es tut mir wirklich leid. Ich werde es jetzt tun. Ich werde mich jetzt um dich kümmern. Ich werde dir jetzt helfen. Ich liebe dich. Und ich werde dich nicht verlassen. Ah! Ah! Ich hatte keine Ahnung, wieviel ich da unten in mir hatte. Ich liebe dich. Ich liebe dich wirklich. Du bist etwas ganz Besonderes. Etwas ganz Besonderes.
Margie: Möchtest du ihr sagen, daß du verstehst, daß sie deinetwegen übergewichtig sein mußte?
Sarahs Erwachsene: Ich verstehe, daß du dich schützen mußtest, und ich habe es dich einfach tun lassen. Ich habe dich ermutigt und dir nicht wirklich dabei geholfen, stark zu sein, ohne dick zu sein. Ich weiß, daß du das jetzt nicht mehr brauchst, weil ich bei dir sein werde, um dir zu helfen. Das ist viel. Das ist wirklich viel.
Margie: Du siehst nicht aus, als wärst du in Stücke gegangen.
Sarah: Nein, du hast recht. Es geht mir viel besser.
Margie: Ich möchte, daß du diese Überzeugung wirklich anschaust. Es ist in der Tat eine falsche Überzeugung, daß du zerbrechen würdest, wenn du auf den Grund deiner Wut gehst.
Sarah: Ja, das ist wahr.

Margie: Das geschieht nicht.

Sarah: Weißt du, ich habe das von meiner Mutter. Sie glaubte das auch. Diese stoische Einstellung.

Megan: Sarah, ich möchte dir sagen, wie bewegt ich bin. Ich bin so froh, daß du fähig warst, dies zu tun. Es ist ein so großer, monumentaler Schritt, und ich freue mich wirklich für dich. Ich bewundere dich wirklich dafür, daß du es gemacht hast.

Linda: Wie tapfer du bist, daß du allein so viel so schnell durchgearbeitet hast.

Sarah: Ja, wißt ihr, es ist erstaunlich. Mein Kind möchte es wirklich durcharbeiten; es möchte gehört werden. Ich glaube, auf dem ganzen Weg hierher ging mir dieses Thema »Gewichtsproblem« im Kopf herum. Ich wußte nicht, wie ich es bringen könnte oder was ich genau sagen könnte, aber es war eigentlich egal, weil es einfach kam. Gut. Laßt uns weitermachen! Jetzt kommt jemand anders dran.

Margie: Das ist eine Erleichterung. Wenn jemand wirklich auf den Grund seines Zorns kommt ...

Sarah: Ja, es ist wirklich eine enorme Erleichterung.

In der folgenden Woche arbeitete Sarah wieder. Sie erzählte der Gruppe, daß sie sich mit zwölf Jahren die Hand verbrannt hatte und einige Zeit in einem Krankenhaus verbrachte. Eines Tages, als keine Schwester in der Nähe war, las sie ihren Krankenbericht und fand heraus, daß sie eigentlich nicht wegen ihrer Hand da war, sondern weil ihre Mutter das Gefühl hatte, Sarah sei emotional zu sehr gestört und ihre Mutter könne sich nicht um sie kümmern. Sie riß jede Nacht den Verband von ihrer Wunde ab und mußte ans Bett gebunden werden. So beschloß Sarah, daß ihr emotionaler Schmerz unannehmbar sei und schloß ihn für immer weg. In der Woche danach hatte Sarah einige weitere Erkenntnisse:

Sarah: Ich hatte letzte Woche diesen großen Durchbruch. Ich erinnerte mich an etwas aus meiner Kindheit. Ich wurde in meiner Kindheit wirklich unter Drogen gesetzt. Ich bekam Nembutol, eine sehr schwere Droge, als ich mir die Hand verbrannte. Sie gaben meiner Mutter eine riesige Flasche davon und sagten ihr, sie solle mir das Mittel geben, wann immer ich Schmerzen hätte. Also gab sie mir davon, wann immer ich *emotionale Schmerzen hatte. Ich habe wirklich daraus gelernt. Ich meine, ich bin keine Alkoholikerin oder Drogensüchtige, aber ich trinke Coca-Cola, wenn ich wirklich fertig bin. Ich habe gelernt, meine Gefühle mit Drogen wie Koffein zu unterdrücken. Ich mag Alkohol überhaupt nicht gern.*

Margie: Und du rauchst, nicht wahr?

Sarah: Ich habe in letzter Zeit geraucht.

Margie: Das ist eine weitere Droge.

Sarah: Oh sicher. Es ist eine orale Sache. Und ich wollte der Gruppe nur sagen, daß ich seit letzter Woche erkannt habe, daß ich das tat.

Susanna: Und das Essen?

Sarah: Vielleicht habe ich . . . Ja, seit ich das Baby bekam, seit ich mit Jeremy zusammmen war, habe ich Essen benutzt.

Margie: Denn Essen, Koffein und Nikotin sind sehr wirksame Mittel, um Gefühle zu unterdrücken.

Sarah: Das stimmt. Und mein Kind wollte das heute wirklich der Gruppe sagen, um es zu bekennen. Es war eine bedeutende Erkenntnis für mich seit letzter Woche. Und ich habe diesen unglaublichen Typ getroffen, mit dem ich arbeiten will. Er ist der erste einsichtige, intuitive Mann, dem ich begegnet bin. Er war vorgestern abend bei mir zu Hause wegen eines Treffens, und ich war soooo nervös. Ich bin sogar jetzt nervös, wenn ich darüber spreche. Und ich habe Wein getrunken und geraucht. Mir ist das wirklich aufgefallen. Also hörte ich gestern damit auf. Gut, es ist ein Anfang. Ich habe damit aufgehört zu rauchen und zu trinken und meinen Köper mit irgend etwas zu füllen.

Emily: Wow, einfach so? Das ist großartig!

Sarah: Ich meine, es geht bei mir darum, daß ich am Abend einige Zigaretten rauche, Ich bin keine Kettenraucherin, aber nun kann ich sehen, warum ich es getan habe. Weil abends meine Gefühle am stärksten hochkommen. Ich möchte einfach mein Kind nicht mehr betäuben. Vor allem auch zu erkennen, wie ich lernte, das zu tun. Endlich diese falschen Glaubensmuster zu erkennen, daß Gefühle zu gefährlich wären, daß du sie unterdrücken und irgendeinen Stoff oder das Essen benutzen mußt, wie Ihr gesagt habt. Essen ist neu. Aber ich kannte Coca-Cola, weil meine Mutter mir immer Cola gegeben hat, wenn ich wirklich durcheinander war, und ich mochte das. Ich lernte das. Also werde ich das jetzt nicht mehr machen. Das ist alles. Es ist erstaunlich. Ich begann, über diesen Typen zu reden, und ich fing an zu zittern. Ist das nicht erstaunlich?

Margie: Warum?

Sarah: (Weinend) Weil ich so Angst habe, wenn ich in jemandes Nähe bin. Ich meine, ich konnte arbeiten, aber ich fühlte ganz bestimmt etwas für ihn. Einfach etwas Nettes, nicht besonders lüstern, obwohl auch etwas Lüsternes dabei war. Aber es war einfach möglich, daß da ein Mann ist, der mir ähnlich ist – wißt ihr, intuitiv, und kein beschissenes Arschloch, das mich verletzen möchte. Wie eine wirklich gute Freundin, der ich vertraue. Ich mag diesen Typen. Es war einfach erstaunlich, wie ich rauchte. Es war mir wirklich bewußt, wie ich das Rauchen dazu benutzte, um mich von ihm und der Situation zu distanzieren, damit wir uns statt dessen wirklich auf die Arbeit konzentrierten.

Margie: Ich frage mich, ob du mit deinem Kind vom Erwachsenen aus gesprochen hast? Hast du ihm gesagt, daß deine Gefühle gar nicht zuviel für dich oder zu intensiv sein können?

Sarah: Ich habe ihm das oft gesagt. Wie gestern abend, als ich mit Absicht nichts tat – ich rauchte nicht eine Zigarette, ich trank weder Tee noch Kaffee noch Coca-Cola noch aß ich irgend etwas, von dem ich das Gefühl hatte, es könnte meinem Kind seine Gefühle wegnehmen. Ich sprach wirklich mit ihm darüber, daß unsere Gefühle nicht zuviel sind. Meine ganze Geschichte hat mich gelehrt, daß Gefühle zuviel sind, daß du sie unterdrücken und sie anderen Leuten nicht zeigen solltest. Und letzten Abend konnte ich meinem kleinen Mädchen das endlich sagen. Weil sie in mir schrie: »Du hast mich betäubt!«, wann immer ich diese extremen Gefühle hatte und ich irgend etwas benutzt habe. Etwas, das sozial zwar akzeptiert sein mag, nichts zu Hartes, aber für sie war es extrem. Deswegen habe ich ein wirklich gutes Gefühl, das erste Mal seit ich zwölf war. Damals lernte ich, es zu tun, als sie mir so lange Beruhigungsmittel gaben, während diese Verletzung heilte. Meine Hand tat zwar weh, aber im Grunde war es emotionaler Schmerz, den ich zu unterdrük-

ken lernte. Es geht also im großen und ganzen mit meiner Entwicklung vorwärts. Das wollte ich der Gruppe mitteilen.
Margie: Eine unglaubliche Entscheidung. Wirklich stark.
Sarah: Ja. Es ist wirklich eine große Entscheidung. Ich möchte nicht einmal jetzt eine Zigarette oder irgend etwas anderes. Ich habe das Gefühl, als hätte das Kind in mir mit mir Frieden geschlossen.

Paartherapie

Paare kommen aus vielen verschiedenen Gründen in die Therapie – sie streiten die ganze Zeit, oder sie langweilen sich miteinander, oder ein Partner hat gerade herausgefunden, daß der andere eine Affäre hat, oder sie haben keinen Sex miteinander, oder sie können nicht miteinander sprechen. Jeder ist sich in der Regel sehr bewußt, was der *andere* Problematisches tut und macht sich überhaupt nicht klar, welchen Beitrag er selbst zu dem Konflikt beisteuert. Beide haben das Gefühl, daß sie auf den anderen reagieren würden: »Ich würde nicht so wütend werden, wenn sie öfter mit mir schliefe«, »Ich würde nicht nörgeln müssen, wenn er mehr Verantwortung im Haus übernehmen würde«, »Ich würde nicht so wütend werden, wenn er mir hier und da mal mehr Aufmerksamkeit schenken würde«, »Ich hätte mehr Lust zu reden, wenn sie nicht so ein Biest wäre«. Fortwährend wird dem anderen für die eigenen Entscheidungen die Schuld gegeben: Damit handelt es sich um eine co-abhängige Beziehung.

Damit eine solche Beziehung wachsen kann und liebevoll wird, muß jeder Partner bereit sein, seine eigene innere Arbeit zu leisten. Manchmal können es beide Partner lernen, dies gemeinsam in den Therapiesitzungen zu tun, aber manchmal brauchen sie Einzeltherapie. Wenn einer oder beide Partner sehr wütend, schuldzuweisend oder verschlossen sind, funktionieren gemeinsame Sitzungen nicht. Jeder muß seine eigene Arbeit tun, bis er beim inneren Prozeß des anderen unterstützend wirken kann. Danach können beide Partner zusammen in den Sitzungen arbeiten.

Wenn ein Partner entschieden hat, in die Therapie zu kommen, um an sich zu arbeiten, dann ist es oft hilfreich, wenn der andere Partner an einigen Sitzungen teilnimmt. Ein Klient macht vielleicht einen sehr offenen Eindruck, wenn er allein in der Praxis ist, aber er ändert sich vollkommen, wenn der Partner dabei ist. Manchmal wird das Ausmaß eines co-abhängigen Systems erst deutlich, wenn der Therapeut Zeuge der Interaktion beider Partner sein kann.

Sherrill kam zur Therapie, weil ihr Mann Roger fortwährend anderen Frauen nachstellte. Sherrill war eine schöne, begabte, hochintelligente Frau, die einen sehr offenen, liebevollen und bewußten Eindruck machte. Es war schwer zu erkennen, welche Rolle sie bei der Entstehung der Probleme spielte, außer daß sie in der Beziehung blieb und hoffte, daß Roger sich änderte. Aber die Therapeutin wußte, daß bei allen Paaren beide Partner das Problem verursachen. Glücklicherweise war Roger bereit, an einigen Sitzungen teilzunehmen. Die Therapeutin war sehr überrascht zu sehen, was mit Sherrill in Rogers Gegenwart geschah. Ihre Erwachsene verschwand. Sie wurde zu einem jammernden und manipulierenden kleinen Mädchen, das seine verführerische Art dazu benutzte, ihn zu kontrollieren. Sie log ihn vor den Augen der Therapeutin an und war emotional extrem distanziert. Roger reagierte darauf mit Wut, und Sherrill brachte aus Angst kein Wort mehr heraus. Es wurde der Therapeutin schnell klar, daß diese beiden Menschen miteinander verlassene Kinder waren, wobei beide diese Rolle auf verschiedene Weisen ausagierten. Mit Hilfe der Therapeutin lernten Sherrill und Roger, dies auch zu sehen. Sie beschlossen, beide in Einzeltherapie zu arbeiten und alle zwei Wochen gemeinsame Sitzungen zu haben. In dem Maße, wie sie es lernten, aus der Position ihres Erwachsenen aufeinander zu reagieren und mit ihrem inneren Kind in Kontakt zu kommen, wurde ihre Beziehung liebevoller und enger.

Kapitel 13

Sich einlassen

> Wir gehen zurück ... und zurück ... und zurück ... durch die Schichten der Furcht, Scham, Wut, Verletzung und der negativen Beschwörungen, bis wir das ausgelassene, unbelastete, fröhliche und liebevolle Kind entdecken, das in uns war und immer noch ist. Und wenn wir es erst einmal gefunden haben, dann lieben und schätzen wir es und lassen es nie, niemals gehen.
>
> *Unabhängig sein*
> Melody Beattie

Sie würden nie auf die Idee kommen, bei einem Konzert ein Klavierstück vorzutragen, wenn Sie nicht monatelang jeden Tag dafür geübt und einen Punkt erreicht hätten, an dem sich das Gefühl einstellt, selbst unter großer innerer Anspannung spielen zu können. Wenn Sie Chirurg wären, würden Sie nicht daran denken, größere Operationen durchzuführen, wenn Sie nicht immer und immer wieder geübt hätten und sicher wären, mit einer Krisensituation umgehen zu können. Ein liebevoller Erwachsener für Ihr Kind zu sein, wenn es Angst hat, erfordert gleichermaßen sehr viel Übung. Wir wissen aus eigener Erfahrung und aus der Erfahrung unserer Klienten, daß das Führen der Dialoge eine liebevolle innere Verbindung schafft, aber es funktioniert nur, wenn Sie es *tun*. Nur allzuoft lesen Menschen ein Buch wie dieses, begreifen das Konzept und denken, daß sich etwas verändern wird, nur weil sie den Inhalt verstanden haben. *Eine Veränderung wird nur dann erfolgen, wenn Sie sich darauf einlassen, jeden Tag zu üben.*

Trotz aller Furcht liebevoll in Verbindung bleiben – das ist die Herausforderung. Einige Menschen funktionieren zu bestimmten Zeiten auf liebevolle, verbundene Art, aber sie verlieren den Kontakt, sobald sie Angst spüren – Angst vor Ablehnung, Angst, die Kontrolle zu verlieren, beherrscht zu werden, zu scheitern, Angst vor Schmerz, Wut, Demütigung oder Einsamkeit. Doch gerade dann braucht Ihr inneres Kind Sie als liebevollen Erwachsenen am dringendsten. Sie werden nicht in der Lage sein, immer ein solcher liebevoller Erwachsener zu sein, wenn Sie nicht üben, mit Ihrem inneren Kind liebevoll Verbindung aufzunehmen und zu erfahren, was es heißt, Ihr Kind in seiner Angst zu begleiten.

Sie werden den Frieden und das Glück, das Sie suchen, nicht finden, wenn Sie sich nicht *wirklich Ihrer eigenen Freude verpflichten*. Wir nennen das in der Therapie manchmal Arbeit an Ihrer Freude anstatt Arbeit an Ihren Themen. Wie viele von uns können ganz ehrlich sagen, daß sie sich ihrer Freude widmen, daß sie entdecken möchten, was sie wirklich glücklich macht und danach handeln wollen? Die meisten Menschen sind vor allem darauf bedacht, ein Gefühl der Sicherheit zu gewinnen, Schmerz zu vermeiden, geliebt zu werden. Sie werden Ihre Freude nicht entdecken, wenn Sie nicht bereit sind, sich für Risiken anstatt für Sicherheit zu entscheiden und von Ihrem Schmerz zu lernen, anstatt ihn zu vermeiden. Sie müssen danach streben zu lieben, anstatt geliebt werden zu wollen.

Einer unserer Klienten fragte, als er das Konzept der Verbindung innerer Erwachsener/inneres Kind verstanden hatte: »Ist das eine heile Person?« Ja! Eine »heile Person« ist eine integre Person, ein Mensch mit einem Gefühl von innerer Harmonie und Ausgeglichenheit, ein Mensch, der in der Welt aus einer Position persönlicher Stärke heraus funktioniert. Diese Menschen sind mit sich selbst in Kontakt, obwohl sie vielleicht nicht in der Lage sind, es in diesen Begriffen zu erklären. Wir alle haben die Möglichkeit, in uns selbst »heil« zu sein, aber es erfordert ein tiefes Einlassen des Erwachsenen, der mit und von dem inneren Kind lernen möchte.

Die Bibel spricht vom »Sündenfall« und meint damit das Sichentfernen von Gott. Das ist nach christlichem Verständnis die Erbsünde. Wir können das als Metapher verwenden, um das Verlassen unserer selbst, das Verlassen unseres inneren Kindes zu beschreiben. Wir können das Paradies als die Verbindung zwischen dem inneren Erwachsenen und dem inneren Kind betrachten, das zur Ganzheit führt, zum höheren Selbst und zur Verbindung mit der universellen Liebe und Bewußtheit Gottes/der Göttin. Wenn wir den Kontakt zu uns abschneiden und nach Trost und Bestätigung außerhalb unserer selbst, anstatt in uns zu suchen, geraten wir in einen Zustand der Verleugnung – Verleugnung unseres inneren Bewußtseins –, und wir verlassen den Zustand der Gnade. Das ist unsere eigentliche Erbsünde, eine Sünde gegen uns selbst, gegen unser inneres Kind, eine Sünde, die zu heilen in unserer Macht steht, indem wir uns darauf einlassen zu lernen.

Indem wir uns dem Lernen öffnen, werden wir automatisch mit der Frage konfrontiert: »Was ist unser Lebensziel? Warum sind wir hier? Was soll das alles?« Wir möchten Ihnen gerne unsere persönliche Antwort auf diese Fragen mitteilen. Unser Lebensziel besteht darin, alle Hindernisse, die uns davon abhalten, liebevolle Menschen zu sein, abzubauen. Unser unmittelbares Ziel ist es, unser inneres Kind zu lieben, weil wir dann automatisch andere lieben werden. Dadurch, daß wir wirklich liebevolle Menschen werden, nur dadurch und durch nichts anderes werden wir helfen, den Planeten zu heilen. Wir glauben, daß wir alle hier sind, um zu lernen, liebende Menschen zu werden und so die Erde zu heilen. Wir sind der Überzeugung, daß alles, was wir tun, um uns selbst Freude zu machen und liebevollere Menschen zu werden, ein weiterer Schritt zur Heilung der Erde ist. Wir sind der Überzeugung, daß unser Bewußtsein das Bewußtsein unserer Mitmenschen und das kollektive Bewußtsein beeinflußt und daß wir alle aus dem gleichen Grund hier sind. All das gibt unserem Leben eine überaus große Bedeutung, weil es alles, was wir tun, beeinflußt. Wenn wir freudig spielen, bringen wir Freude in die Welt. Wenn wir malen und unsere Erfahrung auf die Leinwand bringen, können andere Menschen sie nachvollziehen, oder wenn wir Musik komponieren oder Bücher schreiben und dies uns Freude bringt, dann schenken wir der Welt etwas Gutes. Wenn wir Menschen therapieren und ihnen helfen, liebevoller zu werden, geben wir der Welt etwas Gutes, aber nur wenn der Prozeß selbst uns Freude macht. Wenn wir allein sind und auf irgendeine Weise für unser inneres Kind sorgen, indem wir Karten spielen, lesen, Boot fahren, meditieren, kreativ sind und ein Gefühl des Friedens spüren, leisten wir einen Beitrag zum Frieden in der Welt.

Der Grund für unser Hiersein – reine Liebe zu werden, eins zu werden mit der universellen göttlichen Energie von Liebe und Wahrheit – begleitet uns ständig. Die Liebe, die wir geben, beeinflußt die Welt. Wenn jeder Mensch mehr Liebe gibt, wird die Welt tief beeinflußt. Aber wir können andere Menschen nicht dazu bewegen, dieses Ziel anzustreben; wir haben diese Art Kontrolle nicht. Wir können das nur selbst tun.

Wenn Sie dem, was für Sie selbst liebevoll ist, nachgeben, wenn Sie »Ihrem Glücksgefühl folgen«, dann sind Sie in Verbindung und in Ihrem höheren Selbst, denn das ist die Art von Führung, die das Leben Ihnen bietet. Wenn eine Beziehung, eine Arbeit oder ein Verhalten nicht liebevoll für Sie ist, Ihnen keinen Frieden und keine Freude bringt, dann ist es nicht liebevoll für die Erde. Was auch immer die sonstigen Umstände sein mögen, was auch immer geschehen mag, diese Tatsache ist von zentraler Bedeutung. Diese Einsicht gibt uns den Mut, vorwärtszugehen und zu tun, was wir tun müssen, auch wenn es uns angst macht, aus einer Beziehung hinauszugehen, eine andere Arbeit zu tun oder uns anders zu verhalten. Wenn wir beginnen, unser inneres Kind zu lieben, werden wir uns heilen. Wenn wir uns heilen, heilen wir die Welt.

Empfohlene Literatur

Bass, Ellen und Laura Davis: *Trotz allem*. Wege zur Selbstheilung für sexuell mißbrauchte Frauen (Berlin: Orlanda Frauenverlag, 1990). Sehr hilfreich, um sich Erinnerungen an Kindesmißhandlung zu öffnen und um den Heilungsprozeß zu verstehen.

Beattie, Melody. *Unabhängig sein* (München: Heyne, 1990).

Bradshaw, John: *Das Kind in uns* (München: Droemer Knaur, 1992). Zeigt, wie die innere Abgetrenntheit beginnt und durch die Familie weitergegeben wird.

Bradshaw, John: *Mut zur Selbstverantwortung* (München: Heyne, 1992). Hilfreich, um die Gefühle des verlasssenen inneren Kindes zu verstehen.

Dyer, Wayne: *Der wunde Punkt* (Reinbek: Rowohlt, 1980). Hilfreich, um sich mit falschen Überzeugungen auseinanderzusetzen.

Eisler, Riane: *The Chalice and the Blade* (San Francisco: Harper & Row, 1987). Ein wundervolles Buch, das hilft, die Ursprünge der Abgetrenntheit in unserer persönlichen Geschichte zu verstehen. Zeigt uns, wie wir auf den falschen Weg geraten sind.

Forward, Susan: *Vergiftete Kindheit*. Vom Mißbrauch elterlicher Macht und seinen Folgen. (München: Bertelsmann, 1990). Ausgezeichnet, um sich die Quelle unserer lieblosen inneren Stimme bewußt zu machen und sich damit zu heilen.

Fynn: *Hallo, Mr. Gott, hier spricht Anna* (München: Scherz, 1979). Ein wunderbares Beispiel für ein Kind, das sich selbst nie im Stich gelassen hat.

Gendlin, Eugene T: *Focusing*. Technik der Selbsthilfe bei der Lösung persönlicher Probleme. (Salzburg: Verlag Otto Müller 1981). Sehr hilfreich, um zu lernen, sich auf Gefühle einzustimmen.

Jeffers, Susan: *Feel the Fear and Do It Anyway* (New York: Harcourt Brace Jovanovich, 1987). Hilfreich, um zu verstehen, was es heißt, sich mit Angst auseinanderzusetzen, besonders mit der Angst vor Schmerz, und sie hinter sich zu lassen.

Kaufman, Barry Neil: *To Love Is to Be Happy With* (New York: Coward, McCann and Goeghegan, 1977). Hilfreich, um zu lernen, wie Sie Ihrem inneren Kind Fragen stellen können.

Liedloff, Jean: *Auf der Suche nach dem verlorenen Glück*. Gegen die Zerstörung unser Glücksfähigkeit in der früheren Kindheit. (München: Beck, 1991). Unserer Meinung nach ist dies eines der wichtigsten Bücher, das je geschrieben wurde. Es gewährt uns Einblick in eine Gesellschaft, in der liebevolle elterliche Fürsorge und der entsprechende liebevolle Umgang mit sich selbst tatsächlich existieren.

Miller, Alice: *Du sollst nicht merken*. Variationen über das Paradies-Thema (Frankfurt: Suhrkamp, 1981).

Miller, Alice: *Am Anfang war Erziehung* (Frankfurt: Suhrkamp, 1983).

Paul, Jordan und Margaret: *From Conflict to Caring* (Minneapolis: CompCare, 1989). Wirft Fragen für den inneren Dialog auf und schlägt Übungen vor, die Ihnen helfen, Ihre Ängste und falschen Überzeugungen zu ergründen.

Paul, Jordan und Margaret: *If You Really Loved Me* (Minneapolis: CompCare, 1987). Dieses Buch bietet nicht nur ein Rollenvorbild für liebevolle elterliche Fürsorge, sondern auch für liebevollen Umgang mit sich selbst. Hilfreich, um zu verstehen, wie Sie mit leiblichen Kindern und mit Ihrem inneren Kind lernen können.

Paul, Jordan und Margaret: *Do I Have to Give Up Me to be Loved by You?* (Minneapolis: CompCare, 1983). Für ein gründliches Verständnis der Entscheidung, sich zu schützen oder zu lernen. Gibt einen Einblick, wie beides in Beziehungen Anwendung findet.

Schaef, Anne Wilson: *Die Flucht vor der Nähe*. Warum Liebe, die süchtig macht, keine Liebe ist (München: dtv, 1992). Hilfreich, um die Sucht nach Beziehungen, Liebe und romantischen Affären zu verstehen.

Schaef, Anne Wilson: *Im Zeitalter der Sucht*. Wege aus der Abhängigkeit (Hamburg: Hoffmann und Campe, 1989).